W0084581

Roland Krüger / Loring Sittler
Wir brauchen euch!

Roland Krüger
Loring Sittler

Wir brauchen euch!

Wie sich die Generation 50plus
engagieren und verwirklichen kann

MURMANN

Dieses Buch wurde klimaneutral produziert:

Bibliografische Information der Deutschen Nationalbibliothek

Die Deutsche Nationalbibliothek verzeichnet diese Publikation in der deutschen Nationalbibliografie; detaillierte bibliografische Daten sind im Internet über http://dnb.d-nb.de abrufbar.

ISBN 978-3-86774-132-3

Das Werk einschließlich aller seiner Teile ist urheberrechtlich geschützt. Jede Verwertung ist ohne Zustimmung des Verlages unzulässig. Das gilt insbesondere für Vervielfältigungen, Übersetzungen, Mikroverfilmungen und die Einspeicherung und Verarbeitung in elektronischen Systemen.

Copyright © 2011 by Murmann Verlag GmbH, Hamburg

Umschlaggestaltung: neues aus hamburg, Hamburg
Herstellung und Gestaltung: Presse- und Verlagsservice, Erding
Gesetzt aus der Minion und der Hypatia
Druck und Bindung: Freiburger Graphische Betriebe, Freiburg
Printed in Germany

Besuchen Sie uns im Internet: www.murmann-verlag.de

Ihre Meinung zu diesem Buch interessiert uns!
Zuschriften bitte an info@murmann-verlag.de

Den Newsletter des Murmann Verlages können Sie anfordern unter
newsletter@murmann-verlag.de

Inhalt

Einleitung: Die stille Altersrevolution

Gesetzlich vorgeschriebener Renteneintritt mit 70 Jahren, 560 Euro Einheitsrente, Massenquartiere mit Feldbetten für kranke Alte, Seniorenheime in Billiglohnländern – mit diesem düsteren Bild der alternden Gesellschaft von morgen schockierte die ZDF-Doku-fiction *2030 – Aufstand der Alten* im Januar 2007 die Zuschauer. Noch drastischer malt der Giessener Soziologe Reimer Gronemeyer den künftigen Umgang der Gesellschaft mit dem Alter aus. Seine Schreckensvisionen reichen von der Enteignung aller über 70-Jährigen über amtlich festgelegte »Ablebe-Termine« für Hochbetagte bis hin zum staatlich zertifizierten Suizidhelfer für gebrechliche alte Menschen.[1]

Solche Zukunftsbilder sind sicherlich stark überzogen, doch die darin ausgedrückte Problematik ist durchaus real: Das künftige Altersgefüge der deutschen Bevölkerung setzt den Sozialstaat, die Wirtschaft, das Gesundheitswesen und die Gesellschaft enorm unter Druck. Schon heute gibt es hierzulande mehr ältere als jüngere Menschen: 25,9 Prozent über 60-Jährige stehen 21,1 Prozent unter 20-Jährigen gegenüber. Für das Jahr 2030 hat das Statistische Bundesamt vorausberechnet, dass die Zahl der 60-Jährigen und Älteren voraussichtlich um rund ein Drittel steigen wird. Die Zahl der über 80-Jährigen könnte sich sogar um über 55 Prozent erhöhen – von derzeit 4,1 auf 6,4 Millionen Menschen.

Heute beträgt das Durchschnittsalter der Deutschen 42 Jahre, im Jahr 2050 dürfte es voraussichtlich bei 50 Jahren liegen. Fast 40 Prozent der Deutschen werden dann 60 Jahre und älter sein, und die Zahl der über 80-Jährigen wird sich bis dahin verdreifacht haben – von knapp vier auf zehn Millionen. Im Jahr 2060 wird den Berechnungen zufolge jeder siebte Deutsche 80 Jahre oder älter sein. Zu diesem Zeitpunkt leben nur noch 65 bis

70 Millionen Menschen in Deutschland, heute sind es noch etwa 82 Millionen.[2]

Die Zahlen der Wiesbadener Statistiker bestätigen einen Trend, der schon länger anhält: Die deutsche Bevölkerung schrumpft und wird immer älter. Wie in den meisten Industrieländern ist die Lebenserwartung im 20. Jahrhundert auch bei uns um mehr als 30 Jahre gestiegen.[3] Seit 1960 hat sich die Zahl der 89-Jährigen fast verdreifacht, die der über 99-Jährigen sogar mehr als verzehnfacht. Die Bundespräsidenten werden in Zukunft viel zu tun haben. Heinrich Lübke brauchte 1965 nur 224 Glückwunschkarten für 100-jährige Bundesbürger zu unterschreiben, aktuell warten über 4000 solcher Jubilare auf den Geburtstagsgruß aus dem Bundespräsidialamt, und weitere 7000 Deutsche haben ihren 100. Geburtstag längst hinter sich.[4] Diese stille Altersrevolution schreitet weltweit bereits seit mehr als einem Jahrhundert voran. Seit 1850 erhöht sich die Lebenserwartung regelmäßig um drei Monate pro Jahr.[5] Allen Prognosen zufolge wird es in 40 Jahren 16-mal so viele Hundertjährige geben wie heute.[6] Eine derartige Verschiebung des Altersgefüges hat es in der Geschichte der Menschheit niemals zuvor gegeben. Den Umgang damit müssen wir also erst noch lernen. Zum Beispiel müssen wir uns von der tief verinnerlichten Gewissheit verabschieden, dass die Schultern der kommenden Generation stets breiter sind als die der Eltern- und Großelterngeneration. Es liegt auf der Hand, dass die Umkehr der Bevölkerungspyramide nicht ohne Folgen für die Sozialversicherungssysteme, die Arbeitswelt und das Renteneintrittsalter bleibt. Wir werden also Sozialstaat, Arbeit und Ruhestand neu denken müssen.

Doch dieser demografische Wandel ist nicht nur mit unbequemen, sondern auch mit positiven Veränderungsprozessen für die Gesellschaft verbunden. Denn die heutigen Seniorengenerationen unterscheiden sich in vielerlei Hinsicht von vorherigen. Niemand muss befürchten, dass künftig Heerscharen von hinfälligen, kranken und bedürftigen Menschen das Bild der Gesellschaft prägen werden. Die Älteren von heute sind überwiegend gut ausgebildet, materiell abgesichert und körperlich sowie geistig fit. Der OECD-Report *Maintaining Prosperity in an Ageing Society* stellt fest, dass die Gesundheitsunterschiede zwischen den Altersgruppen bis ins achte Lebensjahrzehnt hinein gering sind. Wie in allen Lebensaltern gibt es Gesunde und Kranke, doch der gesunde 70-Jährige ist in der Regel kaum weniger leistungsfähig als der gesunde 55-Jährige.[7] Für viele Ältere wird deshalb Schaukelstuhl oder Kreuzworträtsel allein keine verlockende Ruhestandsoption sein. Motorradhersteller wie Harley Davidson oder BMW etwa berichten, dass das Durchschnittsalter der Käufer ihrer heißen Öfen inzwischen bei 60 Jahren liegt. Die angestaubte Floskel vom »geruhsamen Lebensabend« ist dieser Generation offenbar fremd. Vielmehr werden die späten Lebensjahre für viele Menschen zu einer Phase des Aufbruchs, in der sie endlich das tun, was sie bislang versäumt haben: die Welt bereisen, sich voll und ganz dem Sport oder dem Hobby widmen, Marathon laufen, ein Studium aufnehmen, sich selbständig machen, auswandern, einer Bürgerinitiative beitreten, als Senior Experte jungen Unternehmern helfen, als Schulpatin ein Kind unterstützen, für die Umwelt aktiv werden, eine Selbsthilfegruppe gründen, Hochbetagte durch den Alltag begleiten, neue Wohnprojekte mit ins Leben rufen. Die Zeit nach dem Erwerbsleben eröffnet unendlich viele Möglichkeiten, die Welt ein kleines Stückchen besser zu machen – für sich und für andere.

Die gestiegene Lebenserwartung ist mit einem Gewinn an aktiver Lebenszeit verbunden, die nicht ziellos abgebummelt wird, sondern sinnvoll und produktiv zu gestalten ist. Diese »gewonnenen Jahre«[8] erfordern den Entwurf neuer biografischer Projekte und stellen die Frage nach der Beteiligung am gesellschaftlichen Leben neu. Die wachsende Gruppe der Älteren als sozialpolitische Last zu betrachten, greift deshalb zu kurz. Vielmehr verkörpert dieser Teil der Bevölkerung ein bislang noch viel zu wenig beachtetes gesellschaftliches Potenzial. Sowohl aus sozialen als auch aus ökonomischen und schließlich aus politischen Gründen kann unsere Gesellschaft es sich nicht leisten, diese Ressourcen schlicht auszublenden oder auch nur geringzuschätzen. Statt auf die Defizite der alternden Gesellschaft zu blicken gilt es, die Produktivität und Kreativität des Alters in den Mittelpunkt der demografischen Debatte zu stellen.

Die neuen Älteren

In entwickelten Industriestaaten wie Deutschland kann ein heute 50-Jähriger statistisch davon ausgehen, dass vor ihm noch rund drei weitere Lebensjahrzehnte bei relativ guter Gesundheit und hoher Schaffenskraft liegen. Diese Situation stellt nicht nur die Gesellschaft vor neue Herausforderungen, sondern auch jedes einzelne Mitglied der Generation 50plus. Allerdings gibt es für ein gelingendes, produktives und befriedigendes »drittes Alter« bislang kaum Vorbilder, weshalb es auch für Menschen über fünfzig nicht einfach ist, sich zu orientieren und neue Wege für sich selbst zu finden. Und selbst wenn es Vorbilder gäbe, würden sie als allgemeingültiges Rollenmodell wenig taugen, denn sie lassen sich nicht über einen Kamm scheren. Ihre Lebensstile, Wertvorstellungen und Präferenzen sind heute so vielfältig, dass die Älteren nicht mehr als homogene Bevölkerungsgruppe betrachtet werden können. Was sie aber weitgehend eint, ist die Vorstellung, den Ruhestand als aktiven Lebensabschnitt zu gestalten oder als Gelegenheit, etwas Sinnvolles zu tun.[9] Auch dieses Bewusstsein ist historisch gesehen neu. Bis in die 1960er Jahre betrachtete man den Ruhestand als Erholung vom harten Arbeitsleben, in den 1970ern als Belohnung für ein arbeitsames Leben und ab den 1980ern als bezahlte Freizeit. Inzwischen begreift die Mehrheit der Bevölkerung die Zeit nach dem Erwerbsleben als Möglichkeitsraum, der nach individuellen Plänen aktiv gestaltbar ist.[10] Doch weil der Übergang in diese nachberufliche Phase heute oft geprägt ist von Unsicherheit, Orientierungslosigkeit und Zweifeln, wird der Ruhestand für viele Menschen eine zutiefst zwiespältige Sache. Einerseits empfindet man den Austritt aus dem Berufsleben als willkommenes Geschenk, andererseits aber auch als sozialen und psychischen

Bruch. Wenn der letzte Arbeitstag geschafft, der Arbeitsplatz geräumt und Ausstand gefeiert ist, steht man plötzlich vor der Aufgabe, die zahlreichen Bedürfnisse, die das Arbeitsleben befriedigen konnte, anderweitig zu realisieren. Wie lässt sich der pflichtbefreite Alltag sinnvoll strukturieren? Was tritt an die Stelle der sozialen Kontakte innerhalb des Kollegenkreises? Wie und wo kann man neue Verantwortung übernehmen? Wo findet man die Selbstbestätigung, die bislang der Beruf gebracht hat? Wohin mit der Kreativität und der Schaffensfreude, der Kompetenz und dem Erfahrungswissen? Für immer mehr ältere Menschen lautet die Antwort auf diese Fragen: bürgerschaftliches Engagement. Sie haben erkannt, dass der freiwillige Einsatz für andere unzählige Möglichkeiten zur Selbstverwirklichung bietet, zur Erhaltung und Entwicklung von Kompetenzen, zur sozialen Anerkennung und zur Integration. Dieses Zeitinvestment in die Gesellschaft ist nach individuellen Wünschen und Möglichkeiten »dosierbar« und füllt die »gewonnenen Jahre« mit Zufriedenheit und Sinn. Somit gewinnt das eigene Leben nicht nur an Jahren, sondern die Jahre gewinnen auch an Leben. Und quasi nebenbei verändert solches Engagement auch das Altersbild in der Gesellschaft. Statt die wachsende Zahl der Senioren als Bedrohung zu betrachten, werden sie zunehmend als wertvolle Ressource für den Zusammenhalt der Gesellschaft geschätzt.

Bürgerschaftliches Engagement in Deutschland

In Deutschland ist die Tradition einer aktiven Bürgergesellschaft relativ schwach entwickelt. Seit den Wirtschaftswunderjahren hat der Staat die Organisation sozialer Leistungen weitgehend übernommen. Doch seit etwa einem Jahrzehnt ist die Bereitschaft zum bürgerschaftlichen Engagement wieder gestiegen. Laut dem jüngsten Freiwilligensurvey[11] engagiert sich derzeit gut ein Drittel der Bevölkerung im ehrenamtlichen oder bürgerschaftlichen Bereich. Mit etwa 35 Prozent sind die meisten Bürger im Bereich Sport,

Freizeit und Geselligkeit aktiv, mit einigem Abstand folgen die Sektoren Kinder und Jugend, Kirche und Religion, sowie Soziales, Gesundheit und Pflege. Während das Engagement im klassischen Ehrenamt schrumpft, steigt die Zahl der Engagierten in Initiativen, Netzwerken und Selbsthilfegruppen. Damit hat sich die Bandbreite des bürgerschaftlichen Engagements in den letzten Jahren enorm erweitert. Vielfältig sind auch die Motive für bürgerschaftliches Engagement. Hauptbeweggrund ist der Wunsch, sich einzubringen und die Gesellschaft im Kleinen mitgestalten zu wollen. Traditionelle Motivlagen wie christliche Nächstenliebe oder Klassensolidarität verlieren zunehmend an Bedeutung. Das neue Ehrenamt ist eher durch die Verbindung von sozialer Gesinnung, persönlicher Betroffenheit und dem Wunsch nach Selbstverwirklichung geprägt.

Besonders aktiv im freiwilligen Engagement ist die Altersgruppe der 30- bis 55-Jährigen, seltener betätigen sich junge Erwachsene und Senioren ab 70 Jahren. Die Generation der 55- bis 69-Jährigen engagiert sich jedoch genauso stark wie der Bevölkerungsdurchschnitt, in den Bereichen Soziales, Gesundheit und lokales Bürgerengagement sogar überdurchschnittlich. Noch ist das traditionelle Ehrenamt in Vereinen oder Verbänden für Ältere die häufigste Form, aber zunehmend sind sie auch in Nachbarschafts- oder Bürgerinitiativen, bei Organisationen wie Amnesty International, in Selbsthilfegruppen, Bildungseinrichtungen oder Seniorengenossenschaften tätig. Aufgrund seiner Vielfalt und Dynamik ist das bürgerschaftliche Engagement älterer Menschen ein Feld mit hohem Zukunftspotenzial, zumal die zivilgesellschaftlichen Aktivitäten dieser Bevölkerungsgruppe in den vergangenen Jahren überdurchschnittlich gestiegen sind. Insgesamt hat sich die Bereitschaft zum Engagement sowohl in der Gesamtbevölkerung wie auch bei Älteren erhöht. Bis zu 25 Prozent der Generation 50plus wären zu entsprechendem Engagement bereit, wenn sich dafür eine gute Gelegenheit bieten würde. Offenbar existiert hier ein hoher Bedarf an Information, Beratung und Kommunikation. Gerade die Älteren wissen oft nicht, wohin sie sich mit ihrem Wunsch nach Bürgerengagement wenden sollen. Und vielleicht fehlt auch manchen von ihnen der Mut, von sich aus aktiv zu werden. Dieses bislang weitgehend ungenutzte Potenzial gilt es künftig zu heben, nicht nur zum Nutzen der Gesellschaft, sondern auch zum Wohl der Älteren selbst, die durch bürgerschaftliches Engagement mehr Lebensqualität gewinnen und den Übergang zwischen Erwerbsphase und Ruhestand besser meistern können.

Einladung zum Engagement

Laut dem Engagementatlas 2009[12] kann sich ein gutes Drittel der Bürger eine freiwillige Arbeit im Dienst der Gesellschaft gut vorstellen, sei aber noch nicht aktiv darauf angesprochen worden. Vielleicht liegt es in der Natur des Menschen, dass er sich mit seiner Hilfsbereitschaft öffentlich nicht aufdrängen, sondern lieber darum gebeten werden möchte. »Wenn ich für irgendetwas zu wenige Bürgerhelfer habe, werde ich mit der Methode des Klinkenputzens etwa bei jeder dritten Klinke fündig«, meint der Mediziner und Soziologe Klaus Dörner, der sich für einen Bürger-Profi-Mix im sozialen Hilfesystem einsetzt.[13]

In diesem Sinne möchten wir mit unserem Buch »Klinken putzen«, alle Leserinnen und Leser dazu einladen, ihre Talente, Fähigkeiten, Erfahrungen und Träume für andere Menschen zu aktivieren. Wir möchten sie dafür gewinnen, die alternde Gesellschaft ein Stück weit mitzugestalten. Und wir möchten sie dazu anregen, die Zeit des Übergangs in das »dritte Alter« zur Entdeckung Ihres ganz persönlichen Engagementprojekts zu nutzen.

Wir zeigen konkrete Beispiele, Handlungsfelder und Wege, wie und wo sich ältere Menschen sinnvoll engagieren und zugleich verwirklichen können, in der Hoffnung, dass sich viele Leser davon inspirieren und motivieren lassen. Dieses Buch soll aber auch dazu beitragen, Barrieren abzubauen, die das Engagement der Älteren bislang erschweren oder verhindern. Deutschland ist kein altersfreundliches Land. Obwohl sich das Altersbild in unserer

Gesellschaft wandelt, wird Alter oft noch gleichgesetzt mit einem Mangel an Leistungsfähigkeit, Kreativität und Innovationskraft. Deshalb stoßen ältere Menschen, die sich bürgerschaftlich engagieren wollen, mitunter auf Desinteresse, Vorurteile und Unverständnis. Auf lokaler Ebene, in Wohlfahrtsverbänden und anderen zivilgesellschaftlichen Organisationen wird oftmals immer noch verkannt, welche wertvollen Beiträge Engagierte im »dritten Lebensalter« leisten können. Deshalb verstehen wir dieses Buch auch als Appell, die Skepsis gegenüber den Potenzialen des Alters abzulegen und die Engagementbereitschaft der Älteren zu fördern und zu aktivieren. Das gilt übrigens auch für Unternehmen, die generell noch viel zu selten über den Ruhestand ihrer Mitarbeiter hinaus denken. Dabei könnten gerade sie wichtige Beiträge für eine Vorbereitung auf ein engagiertes nachberufliches Leben leisten. Heute und erst recht in Zukunft müssen sich Unternehmen darauf einstellen, deutlich mehr ältere Menschen zu beschäftigen. Die Personalentwicklung wird nicht umhin kommen, diesem wachsenden Teil der Belegschaft mehr Aufmerksamkeit zu widmen. Arbeitgeber, die den demografischen Wandel erfolgreich bewältigen, fördern die speziellen Bedürfnisse und Ressourcen ihrer älteren Mitarbeiter und ebnen ihnen Wege, sich mit ihrem Wissen und ihren Erfahrungen einzubringen – sowohl in das wirtschaftliche als auch in das gesellschaftliche Geschehen. Und dies idealerweise auch über das normale Berufsleben hinaus: durch Freistellungen für freiwilliges Engagement während der Berufszeit und durch rechtzeitige Vorbereitung auf Mitwirkung jedweder Art auch in der nachberuflichen Phase.

Eine wichtige Voraussetzung für bürgerschaftliches Engagement ist das Bewusstsein für die Risiken und Chancen der alternden Gesellschaft. Deswegen geht es uns hier nicht nur um die unzähligen Möglichkeiten, sondern auch um die dringliche Notwendigkeit eines breit angelegten Engagements von Freiwilligen. Als Folge einer alternden und schrumpfenden Gesellschaft zeichnen sich bereits heute schon gewaltige soziale Probleme ab, die mit den herkömmlichen Mitteln des Sozialstaates nicht lösbar sind.

Ein Land, in dem die Mehrheit der Bevölkerung schon bald über 50 Jahre alt sein wird, bleibt nur dann vital, wenn diese Mehrheit auch mehr Verantwortung übernimmt – für das eigene Wohlergehen und für das der Gesellschaft.

Insel der Seligen

Die Inselgruppe Okinawa im Süden Japans ist für die außergewöhnlich hohe Lebenserwartung ihrer Bevölkerung berühmt. Auf Okinawa leben weltweit die meisten Hundertjährigen, die durchschnittliche Lebenserwartung für Frauen liegt bei 86, die der Männer bei 78 Jahren. Wissenschaftliche Untersuchungen haben außerdem festgestellt, dass die Hochbetagten in überdurchschnittlich guter gesundheitlicher Verfassung sind, was auf verschiedene Gründe zurückgeführt wird: Zum einen essen die alten Menschen auf Okinawa viel Fisch und selbstangebautes Gemüse, zum anderen sind sie äußerst aktiv und unternehmen viel miteinander – von Kochkursen über gesellige Tanzvergnügen bis hin zum gemeinsamen Fischen. Deshalb hätten die Alten viel »ikigai«, was übersetzt so viel heißt wie: etwas zu haben, für das es sich lohnt, morgens aufzustehen. In der Vorstellungswelt dieser Menschen gibt es ein Leben ohne Aufgaben oder Ziele nicht, infolgedessen kommt auch das Wort »Ruhestand« in ihrem traditionellen Dialekt nicht vor. Im Alter die Hände in den Schoß zu legen, ist für sie undenkbar. Welch ein Unterschied zu unseren Gepflogenheiten: Den ganzen Tag freut man sich auf den Feierabend, die ganze Woche auf das Wochenende und das ganze Leben auf den Ruhestand. Wer hatte nicht schon das Gefühl, dass er seinen oft ungeliebten Job am liebsten an den Nagel hängen würde, um das entpflichtete Leben in vollen Zügen zu genießen.

Die Autorin, Beraterin und Okinawa-Expertin Ulla Rahn-Huber hat die Inselbewohner besucht und sich mit deren Lebensphilosophie auseinandergesetzt. Sie hat erfahren, dass die Alten dort nicht nur äußerst gerne, sondern auch – im Vergleich zu uns –

ganz anders arbeiten. Ihr Motto lautet: »Gelassenheit und Freude« und »Jeder hilft jedem«.

Ein Leben in Einsamkeit können sich die alten Menschen von Okinawa nicht vorstellen, Gemeinschaft wird bei ihnen ganz groß geschrieben. Viele von ihnen leben ohnehin in Großfamilien und generell nach dem Grundsatz der Gegenseitigkeit, die in ihrer Sprache »yuimaru« genannt wird. Für sie gilt der Leitsatz: Jeder ist für sich selbst, aber gleichermaßen auch für die Gemeinschaft verantwortlich. Deshalb gehören Nachbarschaftshilfe und ein großer Freundeskreis zur gelebten Realität. Ulla Rahn-Huber gibt in ihrem Buch zwar zu bedenken, dass die Lebensumstände auf Okinawa mit den unseren nicht zu vergleichen sind, und dass das Leben der Alten viel beschaulicher und übersichtlicher ist als in unserer westlichen Leistungsgesellschaft, und doch meint sie: »Mit ein bisschen Fantasie lässt sich vieles von dem übertragen, was sich auf dem Archipel seit Jahrzehnten als Erfolgsrezept eines langen Lebens bewährt hat. Lernen wir von den Hundertjährigen! Damit auch wir eines Tages von uns sagen können: Wir sind die glücklichsten Alten der Welt.«[14]

18

I. Generation 50plus – Engagement und Perspektiven

1. Keine Lust auf Ruhestand

Das Gerichtsurteil war ein absolutes Novum für Deutschland und sorgte für Schlagzeilen: Carlos R., Haltestellenwärter bei der Hamburger Hochbahn, hatte Anfang 2010 dagegen geklagt, von seinem Arbeitgeber mit 65 Jahren in Rente geschickt zu werden. Er sei noch fit genug für seinen Job, könne nicht verstehen, warum seine Arbeit plötzlich nichts mehr wert sein solle und fühle sich aufgrund seines Alters diskriminiert, argumentierte er. Das Gericht gab ihm – zumindest in erster Instanz – Recht, und Carlos R. durfte zurück an seinen Arbeitsplatz. Nun sorgt er wieder im Schichtdienst für Ordnung an den Haltestellen der Hafenstadt und möchte dies auch gerne noch einige weitere Jahre tun. Wohlgemerkt nicht aus finanziellen Gründen, sondern weil er absolut keine Lust auf den Ruhestand hat.[15]

Zwar ist davon auszugehen, dass dieser Fall von Rentenverweigerung eher ein exotischer Einzelfall ist. Doch zählte das statistische Bundesamt beim jüngsten Mikrozensus 2007 immerhin 112 000 Arbeiter und 140 000 Angestellte zwischen 65 und 75 Jahren, die weiterhin einer Erwerbsarbeit nachgehen. Zuzüglich der Selbständigen dürften schätzungsweise mehr als 300 000 Deutsche über das gesetzliche Rentenalter hinaus arbeiten.[16] Materielle Gründe spielen für sie eher eine untergeordnete Rolle, den meisten von ihnen geht es darum, im Rentenalter aktiv zu bleiben, ihre Kompetenzen einzubringen und weiterzuentwickeln, Kontakte zu den Kollegen zu halten, Wertschätzung zu erfahren und etwas Sinnvolles zu tun.[17]

Abgeflaut ist inzwischen auch der Trend der 1990er Jahre, immer früher in Rente zu gehen. In Deutschland hat sich seit 1999 der Eintritt in den Ruhestand um zwei Jahre nach hinten verschoben. Im Jahr 2009 gingen 41,1 Prozent der arbeitsfähigen Bürger zwischen 60 und 64 Jahren einer Tätigkeit nach, fast doppelt so viele wie zehn Jahre zuvor. Allerdings scheidet die Hälfte der Arbeitnehmer immer noch früher als gesetzlich vorgesehen aus dem Erwerbsleben aus, nur 11,6 Prozent gehen erst mit 65 Jahren in den Ruhestand. Das durchschnittliche Rentenalter liegt in Deutschland bei 63 Jahren, in Dänemark bei 65, in Japan sogar bei 67 Jahren.[18] Das im internationalen Vergleich relativ frühe Ende des Erwerbslebens hängt aber nur bedingt mit den Wünschen der Erwerbstätigen zusammen, denn viele von ihnen würden unter der Voraussetzung einer flexiblen Arbeitszeitgestaltung gerne über den Ruhestand hinaus aktiv bleiben. In einer Studie des Wiesbadener Bundesinstituts für Bevölkerungsforschung gaben immerhin mehr als 47 Prozent der Befragten an, sie würden nach Erreichen des Rentenalters gerne weiterarbeiten – allerdings bei deutlich reduzierter Arbeitszeit.[19] Auch eine Studie des Oxford Institute of Ageing kommt zu dem bemerkenswerten Ergebnis, dass fast die Hälfte der Deutschen im Ruhestand ein neues, aktives Leben beginnen will. Ein Trend, so die britischen Forscher, der in den nächsten Jahren weiter zunehmen wird. Der Tenor solcher Untersuchungen geht klar in eine Richtung: Immer mehr Menschen wollen beweisen, dass sie auch jenseits des Renteneintrittalters leistungsfähig und leistungswillig sind. Die Aussicht auf ein längeres Leben bei guter Gesundheit lässt das Bedürfnis nach dem inaktiven Ruhestand offenbar schwinden. Was sich da abzeichnet, ist nichts Geringeres als ein Paradigmenwechsel, der heftig an unserem herkömmlichen Bild vom Altern und dem »normalen« Lebenslauf rüttelt.

2. Bismarcks Rentenkalkül

Was geht morgens auf vier, mittags auf zwei und abends auf drei Beinen? Die Antwort auf dieses Rätsel ist bekannt: Es ist der Mensch – als Kleinkind, im Erwachsenenalter und als Greis. Diese Dreiteilung des Lebenslaufs war für viele Jahrhunderte eine Selbstverständlichkeit. Dementsprechend sah die charakteristische Biografie der Industriegesellschaft für Kindheit und Jugend Bildung, für das mittlere Erwachsenenalter Erwerbsarbeit und für das Alter den Ruhestand ohne Pflichten vor. Allerdings war das Rentnerdasein im Vergleich zu heute meist nur der kurze schwache Schlussakkord eines kräftezehrenden Arbeitslebens. Als Reichskanzler Otto von Bismarck 1889 die gesetzliche Altersvorsorge einführte, setzte er das 70. Lebensjahr als Renteneintrittsalter fest – wohl wissend, dass nur wenige Menschen dieses Lebensalter überhaupt erreichten. Die Lebenserwartung lag damals durchschnittlich bei 45 Jahren und der Beitragssatz bei 1,7 Prozent des Lohns. Wer überhaupt in den Genuss einer Rente kam, konnte lediglich eine geringe Ergänzungszahlung erwarten, mit der die Aufrechterhaltung des gewohnten Lebensstandards keineswegs garantiert war. Die Rente zu Bismarcks Zeiten war eine mildtätige Gabe für eine Minderheit von Bedürftigen. Ein gutes Jahrhundert später ist sie nicht nur zur tickenden Zeitbombe für den Sozialstaat geworden, sondern zunehmend auch zur bürokratischen Fußfessel der individuellen Lebensplanung. Längst haben sich die biografischen Lebensabschnitte den gewonnen Jahren angepasst. Noch vor wenigen Jahrzehnten hörte das Jungsein mit dem Eintritt in das Erwerbsleben und der Gründung eines eigenen Haushalts auf, heute hält es bis zur Familiengründung zum Teil weit über das 30. Lebensjahr hinaus an.[20] Das vitale und aktive mittlere Erwachsenenalter reicht für die Mehrheit der Menschen bis ins siebte Lebensjahrzehnt, danach erst kommt das »echte« Altern mit den allmählichen körperlichen und geistigen Abbauprozessen. Auch die klare und abgrenzende Bestimmung der Lebensjahre für Bildung, Erwerbsarbeit und Rückzug ins Private verschwimmt zunehmend.

Lernen ist längst zum lebenslangen Muss geworden, Phasen der Erwerbsarbeit lösen sich immer häufiger mit – freiwilligen oder unfreiwilligen – Auszeiten ab, und der »geruhsame« Lebensabend vieler rüstiger Rentner ist vollgepackt mit allen möglichen Aktivitäten.

Der gesetzlich garantierte Ruhestand wurde erkämpft, um Menschen, die sich viele Jahrzehnte im industriellen Erwerbsleben verausgabt hatten, noch eine handvoll entpflichteter Lebensjahre zu ermöglichen. Doch heute widerspricht dieses Bild der Realität einer überwältigenden Mehrheit von älteren Menschen. Deshalb gilt es, Abschied zu nehmen von dieser Ruhestandsmentalität der industriellen Gesellschaft.

Lebensjahre und Arbeitszeit

Noch 1960 erstreckte sich das Arbeitsleben eines Mannes in den Industrieländern im Schnitt auf etwa 50 Jahre, bei einer Lebenserwartung von 68 Jahren. Auf Kindheit und Alter verteilt, blieben 18 arbeitsfreie Lebensjahre. Heute ist die durchschnittliche Lebensarbeitszeit auf 37,5 Jahre geschrumpft. Die Lebenserwartung hingegen liegt für neugeborene Jungen bei 77,4 Jahren, für neugeborene Mädchen bei 82,6 Jahren. Das ergibt für die künftige Generation unterm Strich doppelt so viel Lebenszeit, wie Lebensarbeitszeit. Dem Jungen bleiben also fast 40, dem Mädchen sogar mehr als 45 Jahre arbeitsfreies Leben.[21]

Wenn das Durchschnittsalter wie vom Statistischen Bundesamt prognostiziert bis 2050 bei Männern auf 83,5 Jahre und bei Frauen auf 88 Jahre steigt und die Lebensarbeitszeit unverändert bleibt, könnte diese Generation 46 beziehungsweise über 50 Jahre lang ein Leben fern jeglicher beruflicher Pflichten genießen. Die Frage darf gestattet sein, ob ein solches Leben wirklich genussvoll wäre.

Der bereits zitierte Psychiater Klaus Dörner ist davon überzeugt, dass viele Menschen darunter leiden, wenn sie zu viel sinnfreie Zeit haben. Die Zunahme freier Zeit wird zwar zunächst genossen, jedoch nur bis zu einem absoluten Grenzwert, nach dessen Überschreiten der Genuss in Leiden umschlägt: »Dann braucht man, statt der vom Markt gern angebotenen Psychotherapie, zunächst ein gewisses Maß an sozialer Erdung, eine individuell unterschiedliche Tagesdosis an Bedeutung für andere, um danach die übrige freie Zeit nicht als Fremd-, sondern als Selbstbestimmung wieder genießen zu können. Es scheint also in allen Menschen auch ein mal kleineres, mal größeres Helfensbedürfnis über die eigene Familie hinaus objektiv zu geben.«[22]

3. Altern neu erfinden

»Ruhestand ist eine zynische Formulierung. Ich will nicht in den Ruhestand, in die Ecke geschoben werden, gesagt bekommen: Nun ist es aber genug. Das ist eine völlig irre Desorientierung, dass Alte sich bitte zurückziehen und irgendwie bejuxen lassen sollen, auf Musikdampfern oder speziellen Altentagungen, wo sie dämliche Musik vorgeführt bekommen. Nein! Wir wollen nicht bespaßt werden, sondern wir wollen beteiligt sein, uns einmischen können.« Mit diesen zornigen Worten antwortete Bremens Altbürgermeister Henning Scherf in einem Interview auf die Frage, warum immer mehr Menschen heute anders älter werden wollen als ihre Eltern und Großeltern.[23] Der heute 72-Jährige, der mit seinem eigenen Lebensentwurf und seinen Büchern zum Botschafter des neuen Umgangs mit dem Altern geworden ist, spricht aus, was immer mehr ältere Menschen bewegt. Ihnen wird zunehmend bewusst, dass sie das Altern neu erfinden müssen angesichts der statistisch hohen Wahrscheinlichkeit, nach Erreichen des 60. Lebensjahres noch 25 Jahre lang zu leben. Ein Viertel Jahrhundert Dauerurlaub – das tut keinem gut. Schon Loriot hat in seinem Film *Pappa ante Portas* augenzwinkernd gezeigt, dass der

Mensch im Ruhestand Aufgaben braucht, weil er sonst seinem Umfeld auf die Nerven geht.

Das Adenauer'sche Rentenmodell, ein Leben lang für den Wohlstand arbeiten und sich dann fern jeglicher Verpflichtung darauf ausruhen, hat ausgedient. Nicht nur, weil es für immer weniger Menschen attraktiv ist, sondern auch weil es einer alternden Gesellschaft die materiellen und sozialen Grundlagen entzieht.

4. An der Hand von Vater Staat

Das Bild des »sorgenden Staates« ist tief in den Köpfen der Deutschen verankert – so tief, dass die Mehrheit kaum darüber nachdenkt, ob es überhaupt noch realistisch, zeitgemäß und zukunftsfähig ist. Seine Blütezeit erlebte der Wohlfahrtsstaat in den Wirtschaftswunderjahren. Zu dieser Zeit wuchs die Bevölkerung ebenso stark wie die Wirtschaft, die Arbeitsmärkte waren jung und die Konsumlust hoch. Zwischen 1950 und 1960 hat sich das Bruttosozialprodukt verdreifacht, das Kapital der Unternehmen mehrte sich, und die Einkommen stiegen beständig. Angesichts dieser Prosperität fiel es der Politik nicht schwer, die sozialstaatlichen Leistungen permanent auszuweiten. Und so wuchs parallel zum Wohlstand auch die Wohlfahrt in Form von immer großzügigeren Ruhestandsbezügen, Arbeitslosenunterstützungen, Krankenversicherungen und immer neuen Sozialprogrammen. Aus den ursprünglich als »Flatrate« angelegten sozialen Sicherungssystemen wurde eine staatliche Rundumversorgung zur Absicherung jedweder Wechselfälle des Lebens.

Der »sorgende Vater Staat« hat seine Kinder so fest an die Hand genommen, dass sie fast verlernt haben, alleine zu laufen. Mit seinem allumfassenden Versorgungsanspruch hat der Sozialstaat die Gesellschaft in eine lähmende Abhängigkeit geführt. Die ebenso umfassende Anspruchshaltung, die die Bürger sich deshalb angewöhnt haben, ist längst nicht mehr aus öffentlichen Kassen zu befriedigen und wird auch nie mehr zu befriedigen sein.[24]

Obwohl das Urteil, die Deutschen seien ein Volk, das lieber am Tropf des Sozialstaats hängt, statt persönliche Verantwortung für das eigene Wohlergehen zu übernehmen, sicher zu pauschal ist, machen die Zahlen des Statistischen Bundesamtes doch nachdenklich. Nur noch knapp die Hälfte der Erwachsenen bestreitet ihren Lebensunterhalt aus eigener Erwerbstätigkeit, im Jahr 2006, bei der letzten Erhebung, waren es nur noch 47,6 Prozent. Dies war zum einen Folge der gestiegenen Arbeitslosigkeit, immerhin 8,7 Prozent der Bevölkerung lebten zu diesem Zeitpunkt hauptsächlich von Sozialleistungen wie Arbeitslosengeld, Sozialhilfe oder Bafög. Als wesentlich gravierender ist allerdings der Einfluss des demografischen Wandels zu betrachten, denn der Anteil der Personen in Deutschland, die hauptsächlich von Rente oder Pensionen lebten, lag 2006 bei 26,3 Prozent.[25] Und im Gegensatz zu Bismarcks Zeiten wird dieses gute Viertel der Bevölkerung noch viele Jahre von der Rentenkasse leben müssen.

Die Risiken, die das Sozialsystem ursprünglich absichern sollte, haben sich seit den Wirtschaftswunderjahren dramatisch verändert. Dabei ist die Alterung der Gesellschaft nur eine von vielen Belastungen, unter denen der Wohlfahrtsstaat zusammenzubrechen droht. Auch sein einst stabiles Rückgrat – die Schar der sozialversicherungspflichtigen, vollzeitbeschäftigten Arbeitnehmer – ist bedrohlich schwach geworden. Dies nicht nur, weil in Deutschland immer weniger Kinder geboren werden, sondern auch weil im Zuge einer gewandelten Arbeitswelt nichtreguläre Beschäftigungsformen zugenommen haben. Laut der Bundesagentur für Arbeit war der Beschäftigungsstand mit 40,37 Millionen 2010 so hoch wie nie zuvor. Allerdings hatte nur etwas mehr als die Hälfte der Beschäftigten einen Vollzeitjob – 200 000 weniger als zwei Jahre zuvor. Auch die Zahl der Teilzeitbeschäftigen, so die Bundesagentur für Arbeit, ist in den vergangenen fünf Jahren um fast eine Million auf 5,8 Millionen gestiegen, dazu kommen zudem weitere fünf Millionen geringfügig Beschäftigte.

Ein weiterer Belastungsfaktor ist das Gesundheitswesen, das durch den medizinischen Fortschritt in den vergangenen Jahrzehnten immer leistungsfähiger, aber auch sehr viel teurer geworden ist. Darüber hinaus steigt in einer alternden Bevölkerung auch die Nachfrage nach medizinischen Dienstleistungen. All diese massiven Veränderungen der Risikolagen haben dazu geführt, dass das Wohlfahrtssystem längst nicht mehr, wie ursprünglich gedacht, allein von den Beitragszahlern finanziert werden kann, sondern laufender Alimentierung aus den Kassen des Staats bedarf. Ein Blick auf den Bundeshaushalt 2010 zeigt, um welche Dimensionen es geht: Mit insgesamt 173 Milliarden Euro macht der Zuschuss zu den Sozialversicherungen mehr als die Hälfte des gesamten Haushaltsvolumens aus. Davon erhält die Rentenversicherung mit über 80 Milliarden die größte Finanzspritze, was einem Anteil von fast einem Viertel des Gesamthaushalts entspricht und damit fast doppelt so viel ist, wie in den 1980 Jahren zugeschossen wurde.

Das traditionelle Modell des deutschen Wohlfahrtsstaats ist an seine Grenzen geraten. Die alternde und schrumpfende Gesellschaft bringt den herkömmlich organisierten Sozialstaat in eine bedrohliche Zwangslage. Geringe Kinderzahl bei zunehmender Lebenserwartung bedeutet einerseits mehr Bedarf und höhere Kosten für die Sozialversicherungssysteme. Andererseits schwindet infolge des abnehmenden Anteils jüngerer Menschen die Finanzierungsbasis der Sozialleistungen. Dass der Wohlfahrtsstaat seit Jahren nur durch steigende Zuschüsse aus den Haushaltstöpfen über Wasser gehalten werden kann, demonstriert die Brüchigkeit des Systems. Die Idee, Renten- und Krankheitskosten als »Umlageverfahren« zu organisieren, mag in den Nachkriegsjahren sinnvoll und gerecht gewesen sein. Heute aber ist dieser »Generationenvertrag« hinfällig, denn er setzt nicht nur Vollbeschäftigung voraus, sondern auch eine ausgewogene Alterszusammensetzung der Bevölkerung, die längst nicht mehr gegeben ist. Demnächst müssen die geburtenstarken Jahrgänge der Nachkriegszeit im Alter durch die Umlagen einer viel kleineren Gruppe von Erwerbstätigen finanziert werden. Auf Dauer wird es also nicht genügend Beitragszahler für die Aufrechterhaltung unseres komfortablen Sozialsystems geben.

5. Düstere Aussichten

Derzeit leben in Deutschland etwa 50 Millionen Menschen im erwerbsfähigen Alter zwischen 20 und 64 Jahren. Zieht man Arbeitslose, Selbstständige und Beamte ab, bleiben etwa 33 Millionen Einzahler in den Rententopf. Im Jahr 2050 werden es laut der Bevölkerungsvorausberechnung des Statistischen Bundesamts 22 bis 29 Prozent weniger sein. Die genaue Zahl hängt unter anderem von den Zuwanderungszahlen ab, derzeit ist der Wanderungssaldo negativ. Während 1955 fünf Erwerbstätige für die Rente eines Ruheständlers aufkamen, verteilte sich die finanzielle Belastung 1991 bereits nur noch auf vier und 2006 nur noch auf drei Arbeitnehmer. Und schon 2030 werden zwei Erwerbstätige für einen Rentner zahlen.[26] Die Zahl der aktiv am Arbeitsmarkt verfügbaren Erwerbspersonen wird zu dieser Zeit auf 35 Millionen geschrumpft sein, 8,3 Millionen weniger als heute.[27] Weniger Erwerbstätige, das bedeutet weniger produzierte Güter, weniger Dienstleistungen und weniger Einzahler in die sozialen Sicherungssysteme.

Diese demografische Zeitbombe könnte entschärft werden, wenn die Menschen künftig deutlich produktiver arbeiten und die Erwerbsquote deutlich erhöht werden könnte. Für den Erfolg von Unternehmen ist es egal, ob sie Schaukelpferde oder Schaukelstühle herstellen, sofern sie dies produktiv tun und genug davon verkaufen. Und bei der Zahl der Menschen, die sich am Erwerbsleben beteiligen, gibt es in Deutschland reichlich unausgeschöpfte Reserven.

Der Wirtschaftswissenschaftler Axel Börsch-Supan, Direktor des Mannheimer Forschungsinstituts Ökonomie und Demografischer Wandel, macht dazu eine interessante Rechnung auf:

Erreicht Deutschland in den nächsten 30 Jahren eine Erwerbsquote von 75 Prozent, würde der Lebensstandard nicht um 30, sondern nur um 11 Prozent sinken. Das würde allerdings bedeuten, dass das Berufseintrittsalter um zwei Jahre sinken müsste und sich die Frauenerwerbsquote praktisch an die der Männer angleicht. Auch das mittlere Renteneintrittsalter müsste um zwei

Jahre von 62 auf 64 Jahre steigen, bei einem gleichzeitigen Sinken der Arbeitslosigkeit auf 4,5 Prozent. Käme eine Erhöhung des Produktivitätszuwachses auf rund 1,8 Prozent pro Jahr hinzu, wären die Auswirkungen des demografischen Wandels auf unseren Lebensstandard zumindest ökonomisch vollständig kompensiert.[28]

Doch sowohl beim Produktivitätszuwachs als auch bei der Erwerbslosenquote hätte Deutschland einiges aufzuholen. Der Produktivitätszuwachs der heimischen Wirtschaft dümpelt im jahrzehntelangen Mittel um einen nicht gerade herausragenden Wert von etwa 1,5 Prozent. Auch bei der Erwerbsquote steht Deutschland im internationalen Vergleich nicht besonders gut da. Die Beteiligung der Bevölkerung am Erwerbsleben beträgt etwas mehr als 65 Prozent. Besonders niedrig ist sie bei Älteren, bei Frauen und bei jungen Menschen unter 25 Jahren.[29]

Dennoch bleibt zu bezweifeln, ob es der schrumpfenden und alternden Gesellschaft künftig tatsächlich gelingen kann, steigenden Wohlstand und höhere Lebensqualität zu produzieren. Solange die Bevölkerung die Lösung aller Probleme auf den Staat abwälzt und nicht bereit ist, dafür mehr Steuern zu bezahlen, eher nicht. Auch nicht mit Unternehmen, die hartnäckig daran festhalten, ältere Mitarbeiter vorschnell auszumustern. Und ebenso wenig mit einer Politik, die ihre eigene politische Überforderung mit einer Flut von halbherzigen Reformversuchen vertuschen will und letztlich doch nur die Staatsverschuldung nach oben treibt.

6. Teure Baustellen

Pro Sekunde 2589 Euro – mit diesem atemberaubenden Tempo wächst der Schuldenberg in Deutschland. Der Bund der deutschen Steuerzahler lässt auf seiner Website eine Schuldenuhr laufen, die den desolaten Finanzzustand des Staates eindrucksvoll vorführt. Knapp 1,7 Billionen weist der Bundeshaushalt 2010 als Staatsverschuldung aus. Die Zinsen, mit denen diese Schuldenlast zu bedienen ist, machen hinter den Sozialversicherungszuschüssen den zweitgrößten Posten des Haushalts aus. Der Staat muss heute jeden achten Euro, den er durch Steuern einnimmt, für Schuldzinsen ausgeben. Ein im Jahr 2010 geborenes Kind beginnt sein Leben mit mehr als 75 000 Euro Staatsschulden, wobei insgesamt die Zahl der Kinder, die diese Last abtragen müssen, in Zukunft weiter abnehmen wird.[30]

Schon heute türmt sich ein Problemgebirge auf, das den Sozialstaat und »seine« Wohlfahrtsverbände hoffnungslos überfordert. Problematisch ist auch, dass sich die Wohlfahrtsverbände in den letzten Jahrzehnten stark von öffentlichen Geldern abhängig gemacht haben. Wenn die öffentlichen Zuschüsse nun schrumpfen, schränkt sich auch die Leistungsfähigkeit der freien Träger von sozialen Diensten ein.[31] Überall fehlt es an Mitteln und Wegen aus der Misere, das beweisen die endlosen Diskussionen um den Pflegenotstand, um die explodierenden Gesundheitskosten und um die dauerhaft hohe Langzeitarbeitslosigkeit. Auch das Bildungssystem, von dem die wirtschaftliche Zukunft des Landes ganz besonders abhängt, ist chronisch unterversorgt und erzeugt massenhaft Abbrecher und Verlierer. In immer mehr Städten und Kommunen müssen aus Kostengründen Stadtbüchereien oder Schwimmbäder geschlossen werden – ebenso öffentliche, bislang als selbstverständlich erachtete Kultur-, Sport- und Freizeitangebote. Angesichts dieser für den Wohlfahrtsstaat mehr als düsteren Entwicklungen geht es entscheidend darum, wie unsere alternde und schrumpfende Gesellschaft versuchen wird, ihre Lebensqualität zu halten – mit oder ohne Umbau des Sozialsystems, mit oder ohne Verbesserungen im Bildungssystem, mit oder ohne leistungsfähige und leistungswillige ältere Arbeitnehmer, mit oder ohne Familienfreundlichkeit und Zuwanderung, mit oder ohne das Engagement der Bürger.

Werden die Alten künftig die knappen Ressourcen der Gemeinschaft aufzehren und die gesamte Gesellschaft in den Ruin stürzen, oder ist die Gefahr eines Kollapses abwendbar? Aus Sicht von James Vaupel, dem Leiter des Max-Planck-Instituts für demografische Forschung, ist nicht der Wandel der Bevölkerungsentwicklung an sich gefährlich, sondern nur, ihn zu ignorieren.[32] Der Staat, die Wirtschaft und die Bürger müssen lernen, aus dem Geschenk des hohen Alters die richtigen Konsequenzen zu ziehen.

Der Staat muss sich von seiner Rolle als Rundumversorger des Bürgers verabschieden und sich auf die Abwehr von existenziellen Risiken beschränken. Unternehmen müssen ihre Personalpolitik an der wachsenden Zahl der Älteren ausrichten und deren Potenziale besser entwickeln und binden. Und die Bürger müssen mehr Verantwortung für sich selbst übernehmen und ihre Lebensbereiche und Wohnquartiere eigenständiger gestalten. Die alternde Gesellschaft wird sich nur dann aus ihrer Zwangslage befreien können, wenn sie ein dynamisches Netzwerk aus Staat, Privatwirtschaft und Bürgern knüpft, das, aufbauend auf einer staatlich subventionierten Grundsicherung, auf intelligente örtliche Problemlösungen setzt, statt auf Verteilungskampf und Umverteilungskrampf. Dieser Wandel muss nicht zwingend schmerzhaft sein, auch wenn es auf den ersten Blick so scheint.

7. Schrumpfen muss nicht weh tun

Vielleicht wohnt die Zukunft in der östlichsten Stadt Deutschlands, direkt an der polnischen Grenze, in Görlitz. Die Stadt hat beide Weltkriege unbeschadet überstanden und glänzt heute mit mehr als 4000 Baudenkmälern aus 500 Jahren europäischer Architekturgeschichte. Trotzdem ging es jahrelang bergab mit Görlitz. Nach der Wiedervereinigung verließen innerhalb von 17 Jahren insgesamt 42 500 Einwohner die Stadt, weil immer mehr Betriebe schließen mussten oder Stellen abbauten. In der aufwändig sanierten Altstadt standen ganze Straßenzüge leer, Geschäfte machten dicht, und die einst 100 000 Einwohner zählende Stadt drohte zu veröden. Doch plötzlich drehte sich der Wind. Zwischen 1996 und 2006 zogen fast 3000 Rentner aus den alten und den neuen Bundesländern nach Görlitz. Offenbar gefiel den älteren Menschen die Perspektive, im historischen Stadtzentrum zu wohnen. Die Mieten für die großzügigen Wohnungen sind im Vergleich zu anderen Städten wesentlich günstiger, für Besorgungen ist kein Auto nötig und man kommt rasch in Kontakt mit den Nachbarn. Die Zugezogenen bringen Leben in die Stadt, schaffen Arbeitsplätze, setzen das Vereinsleben und die kulturelle Infrastruktur wieder in Gang. Denn die meisten der älteren Neu-Görlitzer sind fitte, sehr aktive Menschen mit guten Einkommen, die einen neuen Lebensinhalt suchen. Mittlerweile ist die Stadt wieder auf 58 000 Einwohner gewachsen, fast 23 000 davon sind über 55 Jahre alt. Von einer Seniorenstadt kann aber nicht die Rede sein, denn seit dem Zuzug der Älteren bleiben auch die Jungen. Inzwischen übertrifft die Geburtenrate in manchen Monaten die der Todesfälle. Zwar stehen immer noch Wohnungen leer, und die Einwohnerzahl wächst nur langsam. Doch die Lebensqualität vor Ort hat sich deutlich verbessert. Görlitz ist heute nicht nur für Senioren interessant, auch Studenten, Angestellte, Freiberufler und Investoren entscheiden sich immer häufiger für die Stadt. Und dies nicht nur wegen der historisch einmaligen Kulisse, sondern auch wegen der Aufbruchstimmung, die dank der älteren Neubürger wieder aufgelebt ist.

Die demografische Erfolgsgeschichte von Görlitz zeigt, dass Alterung die Gesellschaft keineswegs in den Ruin stürzen muss, sondern im Gegenteil, ihr völlig neue Impulse geben kann. Eine alternde und schrumpfende Gesellschaft kann den Verlust an Quantität durch den Gewinn an Qualität wettmachen. Interessanterweise wird das oft gerade dort unter Beweis gestellt, wo die herkömmliche »Wohlfahrtsproduktion« zu scheitern droht. Wenn die Politik nicht mehr in der Lage ist, für soziale Infrastruktur und wirtschaftliche Dynamik zu sorgen, treten heutzutage immer häufiger die Bürger auf den Plan, um ihr Lebensumfeld aktiv mitzugestalten. Es gibt zahllose Beispiele dafür, wie Bewohner Verantwortung für die Lebensqualität in ihrem Umfeld übernehmen. Sie organisieren die Rettung von unrentablen Schwimmbädern, übernehmen ihre Stadtbüchereien in Eigenregie, setzen sich hinter das Steuer von Bürgerbussen, gründen Stiftungen um ihr Quartier finanziell zu unterstützen, richten ehrenamtlich organisierte Dorfläden ein oder ambulante Betreuungsdienste für bedürftige Senioren.

Dann machen wir es eben selbst!

Schwimmbadbetrieb in Eigenregie

»Nicht sanierungsfähig« lautete das Urteil einer Beratungsfirma über das Emdener Freibad. Deshalb sollte die städtische Einrichtung 1993 geschlossen werden. Eine handvoll engagierter Bürger gründete einen Förderverein, brachte das Bad auf Vordermann und betrieb es in Eigenregie weiter. Heute hat der Verein über 2400 Mitglieder und gehört zu den größten der Stadt. Das Bad hat sich zu einem Schmuckstück entwickelt, das mittlerweile über eine Solarwärmeanlage verfügt und jährlich Tausende von Gästen anzieht. Der Betrieb funktioniert ohne öffentliche Zuschüsse, dafür mit vielen ehrenamtlichen, zumeist älteren Mitarbeitern. Das Bad wird inzwischen auch als Veranstaltungsort für Konzerte, Modenschauen und Open-Air-Kino genutzt und nimmt einen festen Platz im kulturellen Leben der Stadt ein. Der Verein will anderen Bürgern Mut machen, in ähnlichen Situationen ebenfalls das Heft selbst in die Hand zu nehmen, und vermerkt auf seiner Website: »Niemand sollte sich mit der lapidaren Aussage: ›Das geht nicht!‹ abspeisen lassen. Es wird schon gehen, wenn man will.«

www.buergerbad.de

Aktivitäten für alle Generationen

Das brandenburgische Dorf Lunow-Stolzenhagen hatte innerhalb von 30 Jahren fast die Hälfte seiner Einwohner verloren. Der Lunower Sportverein fand kaum noch Nachwuchs, und als dann noch die Schule samt Sporthalle dichtgemacht wurde, schien das Schicksal des örtlichen Sports besiegelt zu sein. Doch damit wollten sich der Sportverein und einige engagierte Bürger nicht abfinden. Gemeinsam warb man Spendengelder ein und pachtete Sporthalle nebst Schule, um sie zu einem Haus der Generationen und des Tourismus umzugestalten. Dort kommen die älteren Lunower heute mit Kindern, jungen Familien, Schulklassen und Touristen zusammen. Das Angebot des Begegnungszentrums reicht von Fußball, Tischtennis, Badminton, Tanz und Yoga bis hin zur Ernährungsberatung. Das Engagement der Lünower Sportfreunde veranlasste den Landessportbund, das Dorf mit dem Titel »Sportlichste Gemeinde Brandenburgs« auszuzeichnen.

www.barnim.de/Lunow.2094+M54a708de802.0.html

Dietzenbacher Zeitsparkasse
Im hessischen Dietzenbach unterhalten engagierte ältere Bürger schon seit fast drei Jahrzehnten ein privates Altersvorsorgesystem. Das Prinzip ist einfach: Wer ehrenamtliche Hilfestellungen leistet bekommt dafür Punkte gutgeschrieben, die er im Fall der Hilfsbedürftigkeit wieder eintauschen kann. Auf diese Weise erbringen die etwa 200 aktiven Ruheständler der Dietzenbacher Seniorenhilfe Arbeit, die sonst kaum bezahlbar wäre: Bibliotheksdienst und Leseförderung in der Grundschule, Bewerbungstraining für Schulabgänger, Fahr- und Begleitdienste für Kranke und Gebrechliche, kleinere Reparaturdienste für Senioren und dergleichen mehr. Nach dem Dietzenbacher Vorbild unterhalten mittlerweile 13 Kommunen im Kreis Offenbach sogenannte »Zeitsparkassen« für engagierte Bürger.

www.seniorenhilfe-dietzenbach.de

8. Verantwortung in Bürgerhand

Zu einem Zugewinn an Partizipation und Mitmachbereitschaft der Bürger kommt es vor allem in Bereichen und an Orten, wo sich der Staat zunehmend zurückzieht. Weniger Staat bedeutet eben nicht nur schrumpfende Versorgungsleistungen, sondern auch

wachsende Freiheit und Gestaltungsmacht für Bürger und Zivilgesellschaft.

Damit ist der Staat allerdings nicht freigesprochen von seiner
ureigenen Verantwortung für soziale Grundsicherung, Bildung
und gesellschaftliche Integration. Diese Voraussetzungen für ein
menschenwürdiges Leben hat er zu sichern, und insofern bleibt
sozialer Ausgleich nach wie vor auch eine staatliche Aufgabe. Allerdings sollte sich die Politik endlich ehrlich eingestehen, dass sie
diese Aufgabe gründlich missverstanden hat. Und sie sollte sich
trauen, der Gesellschaft eine Wahrheit zuzumuten, die ohnehin kaum
mehr zu verbergen ist: Der Staat hat seine Sozialsysteme jahr-
zehntelang aufgebläht, ohne zu berücksichtigen, dass dessen Kosten auch erwirtschaftet werden müssen. Inzwischen kann nur noch
ein Bruchteil der Sozialleistungen aus Steuereinnahmen finanziert
werden, ein immer größerer Teil wird über Schulden gedeckt. Der
Wechsel auf soziale Sicherheit, den der Staat seinen Bürgern vermeintlich fürsorglich anbietet, ist also zu weiten Teilen nicht gedeckt. Damit erzeugt der Staat nicht mehr sozialen Wohlstand und
soziale Sicherheit, sondern lediglich die Illusion davon.[33] Dieses
Trugbild ist auch deshalb riskant, weil es den nachwachsenden
Generationen eine untragbare Last aufbürdet und weil es die Gesellschaft lähmt und zersplittert. Denn je mehr Bereiche der Gesellschaft nicht in Selbstorganisation, sondern durch staatliche
Bürokratie geregelt werden, desto schwächer wird der Zusammenhalt zwischen den Bürgern und desto kleiner wird der Radius der
persönlichen Freiheit und Verantwortung. Bevormundung und
Versorgungsstaat aber widersprechen einer Gesellschaft mündiger
Bürger, die ihre Lebensräume aktiv gestalten können und wollen.
Einfach ausgedrückt heißt das: Wenn die Leute sich selbst helfen
können, darf der Staat es ihnen nicht abnehmen. Dieses sogenannte Subsidiaritätsprinzip gehört zu den Grundpfeilern der Idee
des Sozialstaats, ist aber in der Eigendynamik seiner Entwicklung
unter die Räder der Anspruchsversprechen geraten. Es geht zurück auf die katholische Soziallehre und dessen prominenten Vertreter Oswald von Nell-Breuning, der es knapp so umschrieben

hat: »Für dieses Prinzip hat der Volksmund eine zwar scherzhaft klingende aber sehr anschauliche Wendung: ›Die Kirche nicht aus dem Dorf tragen.‹ Was im Dorf geleistet werden kann, das trage man nicht an das große öffentliche Gemeinwesen Staat heran; was im Kreis der Familie erledigt werden kann, damit befasse man sich nicht in der Öffentlichkeit; was man selbst tun kann, damit behellige man andere nicht.«[34]

In diesem Sinne sollte sich der Staat von seiner fürsorglichen Rolle verabschieden und sich zum Ermöglicher machen, der die gesellschaftlichen Eigenkräfte der Bürger unterstützt und ihnen mehr Flexibilität einräumt. Ein solcher »zulassender« Staat steht nicht auf der Kommandobrücke, sondern kommuniziert und kooperiert bei öffentlichen Aufgaben mit den unterschiedlichsten bürgergesellschaftlichen Akteuren im Rahmen einer gleichberechtigten Wechselbeziehung.[35] Je mehr die Sozialsysteme versagen, desto schneller wird sich dieser neue Wohlfahrtsmix oder ein bürgerschaftliches Konzept der Pflege durchsetzen. Sicherheit empfinden Menschen heute kaum mehr durch einen beschützenden Sozialstaat, dafür ist ihr Vertrauen in dieses System zu brüchig geworden. Vielmehr fühlen sich die Bürger sicher, wenn sie Probleme und Herausforderungen aus eigener Kraft bewältigen können.[36] Kein Wunder also, wenn sich immer mehr Bürger in ihr Lebensumfeld einmischen und es aktiv mitgestalten wollen. Sie wollen ihre Freiheit in Verantwortung umsetzen, und sie wissen, dass sie Macht aus der Hand geben, wenn sie darauf verzichten.

9. Der dreibeinige Hocker

Die ausgewogene Balance zwischen den Akteuren der Wohlstandsentwicklung hat der amerikanische Autor und Journalist Jeremy Rifkin schon 1997 in einem Artikel in der *Zeit* versinnbildlicht: »Politiker betrachten die deutsche Gesellschaft traditionell als ein polares Spektrum, das sich vom Markt auf der einen zum Staat auf der anderen Seite erstreckt. Man sollte sich die deutsche Gesellschaft aber vielmehr als einen dreibeinigen Hocker vorstellen, dessen Beine der marktwirtschaftliche Bereich, der staatliche Bereich und der sozial- und gemeinnützige Bereich sind. Das erste Bein schafft wirtschaftliches Kapital, das zweite öffentliches Kapital und das dritte soziales Kapital. Und der älteste und wichtigste, aber am wenigsten anerkannte, ist der dritte Bereich.«[37] Im Verlauf der Geschichte hätten sich soziale Gemeinschaften immer vor den Märkten und Regierungen etabliert und sei sozialer Austausch immer dem Warentausch vorausgegangen. Erst im 20. Jahrhundert sei der dritte Sektor der Freiwilligenarbeit in den meisten Ländern zurückgedrängt worden, doch in Wirklichkeit ist er immer noch das stabilisierende Element für die beiden anderen Bereiche. Das Bild vom dreibeinigen Hocker impliziert, dass alle drei Bereiche – also Markt, Staat und Zivilgesellschaft – im Gleichgewicht sein müssen, um den Wohlstand einer Gesellschaft aufrechtzuerhalten. Rifkin hat seinen Gedanken damals übrigens einen Aspekt beigefügt, der für die alternde Gesellschaft von heute umso bedeutender ist. Bisher hätten sich die freiwillig engagierten Bürger noch nicht als Teil einer potenziell mächtigen Wählergruppe begriffen, welche die politische Tagesordnung umschreiben könnte: »Sie glauben an die Wichtigkeit ihres Dienstes an der Gemeinschaft. Könnte aus diesem gemeinsamen Grundwert eine gemeinsame Identität erwachsen, könnte die politische Landkarte neu gezeichnet werden.« Jeremy Rifkin plädiert leidenschaftlich dafür, dass der gemeinnützige Bereich als dritte Säule zwischen Markt und Staat endlich auf breiter Basis ernst genommen wird. Damit würde sich das Wesen des politischen und auch des sozialpolitischen Diskurses grundlegend ändern – eine völlig neue Sicht auf Politik und Wirtschaft, auf das Wesen der Arbeit und auf die Verantwortungsrollen innerhalb der Gesellschaft. Mit einer solchen Sichtweise erscheint auch ein vielfach genanntes kritisches Argument gegen bürgerschaftliches Engagement in neuem Licht. Wenn von der Stärkung der Zivilgesellschaft, einer höheren Eigenverantwortung der Bürger oder von der Umgestaltung des Sozialstaats die Rede ist, wird oftmals der Verdacht ins Spiel gebracht, damit wolle sich der Staat aus seiner sozialen Verantwortung stehlen. Bürgerengagement, so die Kritik, ist dann nur eine nette Verpackung, die den hässlichen Inhalt kaschieren soll: Einsparungen, Privatisierung und professionelle soziale Leistungen gibt es nur noch für diejenigen, die es sich leisten können. Für alle anderen sind die freiwillig Engagierten da. Die Eigeninitiative wird zum »billigen Jakob« degradiert, der dort einspringt, wo der Staat keine soziale Gerechtigkeit für alle schaffen kann. Oder sie wird als letztes Aufgebot in die Versorgungsschlacht geworfen. Doch nach Rifkins Konzept des dreibeinigen Hockers darf freiwilliges Engagement kein Lückenbüßer für sozialstaatliche Defizite sein oder werden. Vielmehr geht es um die Kraft der Bürgerschaft, die als vorausblickender, sozialer Akteur ihre Zukunft und die ihres Umfelds in gemeinsamem Handeln erneuernd gestaltet. Es geht darum, mehr Lebensmöglichkeiten für jeden Einzelnen und für alle zusammen zu entdecken. Im Grunde geht es um eine »echte« Revolution, die von der Altersrevolution vorangetrieben wird; um die Umkehr der herkömmlichen wohlfahrtsstaatlichen Logik, in der »Vater« Staat der allumfassende Versorger ist; um die Rückgewinnung der bürgerschaftlichen Autonomie, um das Ergreifen einer Chance zu mehr Selbstbestimmung und Eigenverantwortung als Tugend einer im wahrsten Wortsinn »reiferen« Gesellschaft.

Den allmählich sichtbar werdenden Machtverlust des Staates gilt es nicht als Risiko zu sehen oder aus politischer Gier zu verhindern, sondern zu beschleunigen: Der Staat selbst sollte zum Motor des gesellschaftlichen Wandels werden und als Moderator für mehr Bürgerbeteiligung solche Prozesse mitinitiieren und über günstige Rahmenbedingungen mitsteuern.[38] Vereinzelt geschieht dies auch schon in Form von zunehmenden Förderungsmaßnahmen für bürgerschaftliches Engagement auf Bundes-, Landes- und kommunaler Ebene.

Der Vorteil und das Besondere der freiwilligen Arbeit wird vor allem dort deutlich, wo die Vertrauensbasis zwischen den Beteiligten eine wichtige Rolle für die Qualität der Hilfeleistung spielt. Hier stoßen professionelle und bezahlte Versorgung oft an ihre

Grenzen. Aktive Bürger jedoch bringen ihre eigene Produktivität, Kompetenz und Motivation ins Gemeinwesen ein und verbessern damit die Qualität von Pflege und Jugendhilfe, von Kinderbetreuung und Schule, von lokaler Infrastruktur und Gemeindearbeit. Zum besonderen und einzigartigen Wert des Engagements gehören Eigenschaften wie Empathie, Herzlichkeit, Einfühlungsvermögen und menschliche Wärme. Und kein Staat der Welt wird jemals in der Lage sein, diese zwischenmenschlichen Qualitäten zu vermitteln.

Engagementpolitik

Die Bundesregierung hat sich im Koalitionsvertrag zur Stärkung des bürgerschaftlichen Engagements bekannt und sich zur Entwicklung einer nationalen Engagementstrategie verpflichtet. Derzeit fördert das Bundesministerium für Familie, Senioren, Frauen und Jugend folgende Initiativen und Programme:

Freiwilligensurvey: Die alle fünf Jahre erhobene Bestandsaufnahme zum bürgerschaftlichen Engagement in Deutschland dient als wissenschaftliche Datengrundlage der Engagementförderung. Ende 2010 wurde der dritte Freiwilligensurvey veröffentlicht, der einen umfassenden Überblick zu den Entwicklungen der Freiwilligenarbeit in den verschiedenen Bevölkerungsgruppen gibt.

Jungendfreiwilligendienst im In- und Ausland: Dazu zählt das Freiwillige Soziale Jahr (FSJ), etwa in Kindereinrichtungen, Pflegestationen, Sportvereinen oder Museen, und das Freiwillige Ökologische Jahr (FÖJ) bei Tierschutzvereinen, Umweltstiftungen oder Landwirtschaftsbetrieben. Erfahrungen im Ausland kann man beim deutsch-französischen Freiwilligendienst oder dem Internationalen Jugendfreiwilligendienst (IJFD) sammeln.

www.pro-fsj.de

Freiwilligendienst aller Generationen: Das Engagement innerhalb des Programms soll neben Ausbildung, Beruf und Familie mindestens acht Stunden pro Woche und verbindlich über mindestens sechs Monate geleistet werden. Die Einsatzfelder sind besonders vielfältig und sollen den Zusammenhalt der Generationen stärken: in Kindertagesstätten, Schulen, Umweltschutz und Sport, zur Unterstützung von Menschen mit Behinderung, zur Integration von Menschen mit Migrationshintergrund, in der Arbeit mit älteren Menschen, im Bereich Pflegebegleitung, Nachbarschaftshilfe und vieles mehr. Die Teilnehmer haben Anspruch auf kostenlose Qualifizierung. Unternehmen können durch die Anbindung an den Freiwilligendienst ihren Arbeitnehmern den Übergang in den Ruhestand erleichtern. Das Programm umfasst zunächst 46 Leuchtturmprojekte, die sich durch viel Erfahrung und innovative Angebote auszeichnen.
www.freiwilligendienste-aller-generationen.de

Aktiv im Alter: Das Bundesmodellprogramm »Aktiv im Alter« sollte 2009 und 2010 zu einem realistischen Altersbild in der Gesellschaft beitragen und die Potenziale älterer Menschen stärker in den Mittelpunkt der öffentlichen Diskussion rücken. Im Rahmen des Programms gab es (auch mit Beteiligung eines Unternehmens und des Landes NRW) für 175 Kommunen die Gelegenheit, die Wünsche der Älteren zu erfassen und die Bürgerbeteiligung zu starten. Dazu erhalten sie einen einmaligen Bundeszuschuss in Höhe von 10 000 Euro.
www.aktiv-im-alter.net

Mehrgenerationenhäuser: Das Aktionsprogramm Mehrgenerationenhäuser fördert das Miteinander und den Austausch der Generationen. Mehr als 40 000 Menschen nutzen täglich die insgesamt 10 000 Angebote der Mehrgenerationenhäuser. In diesen Einrichtungen wird das Miteinander der Generationen aktiv gelebt. Mehrgenerationenhäuser aktivieren Zivilengage-

ment und setzen dabei auf einen Personalmix aus Festange-
stellten und freiwillig Aktiven. Derzeit engagieren sich mehr als
16 000 junge und ältere Menschen bundesweit freiwillig in den
Mehrgenerationenhäusern.

www.mehrgenerationenhaeuser.de

10. Das öffentliche Wohnzimmer

Das Wort Ehrenamt mag Hildegard Schooß nicht: »Ehre und
Amt, das sind Begriffe aus einer längst vergangenen Zeit. Wer bei
uns mitarbeitet, hat kein Amt, sondern ein Aufgabenfeld. Und
die freiwillige Tätigkeit bringt den Menschen nicht unbedingt
Ehre, sondern Wertschätzung und Anerkennung.« Sie ist die geistige Mutter der Mehrgenerationenhäuser, von denen es bundesweit
mittlerweile mehr als 500 gibt. Nach dem Prinzip »Alle Generationen unter einem Dach« bieten diese Einrichtungen offene Be-
gegnungsräume und ein Fülle von Angeboten für Kinder und
Jugendliche, Familien und Alleinerziehende, aktive Ältere und
hilfsbedürftige Hochbetagte. Mehrgenerationenhäuser sind gleichzeitig ein Ort für freiwilliges Engagement und für bezahlte Dienstleistungen. »Die Idee dahinter ist, den Leuten einen Raum zu geben, der zwischen den öffentlichen Institutionen und den privaten
vier Wänden liegt, also eine Art öffentliches Wohnzimmer«, erklärt Hildegard Schooß. Der Gedanke wurde aus der Not geboren. Als sie mit ihrem Mann und drei kleinen Kindern Ende der
1970er Jahre nach Salzgitter zieht, geht ihr das einsame Leben als
Mutter und Managergattin in fremder Nachbarschaft gehörig auf
die Nerven. Sie selbst ist in einer Großfamilie aufgewachsen, mit
zwölf Geschwistern, Eltern, Großeltern und vielen Nachbarn. Dieses Gemeinschaftsleben vermisst Hildegard Schooß in Salzgitter.
Sie sucht den Anschluss an die Kirchengemeinde, an Vereine und
Familienbildungsstätten, merkt jedoch rasch, dass diese institu-

tionalisierten Orte des Soziallebens nicht die Geborgenheit und das Miteinander eines gewachsenen Beziehungsgefüges bieten. Nach dem Motto »was mir nicht passt, muss ich ändern« beschließt Hildegard Schooß selbst dafür zu sorgen, dass sich Jung und Alt ungezwungen begegnen und gegenseitig unterstützen können. Sie mietet einen kleinen Raum, stellt Stühle, Tische und Sofas hinein und verteilt Handzettel, um ihre Idee bekannt zu machen. Die ersten Besucher lassen nicht lange auf sich warten – Mütter, Kinder und Senioren, die miteinander ins Gespräch kommen und gemeinsam aktiv werden, ganz ohne Programm und Betreuungs-Brimborium, ohne Anmeldung und Wartezeiten. »Ein offenes Unterstützungssystem, das einer Großfamilie ähnlich ist und deshalb den Lebensvorstellungen der Menschen entspricht, ob sie jung oder alt, krank oder gesund, fröhlich oder traurig sind.« Mit dieser Vision im Kopf hat Schooß 1981 das erste Mütterzentrum Deutschlands gegründet. In Salzgitter ist aus dem Zimmer mittlerweile ein 2500 Quadratmeter großer Gebäudekomplex geworden, der täglich von bis zu 600 Menschen im Alter von null bis hundert Jahre besucht wird. Im Laufe der Jahre hat sich ein vielfältiges Angebot für jedes Alter etabliert. Kleine Kinder spielen gemeinsam mit ihren Müttern, Vätern, Großeltern und freiwilligen Helfern im »Kinderzimmer«. Die älteren Kinder treffen sich zum gemeinsamen Spielen, Basteln oder Kochen im Club, spielen mit den Senioren Schach oder lassen sich bei den Hausaufgaben helfen. Wenn Eltern oder Großeltern etwas zu erledigen haben, sich bei einem Kaffee entspannen oder am hauseigenen Kursprogramm teilnehmen wollen, können sie ihre Kinder oder Enkel in die Obhut der freiwillig Engagierten geben. Professionelle Rundumbetreuung bekommen Kinder zwischen ein und zwölf Jahren in der angegliederten Kindertagesstätte. Außerdem vermittelt das Haus Tagesmütter oder »Leihomas und Leihopas«. Vielfältig ist auch das Angebot für ältere Menschen. Neben diversen Freizeit- und Bewegungsangeboten gibt es Tagespflegeplätze, Sprechstunden für Angehörige und einen Vermittlungsdienst für Haushalts- und Gartenservice. Das Haus in Salzgitter ist architektonisch konsequent auf Offenheit und Austausch ausgelegt. Altenpflege und Kindertagesstätte befinden sich auf der gleichen Ebene, und auch sonst laufen sich Jung und Alt ständig über den Weg. Es gibt zwar auch Rückzugsräume, doch das Miteinander der Generationen wird bewusst angestrebt. »Wir leben unser ganz normales Leben. Das unterscheidet uns auch von der herkömmlichen kommunalen Sozialarbeit, die Programme nur für Senioren, nur für Kinder oder nur für Jugendliche anbietet.« Ein solches Schubladendenken ist Hildegard Schooß fremd. Deshalb spielen im Mütterzentrum Salzgitter Kinder mit Demenzkranken, toben schon mal beim Schallplattennachmittag der Senioren mit oder lassen sich von den Älteren vorlesen.

Auch im Herzstück des Hauses, dem Begegnungsraum mit Café und Mittagstisch, sitzen Jung und Alt oft gemeinsam am Tisch. »Bei uns gibt es immer etwas Gutes zu Essen zu erschwinglichen Preisen und für die freiwilligen Mitarbeiter gratis«, erzählt Schooß. Das Café ist auch der Ort, wo die Bereitschaft zum freiwilligen Engagement »gesät« wird. Soziologen würden diese Art des Zugangs »niederschwellig« nennen, Hildegard Schooß drückt es anders aus: »Da kommt der Opa mit seinem Enkelkind oder das ältere Ehepaar aus der Nachbarschaft eben öfter zum Essen vorbei. Dann kommen sie mit anderen ins Gespräch, schauen sich unsere Angebote in Ruhe an und irgendwann entdecken sie für sich, auf welche Art sie sich hier engagieren können.« Von den mehr als 100 freiwilligen Mitarbeitern ist die Mehrzahl über 50 Jahre alt: der ehemalige Unternehmer, der die gesamte Hausrenovierung verwaltet; der Schlossermeister im Ruhestand, der die Möbel repariert und mit den Kindern spielt; der ältere Kellner ohne Job, der für die Senioren Schallplatten auflegt und für die Kleinen vorliest; die ehemalige Kitaleiterin, die im Café bedient. »Jeder, aber auch wirklich jeder, bringt eine Kompetenz mit, die in der Gemeinschaft gebraucht wird. Das gilt nicht nur hier in Salzgitter, sondern für die Gesellschaft schlechthin.« Freiwilliges Engagement heißt für Hildegard Schooß schlicht, Menschen mitmachen zu lassen, sie nicht zu unbezahlten Helfern zu degradieren, sondern ihre Tätigkeit als gleichberechtigt mit der der Professionellen zu betrachten. »Die unbezahlten Mitarbeiter arbeiten bei uns auf Augenhöhe mit den bezahlten Kräften, mit dem Unterschied, dass man die ersteren nicht zu einer Aufgabe verdonnern kann, die sie nicht machen mögen.«

Auch das ist ein ungeschriebenes Gesetz im Mütterzentrum-Mehrgenerationenhaus: Jeder Mensch, gleich welchen Alters, welcher Nationalität oder welchem Bildungshintergrund, ist willkommen, ohne dass er Aufgaben oder Verpflichtungen übernehmen muss. Die angebotenen Kurse oder Unterstützungsmöglichkeiten können entweder freiwillig mitgestaltet oder auch einfach nur genutzt werden. Wer sich engagiert, erhält neben den freien Malzeiten auch eine Versicherung, Weiterbildungen, Beratungen und kostenlose Kinderbetreuung. Das Mehrgenerationenhaus Salzgitter finanziert sich nur zum Teil aus öffentlichen Töpfen, der Großteil der Gelder wird selbst erwirtschaftet. Im Gebäude gibt es eine kleine Einkaufspassage mit Friseursalon, Kosmetikstudio, Blumen- und Geschenkladen und einem Secondhandgeschäft. Die Mieteinnahmen fließen in die Kasse der Einrichtung ebenso wie die Gebühren für die Kindertagesstätte und die Leistungen der Pflegeversicherung für die Seniorentagespflege. Ohne die freiwilligen Mitarbeiter würde das Modell dennoch nicht funktionieren, auch weil im Haus viel Arbeit geleistet wird, die gar nicht bezahlbar ist: Zuwendung und Geborgenheit geben, ein offenes Ohr für die Sorgen anderer haben, einfach für Menschen da sein, wenn sie nicht alleine sein wollen – auch über die offiziellen Öffnungszeiten hinaus, eben genau so wie in einer echten Großfamilie.

In Salzgitter wird eine zukunftsweisende Mischung von Selbsthilfe, Bürgerengagement und professioneller Kompetenz gelebt. Hildegard Schooß ist überzeugt, dass sie und ihre Mitstreiter kommunale Sozialarbeit anbieten, die besser und billiger ist, als die meisten hochspezialisierten professionellen Sozialdienste. »Mehrgenerationenhäuser gehören in jede Kommune. Wir müssen Gelegenheitsstrukturen für Begegnungen schaffen. Wenn sich die Menschen offen begegnen, können daraus Beziehungen entstehen. Und erst, wenn dieses Band geknüpft ist, kann auch die Verantwortung wachsen. Wie soll man sich denn liebevoll um den anderen kümmern, wenn man ihn nicht kennt?«

Die Politiker haben lange gebraucht, um zu erkennen, welche Potenziale in diesem eigentlich naheliegenden Konzept stecken. Erst in den letzten Jahren gab es seitens des Bundes Fördermaßnahmen für die meisten der inzwischen nahezu flächendeckend in ganz Deutschland verteilten Mehrgenerationenhäuser. Rund 100 000 Menschen nutzen täglich die Angebote dieser Häuser – Orte, an denen das Miteinander der Generationen und die nachbarschaftliche Gemeinschaft in neuer Form wiedergeboren werden. Denn soviel ist klar: Die Familie ist längst zu klein geworden für die immer größeren Aufgaben in einer beschleunigten, dynamischen und mobilen Welt. Großeltern und Verwandte in der Nachbarschaft zu haben ist längst nicht mehr selbstverständlich. Berufsbedingte Umzüge verhindern dauerhafte Freundschaften. Und Vereine oder Kirchengemeinden verlieren ihre Bedeutung als Terrain für Kinder, Eltern und ältere Menschen. Auch die professionellen lokalen Angebote zur Kinderbetreuung oder zur Altenpflege reichen meist nicht aus. Auf all diese aktuellen gesellschaftlichen Problemlagen geben Mehrgenerationenhäuser plausible Antworten.

Hildegard Schooß hat die Leitung des Hauses in Salzgitter mittlerweile abgegeben, arbeitet aber noch regelmäßig mit. Künftig will sie wissenschaftlich untersuchen lassen, warum es Kindern, Erwachsenen und Senioren so guttut, wenn sie den Tag miteinander verbringen. Unterstützt wird sie dabei von Ashoka, einer internationalen Organisation, die soziales Unternehmertum fördert und Personen unterstützt, die eine innovative und übertragbare Lösung für ein soziales Problem entwickelt haben.

Mit ihren neuen Vorhaben wird Hildegard Schooß alle Hände voll zutun haben, obwohl sie längst im Rentenalter ist: »Ruhestand kommt für mich erst in Frage, wenn ich gebrechlich oder senil werde. Aber solange ich noch Kraft habe, brauche ich eine sinnvolle Beschäftigung. Privatleben ist auch wichtig, aber gerade wir Älteren müssen aufpassen, dass wir darin nicht untergehen.«

Information und Kontakt:
SOS-Mütterzentrum Salzgitter Mehrgenerationenhaus
Braunschweiger Straße 137
38259 Salzgitter
Tel. 0 53 41–81 67
    0 53 61–81 67 20
mz-salzgitter@sos-kinderdorf.de
www.muetterzentrum.de

Geschäftsideen, die helfen

»Unsere Vision ist eine Gesellschaft, in der jeder Bürger sein volles Potenzial realisieren kann, selbst auf soziale Missstände zu reagieren und sie zu beheben. Jeder soll die Freiheit, das Selbstvertrauen und die soziale Unterstützung haben, gesellschaftliche Probleme zu lösen und Mitmenschen in Verantwortung zu bringen«, so heißt es in einer Broschüre von Ashoka. Die gemeinnützige Organisation wurde 1980 gegründet und fördert Unternehmertum im sozialen Sektor. Ashoka Fellows wie Hildegard Schooß erhalten professionelle Unterstützung von Strategieberatern, Juristen und anderen Unternehmern, sowie Zugang zu einem weltweiten Netzwerk mit über 2500 Sozialunternehmern in mehr als 70 Ländern. Mitunter werden auch dreijährige Lebenshaltungsstipendien vergeben, damit sich die Sozialunternehmer voll und ganz auf die Ausbreitung ihrer Ideen konzentrieren zu können. Grundsätzlich ist eine Aufnahme in das Ashoka-Programm nur durch Nominierung möglich, die jedoch durch jede Person vorgenommen werden kann. Bevor die nominierte Person die Einladung zu einem mehrstufigen Auswahlverfahren erhält, wird das Projekt hinsichtlich mehrerer Kriterien überprüft: Das Konzept muss Breiten- und Tiefenwirkung haben, über Innovationskraft verfügen und ein gesellschaftliches

Problem nachhaltig lösen können. Ashoka wird getragen von einem weltweiten Netzwerk von Privatinvestoren, Stiftungen und Unternehmen.

Informationen und Kontakt:
Ashoka Deutschland gGmbH
Tel. 0 69–71 62-55 88
E-Mail: info_de@ashoka.org
www.ashoka.org

11. Lebensentwürfe 50plus

»Ich bin gerade 50 geworden – langsam werde ich erwachsen.« Mit diesem Slogan warb vor einigen Jahren ein österreichisches Versicherungsunternehmen. Das damit adressierte Lebensgefühl dürfte vielen Menschen, die in diesem Alter sind, gar nicht so fremd sein. Die meisten Älteren fühlen sich vielleicht nicht mehr jugendlich, aber immerhin doch mindestens zehn Jahre jünger als sie sind.

Umfragen zeigen, dass die deutsche Bevölkerung den Beginn des Alters zwischen 70 und 75 Jahren ansetzt.[39] Der Soziologe Dieter Otten von der Universität Osnabrück leitet eine Forschungsgruppe, die sich damit beschäftigt hat, wie die Generation 50plus älter wird.[40] Die Ergebnisse zeigen, dass die gefühlte Vitalität dieser Altersgruppe keineswegs ein kollektiver Selbstbetrug ist. Menschen über 50 lehnen den Lebensentwurf der »alten Leutchen« für sich zu Recht ab, unternehmen alles Mögliche, um nicht alt zu werden – und werden es auch nicht. Ottens Studie belegt, dass die Generation 50plus ein Stück ihrer Jugendlichkeit mit in die höheren Lebensjahre nimmt. Die meisten der 50- bis 70-jährigen Bundesbürger erfreuen sich relativ guter Gesundheit. Nur 2,8 Prozent aller 65- bis 70-Jährigen gelten laut statistischem Bundesamt als pflegebedürftig im Sinne des Gesetzes. Der eigentliche Alterungsprozess setzt erst im hohen Alter ein, betrifft aber keineswegs alle. Unter den 80- bis 85-Jährigen ist jeder Fünfte auf Pflege angewiesen und bei den über 95-Jährigen immer noch »nur« 55 Prozent.[41] Offenbar hat sich der Alterslimes, also die Grenze zum tatsächlichen Altsein, deutlich nach hinten verschoben.

Auch psychisch und sozial sind Menschen zwischen 50 und 70 Jahren ausgesprochen fit, sie sind in der Regel recht selbstbewusst und mit sich selbst zufrieden. Bei der 50plus-Studie gaben 81 Prozent an, heute viel besser zu wissen, was sie im Leben wirklich wollen. Das dürfte am relativ hohen Bildungsgrad dieser Altersgruppe liegen, aber auch an der guten sozialen Integration. Die Generation 50plus ist zwar in jüngeren Jahren ziemlich locker mit Partnerschaften, Ehe und Familie umgegangen. Trotzdem verfügt sie mit zunehmendem Alter über gute und recht stabile Beziehungen zu ihren Ehepartnern, Lebensgefährten und Familienmitgliedern.

Auch die berufliche Situation und eine solide finanzielle Lage haben Einfluss auf die heutigen Lebensentwürfe 50plus. Hier zeigt sich, dass die 50- bis 70-Jährigen die relativ wohlhabendste Altersgruppe der Republik ist. Sie sind sogar in bescheidenem Maße vermögend: 54 Prozent besitzen Wohneigentum oder Vermögensrücklagen. Allerdings stehen diesen gut situierten Älteren 46 Prozent Nichtvermögende gegenüber, von denen etwa die Hälfte außerdem über relativ niedrige Einkommen verfügt. Diese Zweiteilung gründet auf der Stellung im Arbeitsprozess. Von den gut 20 Millionen Bundesbürgern, die heute zwischen 50 und 70 Jahre alt sind, ist etwa die Hälfte noch erwerbstätig, mehrheitlich als Angestellte, doch gibt es in dieser Altergruppe mit fast 29 Prozent auch noch relativ viele Arbeiter. Mit 17,6 Prozent ist auch die Selbständigenquote der Älteren erstaunlich hoch, nämlich mehr als 1,7-mal höher als in der Gesamtbevölkerung. Der Grund dafür dürfte darin liegen, dass jeder vierte Selbstständige nach dem 65. Lebensjahr erwerbstätig bleibt und damit die Perspektive einer zunehmenden Zahl älterer Menschen schon vorlebt. Denn fast ein Drittel der Generation 50plus will auch nach der

Verrentung weiter in ihrem Beruf tätig sein, 60 Prozent der Befragten möchten zumindest etwas Berufsähnliches tun. »Offenbar gibt es in Deutschland erheblichen Bedarf an aktiver Betätigung jenseits der Erwerbsbeschäftigung«, stellt Otten fest.

Bei 66 Prozent dieser Altersgruppe sind sehr genaue Vorstellungen darüber vorhanden, wie sie ihre freie Zeit nach dem Erwerbsleben gestalten möchte. Die meisten wollen die gewonnenen Jahre auf keinen Fall mit Nichtstun vergeuden, sondern in Tätigkeit investieren. Diese Betätigung soll aber weniger dem Erwerb dienen als vielmehr zur Selbstverwirklichung beitragen. Sie soll etwas mit Bildung, Reisen oder Kultur zu tun haben, aber auch der Wunsch, sich in die Gesellschaft einzubringen, steht hoch im Kurs. Entsprechend hat das bürgerschaftliche Engagement bei den Älteren im Vergleich zu anderen Altersgruppen in den vergangenen zehn Jahren auch am deutlichsten, nämlich um 7 Prozent, zugenommen; 60- bis 69-Jährige sind mit 37 Prozent überdurchschnittlich häufig freiwillig aktiv.[42]

Beim Thema Wohnen setzt die Generation 50plus immer häufiger auf Alternativen zum Altenheim oder zur Pflege innerhalb der Familie. Die beiden wichtigsten Modelle für das Wohnen im Alter sind für sie das gemeinschaftliche Wohnen mit Menschen ähnlichen Alters und das Mehrgenerationen-Wohnen. Letzteres halten 60 Prozent für hoch attraktiv, weil es angesichts der schwindenden Familienstrukturen eine echte Alternative darstellt. Das Modell findet auch deshalb breite Unterstützung, weil 88 Prozent der Menschen zwischen 50 und 70 Jahren nie oder nur, wenn es gar nicht mehr anders geht, in ein Altenheim gehen wollen.[43] Die Realität bleibt allerdings noch weit hinter diesen Wünschen zurück. Zwar werden die meisten der über zwei Millionen Pflegebedürftigen heute in Privathaushalten betreut, doch bei immerhin gut 30 Prozent findet die Versorgung in stationären Pflegeeinrichtungen statt.[44] Ob die jüngeren Alten künftig ihren Lebensabend zu Hause verbringen können, hängt nicht zuletzt davon ab, ob es ihnen gelingt, die Organisation des Pflegesystems ihren Wünschen entsprechend zu verändern. Vieles spricht dafür, dass diese Generation für sie unbefriedigende Verhältnisse auch im Alter nicht klaglos hinnehmen wird. Schließlich haben die 68er, die bald 68 werden, schon in jungen Jahren einen Wertewandel herbeigeführt, der unsere Gesellschaft maßgeblich verändert hat

Es gibt noch einen weiteren Grund zu der Annahme, dass die Generation 50plus mit ihren historisch einzigartigen Lebensentwürfen soziale und politische Veränderungen herbeiführen könnte und damit für die Zukunft des Alterns neue Maßstäbe setzt. Die über 50-Jährigen sind nicht nur physisch und psychisch stark, sondern auch zahlenmäßig, denn sie gehören zu den geburtenstarken Jahrgängen der Nachkriegszeit. Weder vor noch nach den Babyboomern gibt es eine Altersgruppe, in der so viele Menschen ein hohes Alter erreichen – zum einen, weil ihre Eltern und Großeltern eine wesentlich geringere Lebenserwartung hatten, zum anderen, weil die nachfolgenden Generationen wegen des seit Jahren anhaltenden Geburtenrückgangs viel weniger Menschen umfassen. Mit dieser Mehrheitsposition besitzt die Generation 50plus potenziell die Macht, gesellschaftliche und politische Prozesse grundlegend zu beeinflussen. Dafür spricht auch, dass diese jungen Älteren sowohl über die mentalen als auch finanziellen Ressourcen verfügen, die nötig sind, um Dinge in Bewegung setzen zu können. Die 50- bis 70-Jährigen gehören als soziale Aufsteiger und Profiteure der Bildungsexpansion seit den 1970er Jahren mehrheitlich der Mittelschicht an. Sie pflegen aber einen anderen Lebensstil als das frühere Bürgertum, hat Dieter Otten festgestellt: »Statt als konservativer Bourgeois folgen viele über 50-Jährige dem Leitbild des Citoyen – als vorausschauenden, informierten, sozialen Akteur, der die Zukunft seines Lebensraums gemeinsam mit anderen erneuernd gestaltet.« Der Soziologe zieht deshalb aus seiner Forschung über die Generation 50plus ein ausgesprochen optimistisches Fazit: »Es könnte sich als Glücksfall der Geschichte erweisen, dass gerade jetzt eine Generation in ein Alter kommt, in dem sie die Kraft, die Einstellung und die gesellschaftliche Macht besitzt, durch ihre weitere Lebensplanung die demografischen Herausforderungen der Gesellschaft zu stemmen.«[45]

12. Ein Blick in die Zukunft

»Metamorphosis«, so heißt eines der drei Zukunftsbilder, die das
Marktforschungsinstitut Sinus Sociovision entworfen hat. Das
Szenario zur gesellschaftlichen Entwicklung im Jahr 2020 gibt
einen angenehmen Vorgeschmack davon, welche Veränderungen
die Generation 50plus auslösen könnte. Zugegeben, das Zukunfts-
modell der Heidelberger Zukunftsexperten klingt fast zu schön,
um wahr zu sein. Aber es ist nicht nur lohnend, sondern auch in-
spirierend, darüber nachzudenken und seine Entwicklungswege
weiterzudenken. »Metamorphosis« beschreibt Deutschland als ein
Land, in dem die Bürger ihre Probleme selbst in die Hand nehmen,
Eigenverantwortung mit Gemeinschaftssinn verbinden und sich
und die gesellschaftlichen Rahmenbedingungen im Wesentlichen
selbst organisieren. Die Gesellschaft ist aus den bekannten Ge-
gensätzen und Konfliktlinien ausgebrochen und hat ungewöhn-
liche Lösungen für ihre Probleme und Herausforderungen gefunden. Auch die Debatte um Generationengerechtigkeit und demografischen Wandel wird nicht mehr in Kategorien von Gewinnern
und Verlierern geführt. Man hat erkannt, dass die Gesellschaft
und insbesondere ihr stark wachsender älterer Teil genug Ressourcen hat, die sich zum Vorteil aller mobilisieren lassen: Nie
zuvor hatte die Gesellschaft so viel Kapital, Kompetenzen und
Zeit, eine außergewöhnlich hohe Produktivität in wissensinten-
siven Industrien und eine Vorstellung von Lebensqualität, die
weit über ökonomische Kennziffern hinausgeht. Die Gesellschaft
hat damit begonnen, diese immensen Potenziale zu erkunden
und neue Prioritäten zu setzen. Sie schafft ein motivierendes
Klima für Top-Talente aus aller Welt, legt aber genauso großen
Wert darauf, dass alle Talente mobilisiert werden, einschließlich
der Erfahrung und Weisheit der Älteren.[46] Flexible Formen der
Erwerbs- und Projektarbeit erlaubt der älteren Generation, ein
Berufsleben zu führen, das weit über die herkömmlichen Pen-
sionsgrenzen hinausreicht. Das starre Korsett der Biografie – erst
lernen, dann arbeiten, dann Ruhestand – ist abgelegt. Jeder kann

sich seine Lebensarbeitszeit selbst einteilen und gewichten, wie viel Zeit er sich für Arbeit, Familie, Bildung oder bürgerschaftliches Engagement nimmt. Lebenslanges Lernen ist für breite Teile der Bevölkerung selbstverständlich, oft geschieht die Weiterbildung auch im Rahmen einer gemeinnützigen Tätigkeit. Das Bildungsniveau der Gesellschaft ist quer durch alle Milieus beachtlich gestiegen, ebenso die Erwerbstätigenquote, denn die neuen Arbeitszeitmodelle erlauben nicht nur den Älteren einen längeren Verbleib im Berufsleben, sondern erleichtern auch die Vereinbarkeit von Familie und Job. Auch die prosperierende und innovative Wirtschaft profitiert von der hohen Eigeninitiative und Selbstverantwortung der Bürger. In Unternehmen gehört Personalentwicklung für über 50-Jährige zum Alltag. Ebenso gibt es in allen Firmen gesundheitsfördernde Angebote und Arbeitsplatzgestaltungen.

Kreativität, Leistungswille, Unabhängigkeit, Innovationskraft und unternehmerisches Denken steht bei allen Generationen hoch im Kurs, ausdrücklich auch bei den Älteren. Führungskräfte und Politiker wollen nicht mehr »auf der Kommandobrücke« stehen, sondern beteiligen ihre Mitarbeiter und Bürger an Entscheidungen und Planungen. Dadurch hat sich ein politisches Klima des Zuhörens und des Dialogs entwickelt, das nahe an der Lebenswirklichkeit der Bürger ist.

Der Staat hat sich auf seine Kernaufgaben zurückgezogen: Gerichtsbarkeit, Militär, Polizei, Außenpolitik und soziale Grundsicherung. Alle übrigen Aufgaben sind auf viele Schultern verteilt worden. Viele der ehemals staatlichen Hoheitsgebiete sind auf die kommunale Ebene verlagert worden. Arbeitsmarktpolitik etwa ist nicht mehr zentral organisiert, sondern eine gemeinsame Angelegenheit der Verwaltung, der Wirtschaft und der Bürgergesellschaft in den Kommunen. Stiftungen und Bürgerstiftungen haben einen großen Teil der sozialen und kulturellen Aufgaben übernommen. Der Subsidiaritätsgedanke hat sich wieder durchgesetzt, die intelligente Vernetzung im lokalen Umfeld erlaubt einen gut funktionierenden Mix aus Selbsthilfe, nachbarschaftlichem oder bürgerschaftlichem Engagement und professionellen Dienstleistungen. Dank der Entlastung des Sozialsystems und der florierenden Wirtschaft sind die öffentlichen Haushalte konsolidiert, sowohl auf Bundesebene, als auch in Städten und Kommunen.

Seit der Staat Macht aus der Hand gegeben hat, genießt die Politik auch wieder das Vertrauen der Bürger. Dadurch ist eine lebendige und effektive Beteiligungsdemokratie entstanden, die alle Generationen anspricht und zwischen ihren Interessen vermittelt.

Die Gegensätze zwischen Jung und Alt haben sich im Jahr 2020 allerdings eher verwischt, nicht zuletzt auch, weil sich der demografische Druck als weit weniger dramatisch erwiesen hat als befürchtet. Die Gesellschaft des langen Lebens hat gelernt, ihre Risiken zu managen und ihre Chancen zu nutzen.

13. Die Kraft der Altersbilder

Noch ist Deutschland weit von diesem Zukunftsbild entfernt. Doch die ersten zaghaften Schritte hin zu einer dynamischen Gesellschaft des langen Lebens sind in der Politik, in Städten und Gemeinden, in den Unternehmen und in der aktiven Bürgerschaft unternommen worden. Damit sich die Potenziale des Alters allerdings in vollem Umfang entfalten können, müssen wir erst noch lernen, mit Alter anders umzugehen, und unsere Vorstellungen von Alter gründlich überdenken. Der sechste Altenbericht der Bundesregierung, den unabhängige Wissenschaftler für 2010 vorgelegt haben, beschäftigt sich mit den Altersbildern in der Gesellschaft und stellt fest, dass die dominierenden Altersbilder der Vielfalt und den Stärken des Alters kaum gerecht werden. Wir haben den Vorsitzenden der Sachverständigenkommission, Deutschlands führenden Gerontologen Andreas Kruse, gefragt, warum bei uns immer noch ein eher negatives Bild vom Alter dominiert.

Alter wird in Deutschland oft mit Verlust und Kostenbelastung gleichgesetzt. Unsere Altersfreundlichkeit lässt offenbar zu wünschen übrig…

Andreas Kruse: Ein solches Urteil wäre zu pauschal. In der Politik wird mittlerweile intensiver über die Stärken und Potenziale des Alters nachgedacht. Mit dem seit 1989 regelmäßig erstellten Altenbericht stehen wir auch im internationalen Vergleich recht gut da. In der Praxis aber, etwa in der Arbeitswelt, gibt es noch viel zu tun. Manche Unternehmen haben die Ressourcen der Älteren erkannt und sich entsprechend umgestellt. In vielen Firmen herrscht aber immer noch eine gewisse Reserviertheit gegenüber den älteren Arbeitnehmern. Auch im öffentlichen Diskurs über Alter stehen oft noch negative Bilder im Vordergrund. Hier könnte noch viel mehr dafür getan werden, dass ältere Menschen als mitverantwortliche, engagierte und couragierte Bürger angesprochen werden, auf deren Leistungen unsere Gesellschaft nicht verzichten kann.

Wir sollten die Älteren also eher als Gebende betrachten und weniger als Nehmende?

Es geht vor allem um ein differenziertes Altersbild. Der Begriff Alter bezieht sich heute auf mehrere Lebensjahrzehnte, in denen sich sehr verschiedenartige Anforderungen an den Menschen stellen und in denen unterschiedliche Entwicklungsprozesse zu beobachten sind. Zudem unterscheiden sich Menschen gleichen Alters erheblich in ihrer körperlichen und in ihrer seelisch-geistigen Leistungsfähigkeit. In der öffentlichen Wahrnehmung allerdings beschreibt der Begriff Alter nur einen bestimmten Aspekt, nämlich den des allmählichen Rückzugs aus früheren Rollen und Funktionen sowie des Verlusts an körperlicher und seelisch-geistiger Leistungskapazität. Die jüngeren Alten können und wollen aber sehr wohl noch etwas leisten, und dafür müsste man offener sein. Ebenso muss sich die Gesellschaft darauf einstellen, dass im hohen und sehr hohen Alter die Verletzlichkeit und damit auch der Unterstützungsbedarf steigt. Diese beiden verschiedenartigen Aspekte von Alter zusammenzuführen, ist eine große Herausforderung, sowohl für die Gesellschaft und die Politik als auch für jeden Einzelnen. Wenn es gelingt, differenziert mit dem Alter – mit seinen Ressourcen ebenso wie mit seinen Grenzen – umzugehen, so erscheint die Aussicht, dass im Jahr 2040 gut ein Drittel der Deutschen über 60 Jahre alt sein wird, nicht mehr so bedrohlich.

Welches sind die wichtigsten Weichenstellungen auf dem Weg dorthin, welche Hebel gilt es anzusetzen für ein neues Bild vom Alter?
Am wichtigsten ist, dass wir das Alter viel stärker als bisher in den öffentlichen Raum holen. Ältere Menschen, die sich aktiv in die Gesellschaft einbringen, demonstrieren damit, dass sie sehr wohl in der Lage sind, einen produktiven und kreativen Beitrag zum Gemeinwohl zu leisten. Und sie führen jüngeren Menschen vor Augen, dass sie einen Beitrag zur Solidarität zwischen den Generationen leisten. Diese sichtbare Übernahme von gesellschaftlicher Verantwortung kann das Altersbild der Gesellschaft entscheidend zum Positiven verändern. Sie hilft aber auch jedem Einzelnen, das eigene Altern besser zu meistern. Altern ist ein vom Individuum selbst beeinflusster Entwicklungsprozess, auf den man sich schon im mittleren Erwachsenenalter vorbereiten sollte: Wie will ich im Alter leben? Wie meinen Alltag ausfüllen? Wie kann ich meine geistige und körperliche Leistungsfähigkeit erhalten? Wo kann ich meine Kompetenzen einbringen? Bürgerschaftliches Engagement bietet schlüssige Antworten auf solche Fragen.

Wie schätzen Sie die Chancen ein, dass uns die Gestaltung der alternden Gesellschaft gelingt?
Die Gesellschaft befindet sich auf dem richtigen Kurs. Und ich bin durchaus optimistisch, dass Altern zu einer Erfolgsgeschichte Deutschlands werden kann.

Altersbilder in Deutschland

Der sechste Altenbericht der Bundesregierung gibt folgende Empfehlungen, die für einen differenzierte Wahrnehmung von Alter sensibilisieren sollen:

- Entscheidungsträger in Gesellschaft, Politik und Wirtschaft sollten kritisch reflektieren, von welchen Altersbildern sie sich leiten lassen.
- Sie sollten den demografischen Wandel als eine Gestaltungsaufgabe sehen, die der Vielfalt des Alters gerecht wird.
- Der demografische Wandel betrifft nicht nur die Älteren, sondern alle Altersgruppen. Deshalb sollten alle Institutionen, welche »Senioren« im Namen tragen, die Sinnhaftigkeit dieser Bezeichnung überdenken. Warum also künftig nicht das »Generationenministerium« aus der Taufe heben?
- Auch der Begriff »Alter« ist zu statisch, um die Vielfalt und Dynamik der Lebenslagen zu beschreiben. Er sollte durch den Begriff des »Alterns« ersetzt werden.
- Bildung sollte als Recht und Pflicht für alle Lebensalter anerkannt werden. Sie sollte Kompetenzen für ein eigen- und mitverantwortliches Leben vermitteln und allen Generationen Angebote machen.
- Langfristig führt kein Weg daran vorbei, länger zu arbeiten. Deshalb müssen Unternehmen ihre meist starren Altersgrenzen überwinden und ihre Personalpolitik daran anpassen. Auch die Beschäftigten selbst sollten in die eigene Arbeits- und Beschäftigungsfähigkeit investieren.
- Im Gesundheitswesen müssen vermehrt Konzepte der Gesundheitsförderung und Prävention entwickelt werden. In der Schul- und Erwachsenenbildung sollten vermehrt Kenntnisse über die Alterungsprozesse und deren Beeinflussung vermittelt werden.
- Ältere Menschen sind aufgefordert, in ihrer Lebensgestaltung die Möglichkeiten des bürgerschaftlichen Engagements zu nutzen. Die Kommunen müssen in entsprechende Infrastruktur und Qualifikationsmaßnahmen investieren.[47]

14. Zeit des Umbruchs

Wie kann künftig die soziale Grundversorgung sichergestellt werden? Wie lange sollen und müssen Erwerbstätige beschäftigt bleiben und in welcher Form? Wie muss das Bildungssystem verändert werden, um lebenslanges Lernen zu gewährleisten und breite Schichten der Bevölkerung dabei mitzunehmen? Wie können Freiräume geschaffen werden, in denen sich gesellschaftliches Engagement aller Generationen entwickeln kann? Auf solche Fragen müssen dringend Antworten gefunden werden, denn der Reformdruck wird künftig nicht abnehmen, sondern demografisch bedingt stark steigen. Insofern ist es auch irreführend zu behaupten, eine alternde Gesellschaft würde automatisch starr und träge. Das kann sie sich nicht leisten und wird es auch nicht wollen. Vielmehr dürfte gelten, dass gerade mit der wachsenden Zahl der Älteren endlich Bewegung in festgefahrene Systeme und Denkweisen kommt und längst überfällige Veränderungen rasch vorangetrieben werden.

Unsere Gesellschaft hat eine schwierige, aber chancenreiche Übergangszeit zu meistern. Sie kann letztlich wenig dagegen tun, dass sie altert. Aber sie kann sehr viel für die Gestaltung ihres Alterns tun. In diesem Aspekt geht es der Gesellschaft wie jedem Einzelnen, der in die Jahre kommt. Für eine Zeitlang lässt sich das eigene Altern noch mehr oder weniger gut verdrängen oder vertuschen. Doch irgendwann kommt für jedermann der Zeitpunkt, wo der vermeintlich schöne Traum von der ewigen Jugend ausgeträumt ist. Dieser oft jähe Übergang von der Illusion zur Wirklichkeit lässt sich besser meistern, wenn man das reife Erwachsenenalter dazu nutzt, das Altern besser zu verstehen und neue Rollen für den späten Lebensabschnitt zu entdecken und erproben.

Wie groß schon heute der Orientierungsbedarf ist, zeigt die Flut der Ratgeber zum Thema Alter und Altern, die seit einigen Jahren den Büchermarkt überschwemmt. Titel wie *Gelassen älter werden*, *Wie man in Würde altert*, *Topfit bis ins hohe Alter*, *Erfolgreiche*

Strategien zum Jungbleiben oder *Happy Aging statt Forever Young* beleuchten den Alterungsprozess aus unterschiedlichsten Perspektiven. Dabei zeigt diese Vielfalt nicht nur, dass unzählige Rezepte für gelungenes Altern auf dem Markt der Lebenshilfe kursieren, sondern auch, dass sich der Prozess des Alterns bei jedem Menschen anders vollzieht. Entgegen früherer Vorstellungen ist das Altern kein festgefügtes Programm, das sich quasi automatisch abspult. Vielmehr wird dieser Prozess lebenslang individuell »programmiert« – vom Lebensumfeld, von biografischen Faktoren, vom eigenen Verhalten, Fühlen und Denken. Entsprechend unterschiedlich empfinden Menschen den Übergang in ihren dritten Lebensabschnitt. Für die meisten beginnt jedoch im sechsten Lebensjahrzehnt eine Zeit des Umbruchs. Die Kinder gehen endgültig aus dem Haus, die ersten Enkelkinder kommen. Der Ruhestand steht bevor oder wird bereits gelebt. Die eigenen Eltern werden pflegebedürftig oder sterben. Im Freundeskreis kommen Themen wie Krankheit, Verlust oder Versäumtes immer öfter zur Sprache.

»Die Einschläge kommen näher«, so lautet eine gängige Umschreibung für das Gefühl, das Menschen ab fünfzig mitunter beschleicht. Manche wehren den vermeintlichen Feind namens Alter mit allen erdenklichen Anti-Aging-Mitteln ab. Andere lassen ihn resigniert, frustriert und verbittert auf sich zukommen. Und wieder andere setzen sich mit dem Älterwerden aktiv auseinander, stellen die eigene Entwicklung auf den Prüfstand und ziehen eine vorläufige Bilanz: Was habe ich im Leben erreicht? Haben sich meine Wünsche und Träume erfüllt? Was habe ich versäumt, und was lässt sich noch nachholen? Welche Ziele soll und kann ich noch verfolgen? Kann und will ich noch etwas bewegen? Oft fällt diese persönliche »Abrechnung« ambivalent aus. Man erkennt vielleicht, dass das eigene Leben zu stark von bequemer Routine geprägt oder von blinder Pflichterfüllung getrieben war, dass Träume im Hamsterrad des Alltags unwiderruflich auf der Strecke blieben und die eigenen Bedürfnisse ein Schattendasein fristen mussten. Dann taucht unweigerlich die Frage auf, was es in der verbleibenden Lebenszeit noch nachzuholen gilt:

Um die Welt reisen? Das Traumauto kaufen? Regelmäßig zur Kosmetikerin, zum Yoga-Kurs, zum Golfen gehen? Nichts gegen den Wunsch, sich öfter mal etwas Gutes zu gönnen, doch bleiben diese zeit- und geldintensiven Genüsse zumeist nur harmlose Trostpflästerchen für die Seele. Sich selbst zu verwöhnen sorgt vielleicht für ein halbwegs erträgliches, aber kaum für ein erfülltes Alter. Und schon gar nicht, wenn sich dieser Lebensabschnitt wie heute über einen Zeitraum von mehreren Jahrzehnten erstreckt.

Es gibt aber auch eine andere Seite der persönlichen Lebensbilanz im mittleren Erwachsenenalter: Viele Menschen beschäftigen sich in der Lebensmitte intensiv mit dem eigentlichen Sinn ihres Lebens und entdecken dabei den Wunsch, ihr Wissen und ihre Erfahrung an andere weiterzugeben. Es klingt paradox, doch in dieser Erkenntnis verbindet sich das Streben nach Selbstverwirklichung eng mit dem Bedürfnis, etwas Sinnvolles für andere Menschen zu tun. Das Gefühl, gebraucht zu werden, gilt auch in der Entwicklungspsychologie als ein wesentliches Merkmal für zufriedenes und glückliches Altern.[48] Die dadurch erfahrene Anerkennung und Sinnerfüllung kann dem Leben selbst im hohen Alter noch ein Ziel geben und bewahrt vor den »Schrecken« des Alterns: Selbstzentrierung, Stagnation, Depression, Verbitterung, Resignation.

15. Generativität oder die Frage: Wer braucht mich?

Der Wunsch, etwas Gutes zu tun und damit Spuren zu hinterlassen, wird in der Psychologie »Generativität« genannt und ist in jedem Menschen angelegt. Der Begriff geht auf den deutschamerikanischen Psychoanalytiker Erik H. Erikson zurück, der ihn bereits 1950 geprägt hat. In seinem Buch *Kindheit und Gesellschaft* stellte er eine neue Theorie der menschlichen Lebensspanne vor, die besagt, dass der Mensch von der Geburt bis zum Tod vor immer neuen Lebensaufgaben und Entwicklungschancen steht. Generativität bedeutet die Weitergabe von Erfahrung an nachfolgende Generationen und ist laut Erikson die zentrale Aufgabe des mittleren Erwachsenenalters. Dabei verwirklichen Menschen ihre Generativität nicht nur in der eigenen Familie, sondern auch als Mentor, Helfer, Förderer – durch soziales Engagement also.

Als Anstiftung zum generativen Leben versteht Heiko Ernst, Diplompsychologe und Chefredakteur der Zeitschrift *Psychologie heute*, sein Buch *Weitergeben!*[49] Wir haben ihn gefragt, was Generativität für das Leben Älterer und für die alternde Gesellschaft bedeutet:

Was genau versteht man unter Generativität?
Heiko Ernst: Generativität ist unser Zukunftssinn. Wir richten das Denken über die eigene Existenz hinaus und suchen nach Wegen, den künftigen Generationen etwas zu geben, das für ihr Wohlergehen nützlich ist. Generativität ist die für das reife Erwachsenenleben typische Fähigkeit, von sich selbst abzusehen, für andere da zu sein, sein Wissen und seine Erfahrung in die Gesellschaft einzubringen, etwas weiterzugeben. Gleichzeitig ist Generativität eine persönliche Lebensaufgabe, die sich im reifen Erwachsenenalter stellt und die gelernt und gelöst werden muss. Generativität gibt also Antworten auf zwei Fragen: Wie geht es mit mir weiter? Und wie geht es mit meinem Lebensumfeld weiter?

Heißt das, man sollte beim Älterwerden nicht nur an sich selbst denken?
Ja, aber Generativität hat ein Doppelgesicht. Der altruistische Anteil der Generativität verdeckt eine wichtige Tatsache: Wer generativ wird, tut auch etwas für sich selbst, für das eigene Seelenheil. Denn je mehr uns die eigene Vergänglichkeit bewusst wird, desto mehr hilft Generativität, die existenziellen Fragen der Lebensmitte zu beantworten: Welche Spuren hinterlasse ich? Welchen Sinn hat mein Leben? Wer braucht mich? Deshalb ist Generativität ein wichtiger Schritt auf dem Lebensweg und

stellt zugleich die große Selbstentfaltungs- und Glückschance der Lebensmitte dar.

Warum tritt diese Haltung gerade bei älteren Menschen in den Vordergrund?
Im mittleren Lebensalter sind Menschen am ehesten bereit, ihre Lebenserfahrung, ihr Wissen, ihre Fähigkeit zur Selbststeuerung und Führung in den Dienst eines Ziels zu stellen, das größer ist als das des persönlichen Erfolgs oder individuellen Wohlbefindens. Diese fürsorgliche Haltung wirkt nicht nur positiv auf ihre Empfänger. Generativität wirft auch beachtlichen Nutzen für den Geber ab – als Zugewinn an psychischem und sozialem Wohlbefinden und seelischer Gesundheit für den Rest des Lebens. Wir sind mit dem eigenen Leben versöhnt, wenn wir etwas davon abgeben können und Spuren in der Nachwelt hinterlassen. Dann sind wir angesichts der Endlichkeit des eigenen Lebens weniger verzweifelt.

Was geschieht, wenn Menschen in der Lebensmitte Generativität nicht ausleben?
Das kann das dritte Lebensalter negativ beeinflussen. Die Lebensmitte ist ja der natürliche Punkt, an dem wir beginnen, neue Prioritäten zu setzen, Wesentliches vom Unwesentlichen schärfer zu unterscheiden, Ballast abzuwerfen, Kursänderungen vorzunehmen. Damit stellen wir bewusst oder unbewusst die Weichen für das Alter. Wenn wir aber das Älterwerden verdrängen und verleugnen, die Zeit krampfhaft zurückdrehen oder anhalten wollen, dann lassen wir uns zu sehr vom Bild des Verfalls beherrschen. Wer um jeden Preis jung bleiben will, zahlt dafür den Preis von Hypochondrie, Angst und Depression. Auf der anderen Seite laufen ältere Menschen auch Gefahr, sich geistig und seelisch zur Ruhe zu setzen oder sich zum Gefangenen ihrer Vergangenheit zu machen. Davor bewahrt uns der generative Impuls – sofern wir ihn erkennen, kultivieren und zur Entfaltung bringen.

Etwa durch bürgerschaftliches Engagement?
Absolut. Bürgerengagement ist nicht nur ein guter Weg, Generativität zu praktizieren, sondern auch ein gut ausgebauter und ausgesprochen vielfältiger Weg. Man braucht nur vor Ort zu schauen, wo passende Engagementfelder sind, wo man gebraucht wird und etwas beisteuern kann. Alle Formen des Engagements für die Gesellschaft sind im engsten Sinn generativ. Außerdem sind Menschen in der Lebensmitte besser als in jüngeren Jahren in der Lage, ihre Kenntnisse und Erfahrungen wirksam weiterzugeben. Man ist eben nicht mehr Getriebener, sondern treibt Dinge selbst voran.

Welche Rolle spielt Generativität für die alternde Gesellschaft?
Generativität könnte die Schlüsseltugend des 21. Jahrhunderts werden: nach außen gewendet und kollektiv als das Bewahren von Mitmenschlichkeit, Kultur und Natur – nach innen gewendet und individuell als eine Bedingung für gelingendes Altern bei steigender Lebenserwartung. Die unausweichliche Konfrontation mit dem eigenen Ende wird erträglicher, wenn wir auf etwas zurückblicken können, das uns stolz oder zufrieden macht. Und das kann nur etwas sein, das mit Sinn erfüllt ist. Deshalb werden Menschen im nachberuflichen Leben immer häufiger zu Schlüsselfiguren in den dringend notwendigen sozialen, kulturellen, politischen, ökonomischen und ökologischen Veränderungsprozessen. Sie erschließen sich und anderen Entwicklungsräume, sie vernetzen Akteure aus unterschiedlichen Arbeitsfeldern, sie sorgen für die Entwicklung von Modellprojekten, übernehmen Verantwortung für die Umsetzung ihrer Projektideen. So können sie Einfluss auf die Entwicklung der alternden Gesellschaft nehmen und damit gleichzeitig Lebensqualität für das eigene lange Alter schaffen.

Braucht Generativität einen Nährboden, auf dem sie sich entfalten kann?
Allerdings, denn Generativität ist kein Selbstläufer und kein In-

stinkt, der automatisch wirksam wird. Generativität entsteht heute nicht mehr von selbst. In unserer Zeit des beschleunigten Wandels und der dominierenden Konsumorientierung ist es für den Einzelnen nötiger denn je, immer wieder innezuhalten und sich die Notwendigkeit von Generativität bewusst zu machen. Lebensgenuss um jeden Preis tut nicht nur anderen nicht gut, sondern auch uns selbst nicht. Damit verbaut man sich die Chance, ein abgerundetes Leben im Alter zu führen, und befeuert gleichzeitig gesellschaftliche Konflikte und Defizite. »Nach uns die Sintflut« ist für eine alternde und schrumpfende Gesellschaft kein Überlebensmotto. Man muss mit seinem Zukunftssinn ja nicht gleich die ganze Welt verbessern wollen. Generativität kann im privaten Umfeld, im eigenen Wohnquartier verwirklicht werden – unspektakulär, kreativ und fürsorglich. Ein solches Engagement verbindet psychische Reife mit sozialer Weltzugewandtheit und Altruismus mit Selbstverwirklichung.

16. Stärken des Alters

Jeder will lange leben, aber niemand will alt sein – damit ist ziemlich gut umschrieben, in welchem Dilemma unsere Gesellschaft steckt. Altern erzeugt den gedanklichen Reflex von Abbau, Zerfall, Schwäche, Leistungsverlust, Hilfsbedürftigkeit. Auch die Älteren selbst haben oft wenig Selbstvertrauen in ihre Potenziale und gehen von der Annahme aus, dass im Alter alles weniger wird.

Und in der Öffentlichkeit hält sich hartnäckig der Vorwurf, die Alten würden auf Kosten der Jungen leben und die ohnehin immer knapper werdenden Mittel des Sozialstaats selbstsüchtig aufzehren. Doch das immer wieder heraufbeschworene Bild vom Kampf oder gar Krieg der Generationen blendet aus, dass Ältere nicht nur Leistungen in Anspruch nehmen, sondern auch reichlich erbringen.

In der Familie etwa ist die Bereitschaft, etwas für die Kinder und Enkel zu tun, ungebrochen. Jährlich 3,5 Milliarden Arbeitsstunden investieren die 60- bis 85-Jährigen für die Hilfe in der Familie, für Pflege und die Betreuung der Enkel. Auch in materieller Hinsicht unterstützen Ältere ihre Kinder, und zwar mehr und länger als je zuvor. Der Soziologe Martin Kohli hat ausgerechnet, dass rund 30 Prozent der Eltern ihren erwachsenen Kindern regelmäßig Geld zukommen lassen. Demgegenüber bekommen aber nur 3 Prozent der Alten Geld von ihren Kindern.[50]

Das heißt, dass Ältere innerhalb ihrer Familien deutlich mehr geben als nehmen und damit nicht nur den Staat entlasten, sondern auch einen nicht unerheblichen Beitrag für die gelebte Solidarität zwischen den Generationen leisten.

Doch Geld und Zuwendung sind beileibe nicht die einzigen Ressourcen, die ältere Menschen einzugeben haben. Sie verfügen auch über einzigartige Wissensschätze sowie lebenspraktische und sozialkommunikative Kompetenzen, die sich erst im Alter entsprechend ausprägen. »Was wird im Alter mehr?«, hat Leopold Stieger auf seiner Internetplattform seniors4success gefragt. Spitzenreiter unter den mehr als 1600 Antworten der Nutzer: »Wissen, worauf es im Leben wirklich ankommt«, gefolgt von »Erfahrung«, »Weisheit«, »Gesundheitsbewusstsein«, »Unabhängigkeit«, »Für andere da sein« und »Zeitbudget«.[51] Mit diesen speziellen Potenzialen sind ältere Menschen nicht nur in der Lage, sondern geradezu verpflichtet, ein mitverantwortliches Leben in unserer Gesellschaft zu führen.

Sprachwissenschaftlich leitet sich das Adjektiv »alt« übrigens vom indogermanischen »al-« ab, einem Wortstamm, der Prozesse wie wachsen, nähren oder reifen bezeichnet.[52] Und auch in der Altersforschung finden sich viele Hinweise darauf, dass Alter – abgesehen vom nicht zu verleugnenden biologischen Abbau – weit mehr mit Wachstum und Zugewinn verbunden ist, als allgemein angenommen.

Die Nonnen-Studie

Die beiden Soziologen Rüdiger Dammann und Reimer Gronemeyer berichten in ihrem Buch *Ist Altern eine Krankheit?* von
einer berühmten Studie, mit der die Leistungsfähigkeit von
Hochbetagten eindrucksvoll bewiesen wurde.[53] Der amerikanische Neurologe David Snowdon testete über mehrere Jahre
die geistigen Fähigkeiten und das Gedächtnis von 700 älteren
Nonnen. Alle Ordensschwestern leben in sehr ähnlichen Verhältnissen, deshalb waren sie für die Forscher die ideale Unter-
suchungsgruppe. Es stellte sich heraus, dass die meisten Nonnen bis ins sehr hohe Alter geistig topfit blieben – ganz besonders jene, die täglich intellektuell gefordert waren. Noch ver-
blüffender war allerdings ein Untersuchungsergebnis, das die
Forscher nach dem Tod der Nonnen entdeckten. Bei der Untersuchung der Gehirne zeigten sich bei nicht wenigen klare
Hinweise auf schwere Demenzen, und dies obwohl sie zu Leb-
zeiten geistig völlig auf der Höhe waren. Offenbar schützt reges
Hirntraining ebenso vor dem Ausbruch solcher Alterskrankhei-
ten wie eine positive Lebenseinstellung und die Einbindung in
eine Gemeinschaft.

17. Mythos Altersschwäche

Aus Sicht der Psychologie und der Kognitionsforschung verfügen viele, wenngleich nicht alle Menschen im Alter über eine ganze Reihe von Potenzialen. Eine herausragende Position nimmt
dabei das hoch entwickelte Erfahrungswissen ein, die sogenannten »kristalline Intelligenz«. Hierbei geht es um Leistungen, die
mit Verständnis, Überblick und fundiertem Sach- und Experten-
wissen zu tun haben. Dazu gehören aber auch effektive Strategien
zur Lebensbewältigung und das Wissen um sich und andere –
Fähigkeiten also, die auch außerhalb des Erwerbslebens ausgebil-

det werden können. Erfahrungswissen ist ein besonders kostbarer Aktivposten des alternden Gehirns. Denn während die fluide Intelligenz, also Leistungen des Kurzzeit- und des Arbeitsgedächtnisses, im Lauf des Lebens stetig abnehmen, bleibt die kristalline Intelligenz bis ins hohe Alter erhalten und kann sich sogar noch steigern. Dies geschieht allerdings nur dann, wenn das Erfahrungswissen laufend weitergegeben und damit weiterentwickelt wird. Das bekannte Sprichwort »Use it or loose it« (Benutz es, oder du verlierst es) gilt offenbar nicht nur für die körperliche, sondern auch für die geistige Fitness. Wenn ältere Menschen ihr Wissen weitergeben, profitieren davon also nicht nur andere, sondern auch die »Geber« selbst.

Zu den Stärken des Alters gehören weiterhin ausgeprägte Fähigkeiten in der Kommunikation mit anderen Menschen, insbesondere auch Beratungskompetenz vor allem gegenüber jüngeren Menschen. Ältere Menschen können Konflikte und Krisensituationen besser meistern und gehen mit negativen Emotionen und belastenden Ereignissen angemessener um. Mit zunehmendem Alter streben Menschen nicht mehr danach, Ziele auf Biegen und Brechen zu erreichen, sondern passen sie eher an die realistischen Umstände an. Ebenso sind Ältere darin geschult, in Zusammenhängen zu denken, Entwicklungen richtig einzuschätzen und komplexe Zusammenhänge zu durchdringen. Zwar nehmen im Alter Konzentration, Gedächtnis und Lernfähigkeit ab, dafür aber nimmt die Fähigkeit, Muster zu erkennen, zu. Ältere Menschen können komplexe Probleme oft schneller als junge lösen, weil sie quasi automatisch Ähnlichkeiten wahrnehmen und damit »mentale Abkürzungen« gehen. Diese Fähigkeit hilft ihnen auch, Dinge auf den Punkt zu bringen und sich auf das Wesentliche zu konzentrieren. Ältere sind bei Problemlösungen vielleicht nicht schneller als Jüngere, aber sie finden Lösungen, die meist tiefgehender und umfassender sind. Schließlich sind ältere Menschen entgegen hartnäckigen Vorurteilen auf ihre Art kreativ und innovativ. Sie verwirklichen ihre Ideen durchaus enthusiastisch, aber auch verantwortungsvoll und schaffen so Neues oder Erneuerndes. Kreativität und Innovationsfähigkeit lassen im höheren Alter also keineswegs nach, sondern verfeinern sich. So wie viele Stärken und Fähigkeiten sich mit zunehmendem Alter nicht einfach verflüchtigen, sondern sich lediglich verändern.[54]

All diese Stärken stellen sich im Alter aber nicht automatisch ein, sondern erfordern vom Einzelnen, sich intensiv mit seinen Erfahrungen, Ressourcen, Bedürfnissen und Wünschen auseinanderzusetzen und diese gezielt und bewusst einzusetzen.

18. Kann man Weisheit lernen?

Der amerikanische Neurologe Elkhonon Goldberg hat sich intensiv mit den kognitiven Dimensionen von Weisheit auseinandergesetzt und versucht in seinem Buch *Die Weisheitsformel*[55] diesem schillernden Begriff auf den Grund zu kommen. Weisheit, so seine Definition, ist die Fähigkeit, das Neue mit dem Alten zu verbinden, frühere Erfahrungen zur Lösung neuer Probleme einzusetzen und Ereignisse vorauszusehen, die für die meisten Menschen völlig unerwartet eintreten. Weisheit ist eng mit der Fähigkeit der Mustererkennung als Voraussetzung für rasche Problemlösung verbunden und schließlich auch mit Empathie – der Fähigkeit zum moralischen Denken und zur Einfühlung in andere. Doch Goldberg betont, dass sich Weisheit im Alter nicht so selbstverständlich einstellt wie graue Haare oder Falten. Sie ist weder garantiert noch vorherbestimmt. Vielmehr ist das Geschenk der Weisheit eine Belohnung, die verdient werden muss. Menschen, die sich von jungen Jahren an mit neuen und vielfältigen geistigen Herausforderungen beschäftigen, können damit rechnen, im Alter dafür den Lohn der mühelosen Mustererkennung zu ernten. Geistige Trägheit, mentale Scheuklappen und fehlende Lernbereitschaft hingegen bestraft das Gehirn mit früherer Degeneration. Statt also gestresst und erschöpft vor dem Fernseher zu sitzen, sollte man lieber aktiv werden und den Geist mit Kultur, Weiterbildung oder anregenden Gesprächen und Begegnungen trainieren. Statt im Ruhestand in geistig trägen Gewässern zu dümpeln, sollte man lieber neue Herausforderungen suchen und unbekannte Welten erkunden. Eine Gesellschaft des langen Lebens sollte ernsthaft darüber nachdenken, wie sie geistige Fitness bis ins hohe Alter erhält. Es geht erstens darum, sich Zeit seines Lebens mit abwechslungsreicher Geistesnahrung zu versorgen, ob in der Schule oder im Beruf, ob während der Arbeit oder nach Feierabend, ob mit 10, 30, 50 oder 70 Jahren. Und zweitens sollte das im Lebenslauf erworbene Wissen im Alltag immer wieder eingesetzt werden – in sozialen Netzwerken, in der Gesellschaft, in einer nachberuflichen Tätigkeit, im freiwilligen Engagement, um so die Grundlage für die Weisheit im Alter zu schaffen. Die gestiegene Lebenserwartung und die verlängerte Gehirnlaufzeit sind ein kostbares Geschenk. Wir müssen nur lernen, es bewusst anzunehmen und klug damit umzugehen.

Allerdings stellt sich die Frage, ob das Erfahrungswissen und die Lebensweisheit der Älteren in einer sich rasch wandelnden Welt überhaupt noch gefragt sind? Schließlich beruhen diese Potenziale auf Erfahrungen von gestern, die heute möglicherweise längst überholt sind. Es zeigt sich aber, dass die Kapazitäten in den Köpfen der Älteren gerade angesichts des hohen Veränderungstempos der Gesellschaft unverzichtbar sind, denn Erfahrung, Instinkt und Übersicht ermöglichen Orientierungen und Handlungskompetenz. Ältere Menschen haben oft ein untrügliches Gefühl dafür, was man angesichts von Unsicherheit wagen kann und was besser nicht. Mit diesem Erfahrungswissen gehören sie keineswegs aufs Abstellgleis unserer schnelllebigen, unberechenbaren Gegenwart, sondern können zum wichtigsten und effizientesten »Eingreiftrupp« werden.

19. Alter neu denken

Solange Alter bei uns unverändert primär mit Rückzug und Leistungsempfang gleichgesetzt wird, braucht sich niemand zu wundern, wenn das Verhalten Älterer auch genau diesem Bild entspricht. »Was die Gesellschaft älteren Menschen zutraut, welche Aufgaben ihnen überlassen und abverlangt werden, hat auch einen Einfluss darauf, inwiefern Ältere im zivilgesellschaftlichen Zusammenhang Aufgaben und damit Verantwortung übernehmen«, so der jüngste Altenbericht der Bundesregierung. Niemand soll und kann dazu gezwungen werden, seine »geschenkten Jahre« zu nutzen, um sich mitverantwortlich in die Gesellschaft einzubringen. Doch jeder sollte darüber nachdenken, ob dieser Weg nicht der beste ist, um seine Kompetenz, seine Selbständigkeit, seine Lebensqualität und sein Lebensglück bis ins hohe Alter zu erhalten.

Insofern sind alle gesellschaftlichen Akteure aufgefordert, Alter neu zu denken und die bislang oft verkannte Produktivität des Alters dabei ins Zentrum zu stellen. Diesen Bewusstseinswandel können die Älteren auch selbst unterstützen, in dem sie aktiv Verantwortung für die Ausbildung und Erhaltung ihrer Potenziale übernehmen und diese im Interesse anderer nutzen. Zur Verwirklichung von gesellschaftlicher Teilhabe der Älteren braucht es einerseits Rahmenbedingungen, die vom Staat oder der Gesellschaft geschaffen werden, um die »Spielfelder« für Engagement zu ebnen. Andererseits aber braucht es quer durch alle Lebensbereiche auch die Beispiele älterer Menschen, die sich in die Mitte der Gesellschaft stellen und ihre Mitverantwortlichkeit vorleben.

»Zivilgesellschaft grenzt nicht aus; sie eröffnet gerade auch älteren Menschen Möglichkeiten der Beteiligung und des Handelns und nutzt so ihre Aktivitätspotenziale, und zwar jenseits von marktbezogener Erwerbsarbeit, privaten und familiären Orientierungen und jenseits von Konsum und untätigem Ruhestand«, heißt es im sechsten Altenbericht der Bundesregierung. Kein anderer Lebensbereich bietet so viele Freiräume, Rollenmodelle und Experimentierfelder für gelungenes Alter(n), wie das zivile Engagement.

20. Weltenbummler mit Erfahrungswissen

Annerose Stüber und ihr Mann Wolfgang sind seit ihrem Ruhestand viel in der Welt herumgekommen. Fast 200 000 Flugkilometer hat das Ehepaar aus der Nähe von Erfurt auf ihren Reisen nach Asien, Afrika, Mittelamerika, dem Nahen Osten und Osteuropa zurückgelegt. Die Reiseziele klingen allerdings kaum nach Dolce Vita.

»Einmal nach Äthiopien, zweimal nach Syrien, dreimal nach Paraguay, zweimal nach Kambodscha und je einmal nach Rumänien und Moldawien«, erzählt Annerose Stüber. Das Ehepaar aus Thüringen ist ehrenamtlich unterwegs – im Auftrag des Senior Experten Service. Diese Organisation leistet mit ehrenamtlichen Fachleuten im Ruhestand Hilfe zur Selbsthilfe in Entwicklungs- und Schwellenländern, aber auch in Deutschland. Seit seiner Gründung im Jahr 1983 haben SES-Mitarbeiter über 24 000 Einsätze in 160 Ländern geleistet. Die pensionierten Fach- und Führungskräfte helfen kleineren und mittleren Unternehmen, technische und wirtschaftliche Probleme zu lösen. Sie geben ihr Wissen und ihre Erfahrung weiter, um die Zukunftsperspektiven der lokalen Unternehmen und Mitarbeiter voranzubringen und weltweit Arbeitsplätze zu sichern.

Annerose und Manfred Stüber sind Experten in Sachen Textilwirtschaft. Beide sind hochqualifiziert und haben in Deutschland dennoch ein Arbeitsleben hinter sich gebracht, das einer Berg- und Talfahrt gleicht. Annerose Stüber, diplomierte Textilingenieurin, Arbeitswissenschaftlerin und Ökonomin, hat zu DDR-Zeiten in der Konfektionsindustrie gearbeitet, sowohl in der Forschung als auch in Führungspositionen. Als das Kombinat nach der Wende aufgelöst wird, verliert sie ebenso wie ihr Mann den

Arbeitsplatz und schult mit Mitte vierzig zur REFA-Lehrerin um und baut in Thüringen ein Institut für Arbeitsgestaltung, Betriebsorganisation und Unternehmensentwicklung auf. Nach vier Jahren steht sie erneut ohne Arbeit da – alle lokalen REFA-Institute wurden in Dortmund zentralisiert. Sie findet rasch einen Job bei einer Logistik-Firma. An ihrem 57. Geburtstag legt der Arbeitgeber ihr nahe, in den Vorruhestand zu gehen – für Stüber eine absurde Vorstellung: »Ich habe in meinem Leben so viel gelernt und so viel Erfahrung gesammelt. Warum soll ich mit dem, was ich in meinem Kopf habe, zu Hause sitzen?« Sie handelt mit ihrem Chef eine Teilzeitlösung aus und verlässt ihre Firma mit 63 Jahren. Zu dieser Zeit wird ihr Mann, der als Patentanwalt bei der IHK Magdeburg ebenfalls kurz vor der Berentung stand, vom Senior Experten Service zu einer Informationsveranstaltung eingeladen. Noch an diesem Abend unterschreiben die beiden das Anmeldeformular. Keine zwei Monate später ist Annerose Stüber auf dem Weg nach Rumänien, kurz darauf nach Moldawien, wo sie in einer Betriebsberufsschule Unterricht gibt. In den nächsten fünf Jahren sind sie und ihr Mann insgesamt zehnmal als Senior Experten unterwegs, unterrichten Studenten und Arbeitskräfte und führen die Kleinunternehmer vor Ort in die technischen und organisatorischen Grundlagen der Textilwirtschaft ein. »Eine richtige und gründliche deutsche Kalkulation nach Kambodscha oder Paraguay zu tragen und sie den Menschen dort verständlich zu machen – das ist schon manchmal ein Knochenjob«, erzählt Annerose Stüber. Die Betriebe, in denen die Experten Hilfe zur Selbsthilfe geben, sind schlecht ausgestattet, das Personal kaum geschult, die Maschinen veraltet. Auch die Senior Experten leben meist in wenig komfortablen Verhältnissen, bekommen für ihre Verpflegung nur ein kleines Taschengeld und haben während ihrer mehrwöchigen Einsätze lange und harte Arbeitstage. Wenn Annerose Stüber von ihren Reisen zurückkommt, fühlt sie sich oft »platt wie eine Flunder«. Dennoch möchte sie ihre Arbeit für den SES auf keinen Fall missen: »Das Gefühl, sein Wissen Menschen zu schenken, die niemals zuvor die Chance hatten, gute Bildung zu bekommen, das ist zutiefst befriedigend. Außerdem ist es für uns Ältere wirklich wundervoll, die Wertschätzung und die Hochachtung zu erleben, die uns die Menschen vor Ort entgegenbringen. Und drittens bleiben wir durch unsere Arbeit immer auf der Höhe der Zeit. Wir müssen wissen, was technisch und organisatorisch aktuell ist, und das hält geistig fit.«

Senior Experten sollten fachlich sehr erfahren sein, Fremdsprachenkenntnisse besitzen und bei guter Gesundheit sein. Ursprünglich zielte die Hilfe vor allem auf den handwerklich-technischen Bereich. Inzwischen sind in der SES-Datenbank mehr als 50 Branchen vertreten: Handwerk, Elektronik und Maschinenbau ebenso wie Agrarwirtschaft, Chemie, Marketing und Gesundheitswesen. Das Durchschnittsalter der Senior Experten liegt bei 66 Jahren, aber die Organisation betont, dass es nach oben keine Grenzen gibt. Seit seiner Gründung haben sich insgesamt über 20 000 engagierte Ruheständler bei SES registrieren lassen, derzeit sind rund 9500 eingetragen. Trotz dieser relativ hohen Zahl sucht die Organisation laufend Fachleute im Ruhestand.

Als Franz Schuchardt von SES angesprochen wurde, stand er noch mitten im Erwerbsleben. Auf der Suche nach einem erfahrenen Kompostierungsexperten war man auf den Agrarwissenschaftler aufmerksam geworden. Sein Arbeitgeber, eine landwirtschaftliche Forschungseinrichtung, stimmte den Einsätzen zu. Seit zehn Jahren reist Schuchardt etwa zweimal im Jahr in ehrenamtlicher Mission nach China und entwickelt Konzepte für Kompostierungs- oder Biogasanlagen. Sein Wirkungskreis ist das landwirtschaftlich geprägte Zentralchina, die dort herrschende Armut konnte sich der Braunschweiger anfangs gar nicht vorstellen: »Viele Menschen haben kein Geld, um ihre Kinder in die Schule zu schicken. Überall fehlen Arbeitsplätze, und die Fachleute aus dem reichen Osten Chinas lassen sich nicht dorthin locken.« Schuchard hat zu den Menschen, mit denen er arbeitet, sehr engen Kontakt. Er kennt die Familien, man trifft sich zu gemeinsamen Mahlzeiten und Ausflügen. Als Tourist könne man Land und Leute niemals so intensiv kennen lernen, meint der Wissenschaftler. »Zum einen hat sich mein Horizont durch diese Begegnungen enorm erweitert, zum anderen kann ich mein Wissen und meine Erfahrungen aus 40 Jahren bei den Einsätzen zur Wirkung bringen. Diese Kombination ist für mich faszinierend und extrem bereichernd.«

Senior Experten werden nur in Firmen geschickt, die diese Unterstützung für eine konkrete Aufgabe ausdrücklich angefordert haben. Als Auftraggeber bezahlen diese Unternehmen auch die Kosten für Flug, Unterkunft und Teile der Verpflegung. Der SES prüft Auftrag und Auftraggeber auf Eignung und Seriosität, organisiert die Vermittlung und versichert die entsendeten Experten.

Inzwischen sind Senior Experten auch in Deutschland tätig. Vom immensen Wissens- und Erfahrungspotenzial der älteren Generation profitieren hierzulande jüngere Menschen in Firmen, Schulen, Ausbildungsbetrieben und Kommunen. Seit 2006 etwa gibt es in Nordrhein-Westfalen ein Schulprogramm, bei dem mittlerweile weit über 100 Senior Experten Beiträge zum Unterricht leisten. Sie halten Vorträge über ihr Fachgebiet oder experimentieren mit den Schülern, unterstützen die Lehrer bei der Zusammenstellung von Unterrichtsmaterial oder beteiligen sich an der Nachmittagsbetreuung. Seit 2008 hat der SES mit Unterstützung der Industrie, des Handwerks und der freien Berufe außerdem die Initiative »VerA« ins Leben gerufen. VerA steht für »Verhinderung von Abbrüchen und Stärkung Jugendlicher in der Berufsausbildung durch SES-Ausbildungsleiter. Das Programm wendet sich an junge Menschen, die Schwierigkeiten in der Ausbildung haben oder ihre Lehre abbrechen wollen. VerA stellt diesen Jugendlichen auf Wunsch berufs- und lebenserfahrene Senior Experten zur Seite, die sie individuell unterstützen.

Karl Walter Caesar ist einer von ihnen. Der Groß- und Außenhandelskaufmann im Ruhestand kümmert sich in Dortmund um junge Menschen, die in der Lehre nicht zurechtkommen. »Mir tut es einfach weh, wenn ich sehe, dass diese Leute gerade dabei sind, sich ihre Lebenschancen zu verbauen«, sagt der 73-Jährige. Sein letzter Einsatz galt einer jungen Frau, die während ihrer Lehre vor einer Prüfung kapitulieren wollte und sich im Ausbildungsbetrieb nicht einfügen konnte. Caesar setzte einen Vertrag auf, den sie beide unterschrieben, führte unzählige Gespräche mit ihr, nahm auch Kontakt zur Mutter, zum Lehrbetrieb und zur IHK auf. Innerhalb eines halben Jahres hatte die 21-Jährige ihre Prüfung mit guter Note in der Tasche und die Freude an der Arbeit und an ihren Leistungen zurückgewonnen. »Wenn man sich gegenseitig vertraut, wenn dein Rat angenommen wird und etwas Positives bewirkt, das ist ein schönes Gefühl. Das habe ich auch im Berufsleben immer genossen und möchte im Ruhestand nicht darauf verzichten.« Allerdings räumt der Senior Experte ein, dass die ehrenamtliche Arbeit eine ganz andere Qualität als die Erwerbsarbeit hat. »Freiheit – das trifft es am besten. Ich gebe mein Wissen frei von Zwängen weiter, muss niemandem was beweisen und brauche nach keiner Pfeife zu tanzen.« Caesar war 25 Jahre lang in verschiedenen Führungspositionen eines mittelständischen Großhandelsunternehmens tätig. Nicht um der Langeweile des Ruhestands zu entfliehen, hat er sich bei SES registriert. Familie, Haus, Wochenendhäuschen und wochenlange Radtouren mit seiner Frau über tausende von Kilometern würden ihn eigentlich genug in Trab halten. Wichtig ist Caesar die Anerkennung, die er als Senior Experte erhält, aber ebenso erfüllend ist die Erfahrung, seine Stärken einzubringen. Bei einem SES-Einsatz im russischen Saratow etwa hat er ein marodes Unternehmen wieder konkurrenzfähig gemacht und Arbeitsplätze für 120 Wolga-Deutsche geschaffen. »Das war schon was, aber am schönsten war für mich, dass mir einige Menschen dort gesagt haben, sie wären froh, endlich jemand zu haben, mit dem sie über ihre Gefühle, Ängste und Träume reden können. Das war ein toller Vertrauensbeweis.« Die Fähigkeit, das eigene Ego zugunsten anderer zurückzunehmen und Vertrauensverhältnisse aufzubauen, nimmt im Alter zu – davon ist Caesar überzeugt. Ihm selbst ist diese Stärke bei seiner Arbeit als Senior Experte erst richtig bewusst geworden. Und auch deshalb ist er für den SES aktiv: »Die Denke, dass ältere Menschen keine sozialpolitische Last sind, sondern einen kostbaren Fundus an Wissen und Lebenserfahrung bieten, ist in der Gesellschaft noch nicht verbreitet. An diesem Bewusstseinswandel möchte ich beispielgebend mitarbeiten.«

Informationen und Kontakt:

Der Senior Experten Service (SES) ist die führende und bekannteste Entsendeorganisation für Fach- und Führungskräfte im Ruhestand. Träger sind die Spitzenverbände der deutschen Wirtschaft. Finanziell unterstützt wird der SES vom Bundesministerium für wirtschaftliche Zusammenarbeit und Entwicklung.

Die SES-Zentrale hat ihren Sitz in Bonn. Deutschlandweit ist der SES mit 14 Büros vertreten.

SES
Postfach 2262
53012 Bonn
Tel. 02 28–2 60 90-0
Fax 02 28–2 60 90-77
ses@ses-bonn.de
www.ses-bonn.de

II. Bürgerengagement im Überblick

1. Keine Zeit, keine Lust, keine Ahnung? – Argumente für Bürgerengagement

Die gute Nachricht zuerst: Noch 1999 lehnten 40 Prozent der Deutschen eine freiwillige Tätigkeit im Dienste der Gesellschaft für sich kategorisch ab. Inzwischen ist die Zahl der überzeugten Engagementverweigerer stark gesunken, nur noch 27 Prozent sprechen sich prinzipiell gegen bürgerschaftliches Engagement aus.

Gleichzeitig übernimmt rund ein Drittel der Deutschen regelmäßig aktiv Verantwortung für gesellschaftliche Aufgaben, eine Quote, die sich nach dem jüngsten Freiwilligensurvey seit mehr als einem Jahrzehnt praktisch nicht verändert hat, womit die weniger gute Nachricht benannt ist: Das allgemeine Engagement ist seinem Umfang nach zwar stabil, aber nicht steigend. Deutlich erhöht hat sich allerdings die Bereitschaft, sich freiwillig zu engagieren – seit 1999 um mehr als 10 Prozent. Offenbar sehen viele Menschen das bürgerschaftliche Engagement positiv, haben aber ihren Weg in eine entsprechende Tätigkeit noch nicht gefunden. Bei den Älteren ist die Zahl der Engagierten im vergangenen Jahr entgegen dem allgemeinen Trend beachtlich gestiegen und mit 40 Prozent überdurchschnittlich hoch. Das heißt aber auch, dass die Mehrheit der Bevölkerung zwischen 55 und 64 Jahren, nämlich 60 Prozent, nach wie vor nicht engagiert ist.[56] Zwar geben mit 94 Prozent fast alle Älteren bei Befragungen an, es sei wichtig, dass sich Menschen für andere Personen und das Gemeinwohl einsetzen. Doch die eigenen Potenziale bringt diese Altersgruppe nur zögerlich mit ins Spiel und das, obwohl fast 88 Prozent davon meinen, freiwilliges Engagement bereichere das eigene Leben.[57]

Die Gründe, warum sich Menschen im Allgemeinen und Ältere im Besonderen nicht engagieren, sind vielfältig. Manche sehen sich zeitlich nicht in der Lage dazu, andere trauen sich derartige Tätigkeiten nicht zu, wieder andere verweisen auf die Zuständigkeit des Staats, und ein nicht unerheblicher Teil der Nichtengagierten weiß schlichtweg nicht, wo und wie sie sich engagieren sollen. Wie aber lassen sich Unschlüssige für ein bürgerschaftliches Engagement gewinnen? Wie lässt sich eine noch stärkere Engagementbereitschaft wecken? Und was kann einen Menschen motivieren mitzumachen? Exakter gefragt: Was könnte welche Persönlichkeit in welcher Lebenssituation motivieren, welche Aufgaben in welchem Umfang zu übernehmen? Und wo liegen die möglichen Hemmnisse? Dies zu ergründen soll bezüglich der drei meistgenannten Argumente gegen bürgerschaftliches Engagement versucht werden:

Das »Zeitargument«: »Ich würde mich ja engagieren, aber ich habe so viele andere Dinge zu tun.«

Mehr als zwei Drittel der Nichtengagierten argumentieren mit dem Faktor Zeit, was auf den ersten Blick plausibel erscheint, weil dieser Grund vor allem von Vollzeitbeschäftigten genannt wird. Allerdings zeigen die Statistiken auch, dass der Anteil der Engagierten mit steigendem Einkommen zunimmt – obwohl davon auszugehen ist, dass Gutverdienende nur über knappe Zeitressourcen verfügen.[58] »Familienvater, Vollzeit berufstätig mit regelmäßigen Überstunden, überdurchschnittliches berufliches Prestige und Einkommen – so sieht ein typischer Ehrenamtler aus«, heißt es in einer Studie der Hans-Böckler-Stiftung zur Vereinbarkeit von Berufsleben und bürgerschaftlichem Engagement.[59] Am stressigen Job alleine kann die Nichtbereitschaft offenbar nicht liegen – dafür spricht auch, dass gerade Arbeitslose zur Bevölkerungsgruppe mit geringer Engagementbereitschaft gehören.[60]

Auch bei den Älteren, die grundsätzlich mehr Zeit haben als die Jüngeren, ist das Zeitkontingent die (vermeintliche) Hürde: durch Freizeitaktivitäten oder Verpflichtungen gegenüber Kindern, Enkelkindern oder hochbetagten Eltern ist die Verfügbarkeit von Zeit subjektiv mehr oder weniger eingeschränkt. Dennoch lohnt es sich, über die Floskel »Ich habe keine Zeit!« nachzudenken. Müsste es nicht richtiger heißen: »Ich habe dafür (noch) keine Zeit gefunden?«, was natürlich sofort die nächste Frage aufwirft, ob überhaupt schon ernsthaft nach eventuell vorhandener Zeit gesucht und wenn ja, weshalb keine gefunden wurde? Immerhin gibt es inzwischen viele Formen des Engagements, bei denen man sich nicht auf eine bestimmte »Dienstzeit« festlegen muss. Lieber nur einmal pro Woche oder auch nur einmal pro Monat als gar nicht engagiert! Außerdem kann es dem persönlichen Wohlbefinden nur zuträglich sein, wenn man sich weder von beruflichen noch von häuslichen oder anderen privaten Pflichten gänzlich absorbieren lässt. Für eine Gelegenheit zum Rollen- oder Perspektivwechsel sollte immer Zeit sein, auch und ganz besonders bei Älteren.

Das »Qualifikationsargument«: »Ich kann das nicht, mir fehlt dazu die Qualifikation.« Auch ein negatives Selbstbild und fehlendes Selbstvertrauen hält manche davon ab, sich bürgerschaftlich zu engagieren. Gerade Ältere und insbesondere ältere Frauen trauen sich bestimmte Aufgaben oft nicht zu und fürchten, ihrer neuen Verantwortung nicht gerecht werden zu können. Ist zudem die Tätigkeit noch mit einer Schulung verbunden, werden häufig Zweifel geäußert, im Alter überhaupt noch etwas Neues lernen zu können. Solche Bedenken sind unbegründet, denn wie die Wissenschaft vielfach belegt hat, sind Menschen bis ins hohe Alter lernfähig.[61] Auch im Alltag stellen sie ihre Lernfähigkeit immer wieder unter Beweis – etwa im Umgang mit Computer oder Handy, im Zusammenhang mit ihrem Hobby, beim Reisen, Einkaufen oder bei der Begegnung mit ihren Enkeln. Dieses informelle Lernen älterer Menschen ist allgegenwärtig, und genauso selbstverständlich können sie auch ein formales Training erfolgreich absolvieren. Außerdem sollte beim freiwilligen Engagement der Blick weniger auf fehlende Fähigkeiten oder Qualifikationen gerichtet, sondern auf vorhandene Ressourcen wie Lebenserfahrung, soziale Kompetenzen, Gelassenheit, Organisationsgeschick oder Menschenkenntnis konzentriert werden. In der Berufswelt mögen solche »verborgenen mentalen Schätze« vielleicht nicht ganz so stark gefragt sein, für das freiwillige Engagement sind sie von höchstem Wert.

Das »Verantwortungsargument«: »Diese Aufgaben sind Sache des Staates, ich fühle mich dafür nicht zuständig.«

Nicht selten verweigern Bürger ihr freiwilliges Engagement, weil sie meinen, ihren Beitrag zum Gemeinwohl bereits mit Steuern und Abgaben geleistet zu haben. Damit verbunden ist oft auch das Argument, Bürgerengagement würde regulär bezahlte Arbeitsplätze im Sozialwesen verdrängen. Doch schon heute ist es – auch infolge des demografischen Wandels – quasi unmöglich, alle Bereiche des Gemeinwohls allein aus öffentlichen Mitteln zu finanzieren. Wollte man dies erreichen, wären drastische Steuererhöhungen oder eine noch höhere Staatsverschuldung unumgänglich. So wenig wie solche Maßnahmen akzeptiert würden, so wenig darf man erwarten, für seine Abgaben an den Fiskus, selbst wenn sie die Hälfte des Einkommens ausmachen, im Gegenzug vom Staat ein sorgenfreies Auskommen organisiert zu bekommen. Wer glaubt, er könne sich mit seinen Steuern aus der gesellschaftlichen Verantwortung freikaufen, vergisst außerdem, dass schon heute die Gemeinschaft ohne das freiwillige Engagement vieler Bürger nicht funktionieren würde.

Natürlich geht es nicht darum, dass Bürger Kernaufgaben der öffentlichen Hand unentgeltlich übernehmen und damit den maroden Staatshaushalt sanieren. Klar ist aber auch, dass freiwilliges Engagement genau dort wirksam ist, wo allein mit anonymen Verwaltungsmaschinerien und noch so viel Geld keine befriedigenden Ergebnisse zu erwarten sind. In Bereichen wie Pflege, Bildung oder Integration kommt es nicht nur auf die professionelle Abarbeitung von Aufgaben an, sondern auch auf Menschen, die sich mit Herz und Seele für andere Menschen einbringen. Ohne diese Dosis an freiwilliger Mitmenschlichkeit verkämen diese zentralen sozialen Tätigkeitsfelder zu Orten der kalten Effizienz und der lebensfernen Bürokratie. Aufgrund der Nähe und direkten An-schauung kommen Freiwillige darüber hinaus mitunter auf bes-sere Ideen, wie mit Missständen verfahren werden kann, als staat-liche Akteure oder die großen Wohlfahrtsverbände. Gerade die Älteren könnten die besten Anwälte in Sachen alternde Gesell-schaft sein, indem sie ihre Ansprüche und Bedürfnisse bezüglich Pflege, Gesundheit und lokales Umfeld über ihr Engagement ein-bringen, vorbringen und umsetzen. Menschen, die am Gemein-wesen teilhaben, indem sie sich aktiv in die Gesellschaft einbrin-gen, sitzen am Drücker. Wer meint, mit seinen Steuern genug geleistet zu haben, verzichtet auf seine Freiheitsrechte als Bürger und lässt sich seine Gestaltungsmacht aus der Hand nehmen. Eine starke Gesellschaft misst sich an der Bereitschaft seiner Bürger, mit freiwilligem Engagement etwas für die Gemeinschaft zu be-wegen. Das macht nicht nur mehr Spaß als Steuern zahlen, son-dern zahlt sich auch für das persönliche Wohlbefinden des frei-willigen Gebers aus. Nicht umsonst heißt das Motto des Deutschen Engagementpreises: Geben gibt.

2. Bürgerschaftliches Engagement im internationalen und regionalen Vergleich

In Deutschland ist die Tradition einer aktiven Bürgerschaft schwä-cher entwickelt als in anderen Ländern der westlichen Welt. In den Vereinigten Staaten beispielsweise ist die Bürgerkultur in Form von »Volunteering«, Philanthropie und Mäzenatentum traditio-nell tief in der Gesellschaft verankert. Dort gibt es allerdings auch keinen starken Sozialstaat, der – aus unserer Sicht kaum nachvoll-ziehbar – von den meisten US-Bürgern eher abgelehnt wird. Diese Ablehnung entspringt unter anderem der auf religiöser Überzeu-gung beruhenden, selbstverständlichen Verpflichtung zum kari-tativen Helfen. Im europäischen Vergleich der Engagementquote schneidet Deutschland allerdings recht gut ab. Laut der Studie »European Social Survey 2006« ist Norwegen mit 66,8 Prozent der Spitzenreiter, gefolgt von Österreich (58,1 Prozent), den Niederlanden (49,5 Prozent) und Finnland (49,3 Prozent). An fünfter Stelle rangiert Deutschland mit 46,6 Prozent. Die Erhebung erfasste nur die Mitgliedschaft in Organisationen, ohne nach aktiven oder passiven Mitgliedern zu unterscheiden. Deshalb liegt die Engagementquote Deutschlands in dieser Untersuchung höher als bei den Ergebnissen des Freiwilligensurveys. Auch bei anderen europäischen Studien bewegt sich Deutschland durchweg im oberen Drittel der Länderrangfolge. Am wenigsten engagiert sich die Bevölkerung der osteuropäischen Länder. Generell stellen Studien einen Zusammenhang zwischen Wohlstand und Engagementbereitschaft fest. In reicheren Ländern ist das Engagement höher, in Ländern mit wirtschaftlichen Schwierigkeiten und relativ jungen Demokratien niedriger.[62] Auch die Religionszugehörigkeit beeinflusst die Engagementbereitschaft der Bevölkerung und erklärt zum Teil die hohen Engagementquoten der protestantisch geprägten skandinavischen Länder.

Dass sich diese Faktoren auch in der deutschen Engagementlandschaft widerspiegeln, belegt der »Engagementatlas 2009«[63]. Die Studie fragt nach den regionalen Unterschieden in den freiwilligen Aktivitäten und kommt zu folgenden Ergebnissen: Auf den ersten beiden Plätzen stehen Baden-Württemberg und Hessen, wo sich jeweils 40 Prozent der Bevölkerung engagieren, gefolgt von Rheinland-Pfalz und Bayern, wo die Quote bei 39 Prozent liegt. Schlusslichter bilden die Neuen Bundesländer inklusive Berlin. Im Osten Deutschlands engagiert sich nur gut ein Viertel der Bevölkerung, in der Bundeshauptstadt sind es sogar nur 19 Prozent. Starke Gegensätze zeigen sich auch zwischen städtischer und ländlicher Bevölkerung. Das freiwillige Engagement boomt vor allem auf dem Land und hier ganz besonders in den kleinen Gemeinden. Offenbar bieten überschaubare Orte mit dichten Sozialbeziehungen günstige Voraussetzungen für bürgerschaftliche Aktivitäten. In Kommunen mit weniger als 5000 Einwohnern ist fast die Hälfte der Bürger engagiert. Dieser Wert geht mit zunehmender Einwohnerzahl fast linear zurück. In mittelgroßen Städten liegt die Engagementquote bei etwa 32 Prozent, in Großstädten und Ballungsräumen erreicht die Quote nur 25 Prozent. Allerdings entwickeln sich gerade in großen Städten mit sozialen Problemlagen viele innovative Formen der Freiwilligenarbeit. Noch verzeichnen Regionen mit hoher Arbeitslosigkeit und vielen Sozialhilfeempfängern ein niedriges Niveau an bürgerschaftlichem Engagement, doch mit dem Rückzug des Wohlfahrtstaats entstehen auch hier Freiräume dafür. Neben dem Wohlstand und der Kirchenzugehörigkeit hat auch die Altersstruktur der Bevölkerung einen Einfluss auf die Engagementquote. Am höchsten ist sie in Regionen mit einem hohen Anteil an Menschen mittleren Alters, während aus einem hohen Anteil der Generation 55plus geringere Werte resultieren. Das könnte sich in Zukunft ändern. Denn eines der interessanten Ergebnisse der Studie ist, dass die Bereitschaft der Bürger zum Mitmachen steigt, wenn in einer Region schon viele Menschen Freiwilligenarbeit leisten. Man kann es – wie die Autoren – auch einfacher sagen: »Engagement steckt an.«

3. Wir wollen keine Handlanger sein!

Seit einem Jahr war Barbara Wegner pensioniert. Nach 40 Jahren Schuldienst an einer Kölner Hauptschule wollte sie sich ganz ihrer Leidenschaft, der Malerei, widmen. Sie genoss es, endlich Zeit für sich zu haben, und organisierte mit ihren Bildern Ausstellungen. Doch dann kam der Zeitpunkt, wo sie der Umgang mit Pinseln und Farbe nicht mehr recht ausfüllen wollte: »Ich war zu sehr mit mir selbst beschäftigt und hatte das Gefühl, noch etwas anderes zu brauchen.« Zunächst dachte sie daran, ein Seniorenstudium aufzunehmen, entschied sich aber dagegen: »Ich hatte in meinem Berufsleben genug Input bekommen. Jetzt merkte ich, dass mein gesammeltes Wissen nach draußen wollte.« Ohne Ideen, was sie konkret tun möchte, und ohne jegliche ehrenamtliche Erfahrung ging Barbara Wegner zum Seniorenbüro. Dort zählte sie erst einmal auf, was sie nicht will: kein Kaffeekochen, kein Kuchenbacken, kein Spazierengehen, keinen Besuchsdienst. Ihre Vorstellungen von bürgerschaftlichem Engagement zielten in eine andere Richtung: »Mir war klar, dass ich gerne noch mal etwas selbst auf die Beine stellen möchte.« Beim Blättern in den Informationsbroschüren fiel ihr ein Angebot auf, das interessant für sie schien: »Erfahrungswissen für Initiativen«, kurz EFI. Das Ziel dieses Programms passte ziemlich genau zu dem, was Wegner suchte: das Wissen, das man im Laufe des Lebens gesammelt hat, in die Gesellschaft einbringen. Das Seminarprogramm bereitet ältere Menschen auf den Bedarf des Freiwilligensektors vor, damit sie als Seniortrainer anschließend mit eigenen Projekten aktiv werden können. Während des neuntägigen Kurses kamen Wegner immer wieder Zweifel auf, ob sie ihre neue Verantwortungsrolle wirklich eigenständig finden und ausfüllen könnte. Überzeugt war sie erst am letzten Kurstag: »Wir sollten unsere eigenen Kompetenzen aufschreiben und die Liste wurde bei mir immer länger. Wahnsinn, habe ich gedacht, das kannst du ja alles: managen, beraten, Projekte entwickeln, Menschen führen und begeistern, Leute vernetzen und so weiter. Das habe ich als Lehrerin ja 40 Jahre lang gemacht.«

Mit dem Zertifikat zur Seniortrainerin in den Händen entwickelt Barbara Wegner ihr erstes Projekt. KIK steht für »Kultur in Köln für junge Leute« und richtet sich an Jugendliche, die durch ihren sozialen und familiären Hintergrund nicht selbstverständlich in das kulturelle Leben eingeführt werden. Durch KIK erhalten diese jungen Menschen die Möglichkeit, sich über Besuche und eigene Aktivitäten in Museen, Opernhäusern, Theatern, Ballett oder Kleinkunstbühnen mit Kultur vertraut zu machen. Aus ihrer Erfahrung an der Hauptschule in einem sogenannten sozialen Brennpunktviertel weiß Barbara Wegner, wie wichtig es ist, junge Menschen an Kultur und Kunst heranzuführen. Und sie weiß auch, dass die Schule dies nur sehr bedingt durch Unterrichtseinheiten und vereinzelte Museums- oder Theaterbesuche leisten kann: »Nur wenn diese jungen Leute Kultur aktiv erleben, also unter professioneller Anleitung selbst tanzen, malen oder Theater spielen, können sie ihren Horizont erweitern, neue Fähigkeiten in sich entdecken und dadurch Perspektiven für ihr Leben entwickeln.« Barbara Wegner kannte die Kölner Kulturszene bis dahin nur als Konsumentin, die Kultureinrichtungen von innen kennenzulernen wird für sie zur spannenden Erkundung von Neuland. Die pensionierte Lehrerin gewinnt Museumsdirektoren, Theaterpädagogen, Ballettlehrer und Schauspieler für ihr Projekt, wirbt Sponsorengelder ein, findet Kooperationspartner und nimmt Kontakt zu verschiedenen Schulen auf. Im Sommer 2004 startet das Projekt mit neun Hauptschülern, die in ihrer Freizeit begeistert mitmachen. Inzwischen haben mehr als 160 junge Menschen am Kölner KIK-Programm teilgenommen. Zum Beispiel am Besuch einer Mondrian-Ausstellung unter Führung einer Museumspädagogin und anschließend eigener Arbeit mit Stilmitteln des Künstlers in der Museumswerkstatt. Oder am Tanzworkshop mit Balletttrainer im Opernhaus mit anschließendem Besuch einer Aufführung des Tanztheaters. Wegner lässt sich bei ihrem Projekt inzwischen von einer weiteren Seniorentrainerin unterstützen. Sie hat Ende 2007 eine zweite Idee, die ihr am Herzen lag, umgesetzt: die Zeitzeugenbörse Köln. Sie vermittelt Menschen, die viele Jahrzehnte Geschichte erlebt haben, an Schulen, Studierende und andere Interessierte. Das Projekt stößt auf reges Interesse.

Die zum Teil hochbetagten Senioren, die sich bei der Börse melden, um ihre Erlebnisse an junge Menschen weiterzugeben, erfahren darüber auch für sich selbst Vorteile: Sie finden neue sinnvolle Aufgaben, kommen in Kontakt mit jüngeren Menschen, gehen aktiv auf Spurensuche. Im Gegenzug erhalten die Jüngere Antworten auf ihre Fragen und finden ihre eigene Meinung im Dialog. Die Nachfrage für Zeitzeugen ist groß und vielfältig: Studenten bitten um Hilfe für ein Referat oder eine Examensarbeit, Schriftsteller diskutieren mit den Zeitzeugen, und Journalisten nutzen die Erzählung als Hintergrundwissen oder für einen medialen Auftritt.

Barbara Wegner hat ihr Projekt Zeitzeugenbörse von Anfang an gemeinsam mit anderen Seniortrainern entwickelt und umgesetzt. Teamarbeit und Vernetzung, auch über das eigene Projekt hinaus, spielen eine wichtige Rolle im EFI-Programm, das sich während der Förderung als Bundesmodellprogramm bundesweit verbreitet hat. In vielen Städten haben sich sogenannte SeniorKompetenzteams zusammengeschlossen, in denen die Seniortrainer regelmäßig zusammenkommen, ihre Arbeit reflektieren und neuen Projektideen auf die Sprünge helfen. Mittlerweile haben Absolventen des Seminars bundesweit mehr als 3000 Projekte ins Rollen gebracht, ein sichtbarer Beweis für die Kreativität, den Einfallsreichtum und die Energie der älteren Generation, meint Barbara Wegner: »Das Altersbild in unserer Gesellschaft ist oft noch völlig schief. Tatsache ist, dass viele Menschen um die sechzig fit und voller Tatendrang sind. Die wollen nicht warten, bis ein Kaffeekränzchen oder ein Bridgenachmittag auf sie zukommt. Die wollen andere Menschen mitziehen und nicht gezogen werden. Und sie wollen keine Handlanger sein, die eine ehrenamtliche Aufgabe zugewiesen bekommen. Diese Leute wollen nach ihrem Berufsleben selbst etwas in der Gesellschaft bewirken und Verantwortung übernehmen.«

Barbara Wagner hat jüngst ein weiteres Schulprojekt ins Leben gerufen. Außerdem ist sie als EFI-Netzwerkerin auch auf Landes- und Bundesebene aktiv. Inzwischen hat die 70-Jährige mit ihrer Begeisterung für die ehrenamtliche Projektarbeit viele Freunde und Bekannte angesteckt. Auch ihr Mann hat sich aus der Seniorenuniversität verabschiedet und ist in der Kölner Seniorenvertretung aktiv geworden. Seit kürzlich ihr drittes Enkelkind geboren wurde, überlegt Wegner, künftig mit ihrem Engagement etwas kürzerzutreten: »Vor lauter Begeisterung hängt man sich manchmal etwas zu viel um den Hals, aber weitermachen werde ich auf jeden Fall. Mein Leben ist jetzt spannender als je zuvor: Das Gefühl, gebraucht zu werden und dabei immer wieder Neuland zu betreten, das ist schon toll!

Informationen und Kontakt:
www.efi-programm.de   www.efi-koeln.de
www.seniortrainer.net   www.zeitzeugenboerse.de

4. Was bürgerschaftlich engagierte Menschen bewegt

»Ich will durch mein Engagement die Gesellschaft zumindest im Kleinen mitgestalten.«
»Ich will durch mein Engagement vor allem mit anderen Menschen zusammenkommen.«

Das sind laut Freiwilligensurvey 2009[64] die beiden Spitzenreiter bei den Motiven für bürgerschaftliches Engagement. Und wenn es um die Erwartungen an ihre freiwillige Tätigkeit geht, antworten die meisten Befragten, dass sie erstens Spaß machen, zweitens anderen Menschen helfen und drittens dem Gemeinwohl dienen soll. Interessant ist, dass sich diese Motivlagen und Erwartungshaltungen seit gut einem Jahrzehnt verändert haben. Noch 1999 ging es den meisten ehrenamtlich Engagierten bei ihrer Tätigkeit um ihr eigenes Bedürfnis nach Geselligkeit. Inzwischen ist dieser Typus der Engagierten mit 10 Prozent zur kleinsten Gruppe geschrumpft. Die große Überraschung der Dekade, so die Autoren der Studien, besteht aber darin, dass sich der Trend ganz deutlich zur Orientierung am Gemeinwohl verschoben hat. Heute liegt der Akzent der Motivlagen für bürgerschaftliches Engagement besonders stark auf dem »Wir« und weniger auf dem »Ich«. Hängt das damit zusammen, dass ältere Engagierte im Bereich der Freiwilligenarbeit inzwischen stärker präsent sind? Nein, denn bei der ältesten Gruppe der über 65-Jährigen geht die Gemeinwohlorientierung sogar von 41 Prozent auf 38 Prozent zurück. Die Orientierung an den eigenen Interessen steigt bei dieser Altersgruppe stark an, nämlich von 24 Prozent auf 35 Prozent. Die älteren Engagierten unterscheiden sich damit inzwischen kaum noch von den jüngeren Jahrgängen. Insgesamt bestätigt der jüngste Freiwilligensurvey einen Ausgleich zwischen den Wir- und Ich-Motiven. Die Lust an der Verbesserung des Lebensumfelds, verbunden mit dem Gedanken, auch selbst davon zu profitieren, ist heute für bürgerschaftlich Aktive die wichtigste Triebfeder ihres Engagements. Die gespendete Zeit für andere wird in vielfacher Hinsicht belohnt. In einer weiteren Studie[65] wurden speziell ältere Menschen befragt, welchen persönlichen Nutzen sie aus ihrem Engagement ziehen. Die Antworten der Teilnehmer bestätigen den allgemeinen Trend zur Liaison von altruistischen und selbstbezogenen Motiven:

»Ich habe das gute Gefühl, etwas Nützliches zu tun.«
»Ich habe Kontakt zu anderen Menschen.«
»Ich kann meine Fähigkeiten einbringen.«
»Ich habe ein allgemein positiveres Lebensgefühl.«
»Ich gestalte mein Leben aktiver.«
»Ich kann neue Fähigkeiten erwerben.«
»Ich habe Freundschaften aufgebaut und vertieft.«
»Ich habe mehr Freude und Spaß am Leben.«
»Ich erhalte soziale Anerkennung.«

Traditionell war Ehrenamt eng mit der Aufopferung für andere verbunden, heute engagiert sich kaum jemand mehr aus reinem Dienst- oder Pflichtgefühl. Das trifft inzwischen auch für die Mehrheit der älteren Engagierten zu. Bürgerschaftliches Engagement befriedigt alle nur erdenklichen Bedürfnisse und Motivlagen, von der neuen Lernerfahrung über neue Begegnungen und Erfolgserlebnisse bis hin zur Mitgestaltung der Gesellschaft. Menschen, die sich ehrenamtlich engagieren, bringen ethische, soziale oder politische Motive zum Ausdruck. Ihr Engagement bietet ein breites Experimentierfeld für Talente, Selbstverwirklichung und persönliches Wachstum. Es kann Betroffenen aus der eigenen Betroffenheit helfen. Und es kann einfach nur spannend sein und Spaß machen.

Ob und wie man sich aktiv in die Gesellschaft einbringt, hängt stark davon ab, ob es ein passendes Angebot für die jeweiligen Engagementmotive gibt. Es geht darum, eine Aufgabe zu finden, von der man selbst das Gefühl hat, sie gut meistern zu können und die interessant ist. Viele Ältere etwa wollen im Ehrenamt ihre beruflichen Erfahrungen einbringen, andere suchen bewusst das Kontrastprogramm zu ihrem Berufsleben. Manchen reizt die Möglichkeit, sich durch die Engagementaufgabe weiter zu qualifizieren, andere suchen nach Tätigkeiten, die mit Statusgewinn oder -erhalt verbunden sind. Und wieder andere wollen im Ehrenamt vor allem Geselligkeit erleben. Die Motivlagen sind so bunt wie das Alter selbst, und ebenso vielfältig sind die Angebotsmöglichkeiten für Engagement. Das heißt aber zugleich, dass das gesamte Feld der Freiwilligenarbeit heute um ein Vielfaches unübersichtlicher geworden ist, als es früher einmal war. Die »Qual der Wahl« hat sich also verstärkt. Damit ist auch der Beratungs- und Orientierungsbedarf höher denn je, gerade bei älteren Menschen, die mit den neuen Formen bürgerschaftlichen Engagements noch nicht umfassend vertraut sind. Allerdings gibt es mittlerweile auch eine Vielzahl von Angeboten und Anlaufstellen, bei denen sich Engagementbereite informieren können. In nahezu jeder Gemeinde bieten Freiwilligenagenturen, Seniorenbüros, oder Bürgervereine und oft auch kommunale Beratungsstellen Rat und Hilfe an. Auch im Internet findet man entsprechende Portale oder Datenbanken. In einer Hinsicht jedoch sind sich alle Engagementerfahrenen einig: Der Königsweg in das Ehrenamt führt über Menschen, denen man vertraut und die einfach sagen: »Mach doch mit!« Viel mehr Menschen sollten also den Mut haben, genauso selbstverständlich über das eigene Engagement zu sprechen wie über den eigenen Job oder über die Familie. Es geht darum, bürgerschaftliches Engagement ins Gespräch zu bringen, im Freundes- und Kollegenkreis, in der Nachbarschaft oder bei der nächsten Party. Nichts ist so »ansteckend« wie die Begeisterung des engagierten Gegenübers.

Lokale Anlaufstellen für bürgerschaftliches Engagement

In nahezu jeder Kommune finden sich Einrichtungen des klassischen Ehrenamts wie Brandschutz, Gemeinderat, Kommunalparlamente, Sportvereine, kulturelle Vereine und Vereinigungen der Traditionspflege. Neben diesen klassischen Feldern ist in den vergangenen 20 Jahren nahezu flächendeckend ein Netz von lokalen Einrichtungen entstanden, die freiwilliges Engagement auf unterschiedliche Weise fördern und bündeln. In den 1990er Jahren entstanden auf Initiative eines Bundesmodellprojekts die ersten Seniorenbüros, von denen es bundesweit mittlerweile etwa 270 gibt. Die Träger dieser Einrichtungen sind in der Bundesarbeitsgemeinschaft Seniorenbüros zusammengeschlossen.

www.seniorenbueros.org

Wenige Jahre nach Gründung der ersten Seniorenbüros wurden die ersten Freiwilligenagenturen eingerichtet, die sich mittlerweile in mehr als 200 Städten und Gemeinden etabliert haben. Ihre Dachorganisation ist die Bundesarbeitsgemeinschaft der Freiwilligenagenturen e. V.

www.bagfa.de

Für bürgerschaftliches Engagement gibt es auch Anlaufstellen und Treffpunkte im Internet. Die von der Bundesregierung geförderte Plattform »Engagiert in Deutschland« bietet eine offene Community engagierter Menschen, Organisation und Unternehmen. Dort können sich Engagierte oder Interessierte informieren, austauschen und präsentieren.

www.engagiert-in-deutschland.de

Weitere Informations- und Dialogmöglichkeiten über besonders erfolgreiche und nachahmenswerte Projekte bietet die Internetplattform »Weltbeweger« der Stiftung Bürgermut.

www.weltbeweger.de

Auch die Stiftung Mitarbeit informiert umfassend über Möglichkeiten des bürgerschaftlichen Engagements und vermittelt Kontakte und Vernetzungsmöglichkeiten. Ihr »Wegweiser Bürgergesellschaft« bietet im Internet umfangreiche Informationen zu bürgerschaftlichem Engagement und Bürgerbeteiligung.
www.mitarbeit.de
www.wegweiser-buergergesellschaft.de

Einen umfassenden Informations- und Ideenpool für Initiativen älterer Menschen bietet die Plattform www.senioren-initiativen. de. Dort stellen sich derzeit mehr als 1200 Einrichtungen vor, in denen sich ältere Menschen engagieren.

5. Was heißt »bürgerschaftliches Engagement«?

Seit etwa 20 Jahren hat der Begriff Ehrenamt Konkurrenz bekommen. Neben der Bezeichnung bürgerschaftliches Engagement haben sich inzwischen auch Begriffe wie Freiwilligenarbeit, Zivilengagement, freiwilliges Engagement, Volunteering, gemeinwohlorientiertes Handeln und informelle Arbeit etabliert. Zum Ausdruck kommt damit ein gewandeltes Verständnis des Ehrenamts. Im Mittelpunkt steht heute der aktive Bürger, der sich selbstbestimmt und selbstorganisiert in die Gemeinschaft einbringt, statt darauf zu warten, dass ihm Amt und Ehre übertragen werden.

Die Begriffsfülle ist aber auch ein Hinweis darauf, wie viel Bewegung in dem ehemals eher statischen Tätigkeitsfeld steckt. Die Ergebnisse der Enquetekommission des Deutschen Bundestags »Zukunft des bürgerschaftlichen Engagements« verhelfen hier vielleicht zu begrifflicher Klarheit und Übersicht.[66] Demnach zeichnen fünf wesentliche Kriterien bürgerschaftliches Engagement aus:

- Es erfolgt stets freiwillig.
- Ein materieller Gewinn ist nicht Ziel der Tätigkeit.
- Das Engagement ist gemeinwohlorientiert, muss also einen positiven Effekt für Dritte haben.
- Es wird gemeinschaftlich, also in der Regel kooperativ ausgeübt.
- Das bürgerschaftliche Engagement erfolgt im öffentlichen Raum.

Damit unterscheidet sich bürgerschaftliches Engagement von Hilfeleistungen im Rahmen der Familie oder der engsten Nachbarschaft. Dieses sogenannte informelle Engagement, ist deshalb nicht weniger bedeutsam, ganz im Gegenteil. Die Tatsache etwa, dass fast 80 Prozent aller Pflegeleistungen zu Hause und von Familienmitgliedern erbracht werden zeigt, welche immense Verantwortung im Privaten übernommen wird. Trotz ihrer großen Bedeutung ist diese der Privatsphäre zugeordnete Form des Engagements bei uns noch weitgehend unerforscht.

Bürgerschaftliches Engagement zeichnet sich dadurch aus, dass seine Leistungen weder durch Behörden oder Ämter zugeteilt werden können, noch auf dem Markt zu erwerben sind. Sich bürgerschaftlich zu engagieren beruht auf einer eigenen Entscheidung, die keinen gesetzlichen Zwängen unterliegt. Das freiwillige Engagement der Bürger unterliegt somit nicht nur einem »Eigensinn«, sondern auch einer eigenen Produktivität. Es schafft Gemeinschaftsgüter und Dienstleistungen, durch die das gesellschaftliche Leben verbessert wird. Dies geschieht in Kooperation mit und nicht im Wettbewerb zum Staat, zum Markt und zur Familie.

Bürgerschaftliches Engagement unterscheidet sich von Erwerbsarbeit, weil freiwillige Tätigkeiten einer anderen Handlungslogik folgen als kommerzielle Dienstleistungen: Es geht nicht um Kauf und Bezahlung, sondern um ein Geben, ein Geschenk. Die Handlungslogik der Erwerbsarbeit, Arbeit gegen Entlohnung, widerspricht dem Kern des zivilen Engagements: Ich gebe etwas, weil ich es möchte, weil der andere es braucht und weil ich dadurch etwas zurückbekomme. Die »Währung«, in der freiwillige Tätigkeit entlohnt wird, ist Dankbarkeit, Anerkennung, Erfüllung, Entwicklung. Die Logik dieses Gebens auf Gegenseitigkeit erklärt auch die Attraktivität von ehrenamtlicher Arbeit, sie deckt sich weitgehend mit dem, was man »gute Arbeit« nennen könnte: Arbeit in Freiheit und Selbstbestimmung, Arbeit an der eigenen Vollkommenheit und dem Können, Handeln im Einklang mit ethischen Prinzipien, Dauerhaftigkeit und Wertigkeit der Arbeit.[67]

Auch wenn die Grenzen zwischen Bürgerengagement, Erwerbsarbeit und Familienarbeit vermehrt aufweichen, muss die Besonderheit bürgerschaftlicher Aktivitäten unverändert betont werden. Im bürgerschaftlichen Engagement können Menschen Vorstellungen verwirklichen, Ideen umsetzen und Pläne verfolgen, für die es ansonsten kaum einen anderen Ort in ihrem Leben gibt. Für Menschen jenseits der Erwerbsarbeit ist dies von noch viel höherer Bedeutung als für jüngere.

6. Bürgerengagement gegen Bares?

Der Grundsatz, dass Bürger durch Ehrenämter finanziell nicht benachteiligt werden dürfen, ist bereits in der preußischen Städteverordnung von 1808 festgelegt worden. Gemäß den Paragrafen 191 und 192 ist »jeder Bürger schuldig, öffentliche Stadtämter zu übernehmen, und solche, womit kein Diensteinkommen verbunden ist, unentgeltlich zu verrichten. Bei letztern soll jedoch die Dauer der Verwaltung begrenzt und der Betrag der dabei vorfallenden Kosten vergütet werden.«[68]

Die Aufwandsentschädigung begründet sich also darin, dass ursprünglich die Übernahme öffentlicher kommunaler Ehrenämter zu einer Bürgerpflicht gehört, die man prinzipiell nicht ablehnen durfte, andernfalls drohte der Verlust der Bürgerrechte. Bei Wahlhelfern und Schöffen gilt diese Amtspflicht auch heute noch. Der dabei zu entschädigende Aufwand umfasst sowohl Reise- und Fahrtkosten als auch den Verdienstausfall. Finanzielle Entschädigungen sind auch dort üblich, wo ursprünglich genossenschaftliche mit öffentlichen Aufgaben verwoben sind, etwa bei der Freiwilligen Feuerwehr. Für die Dienstausübung werden dort Auslagen und der nachgewiesene Verdienstausfall ersetzt. Die Frage, wie viel Bezahlung das bürgerschaftliche Engagement verträgt, wird in Expertenkreisen kontrovers diskutiert. In der Minderheit sind dabei diejenigen Stimmen, die darauf hinweisen, dass eine angemessene Bezahlung des Bürgerengagements eine Form der Anerkennung ist, die bislang wenig engagementbereite Geringverdiener oder Arbeitslose, aber auch Jugendliche mobilisieren könnte. Ein weiteres Argument ist die verlässlichere Planbarkeit von bezahltem Engagement. Auch die Würde der Leistungsempfänger, die bei maßvoller Bezahlung der Hilfe weniger Gewissenskonflikte hätten, spielt bei den Befürwortern der Vergütung eine Rolle. Deutlich stärker ausgeprägt ist allerdings die kritische Betrachtungsweise. Als riskant wird betrachtet, dass Geldzahlungen die gemeinwohlorientierten Motive der Engagierten aushöhlen und die grundsätzliche Freiheit der bürgerschaftlich Engagierten Zwängen und Abhängigkeiten unterworfen werden.[69] Bedroht die Logik des Geldes den Eigenwert des freiwilligen Engagements? Oder schließt ein dogmatisches »Reinheitsgebot« des Engagements ohnehin schon benachteiligte Menschen vom Bürgerengagement aus? Die Wahrheit liegt vermutlich wie so oft irgendwo in der Mitte. Seit es die ehrenamtliche Tätigkeit gibt, wird sie auf unterschiedliche Weise honoriert und unterstützt – von der Privilegierung über die Förderung oder Freistellung bis hin zur Bezahlung. Der Bezug auf das Gemeinwohl wird durch die Entlohnung einer entsprechenden Tätigkeit nicht automatisch hinfällig. Man kann sich haupt- oder nebenberuflich in den Dienst der Gesellschaft stellen, kann damit eine Qualifikation für das Berufsleben erwerben, genossenschaftliche Organisationsformen aufbauen oder ganz schlicht nur freiheitlich und unentgeltlich tätig werden. Allerdings sollte bei aller Pragmatik im Umgang mit Bürgerengagement und Bezahlung nicht übergangen werden, dass es gerade die Abwesenheit von Marktlogik und ökonomischem Kalkül ist, die freiwilliges Engagement für die Mehrzahl der Bürger so anziehend macht. Warum sonst sollten sich laut des jüngsten Freiwilligensurvey nur 7 Prozent der Befragten für eine Vergütung ihres Engagements aussprechen?[70]

Wie und wo wird Engagement entlohnt?

In der Praxis wird bürgerschaftliches Engagement unterschiedlich entlohnt, etwa durch direkte Geldzahlungen, geldwerte Leistungen, Zeitkonten oder Anwartschaften. Zu den geldwerten Leistungen zählen Qualifizierungsmaßnahmen wie Übungsleiter- oder Trainerscheine im Sportbereich oder die Ausbildung zum Rettungssanitäter. Diese Zertifikate können auch jenseits des Ehrenamts von hohem Nutzen sein und werden zum Teil als Qualifizierung für eine berufliche Tätigkeit im gewerblichen Bereich anerkannt. Auch Ermäßigungen zählen zu den geldwerten Leistungen, etwa die EhrenamtsCard in Hessen oder die JugendleiterCard in Baden-Württemberg, die bei bestimmten Unternehmen und öffentlichen Einrichtungen Preisnachlass ermöglichen. Ebenfalls in diese Kategorie fallen steuerrechtliche Privilegierungen von Einkünften aus bestimmten Tätigkeiten, wie die Steuerfreibeträge der Übungsleiter- und Ehrenamtspauschale, Steuerbefreiungen für Aufwandsentschädigungen und Reisekostenvergütungen aus öffentlichen Kassen. Bei den Zeitkonten geht es darum, dass man innerhalb einer Gemeinschaft durch erbrachte Unterstützungsleistungen einen Anspruch erwirbt auf Dienstleistungen für den eigenen Bedarf. Zeitkonten finden sich zum Beispiel in Seniorengenossenschaften und Tauschringen. Bei Anwartschaften auf Zahlungen aus der Rentenversicherung handelt es sich um eine Art zeitlich versetztes Ersatzeinkommen. Zum Beispiel zahlen einzelne Kommunen für die Mitglieder ihrer freiwilligen Feuerwehren Beiträge an private Rentenversicherungsträger. Ansprüche auf Bezüge aus der gesetzlichen Rentenversicherung können aus ehrenamtlichen Tätigkeiten bislang nicht geltend gemacht werden.[71]

7. Wurzeln und Wandel des Ehrenamts

Was tun, wenn der Staat pleite ist und das Gemeinwesen dringender Reformen bedarf? Darüber dachten schon die preußischen Freiherrn Stein und Hardenberg im frühen 19. Jahrhundert nach. Infolge der napoleonischen Kriege und der hohen Tributzahlungen an Frankreich waren die Staatskassen leer. Und der Geist der Aufklärung verlangte nach einer Modernisierung der staatlichen Ordnung. Was also lag näher, als das Ehrenamt zu erfinden? Die von Stein und Hardenberg eingeführte preußische Verwaltungsreform betonte die Mitarbeit des Bürgertums an staatlichen und politischen Aufgaben und legte den Grundstein für die gemeindliche Selbstverwaltung. Fortan erledigten »Ehrenmänner« eine Vielzahl von Verwaltungstätigkeiten unentgeltlich. Mit den Reformen schlug man zwei Fliegen mit einer Klappe. Zum einen wurde das Gemeinwesen finanziell entlastet, zum anderen förderte die neue Bürgerverantwortung für das Gemeinwohl eine mentale »Abnabelung« der Bürger von König und Obrigkeit. Das Ehrenamt konnte sich seinerzeit aber nur eine Minderheit des städtischen Bürgertums leisten, es war ausschließlich Sache der Honoratioren: wohlhabende und einflussreiche Fabrikbesitzer, Professoren, Ärzte oder Richter. In der lateinischen Bezeichnung Honoratioren klingt der Begriff der Ehre mit – eine Ehre, die in Form eines Amtes übertragen oder vielmehr auferlegt wurde, denn die Ehrenmänner waren per Gesetz zur Amtsübernahme verpflichtet.

Von seinen Wurzeln her ist das Ehrenamt also eine staatlich verordnete Aufgabe – keine Initiative »von unten« und kein Akt der Selbstorganisation.

Doch bereits um die Mitte des 19. Jahrhunderts entstand eine neue Bewegung, die immer breitere Teile der Bevölkerung erfasste. Von der Obrigkeit mit Argwohn beäugt schlossen sich zunächst Männer, später auch Frauen zunehmend zu Vereinen zusammen, um gemeinsam kulturelle, religiöse soziale oder politische Ziele zu verfolgen. Diese neue Bürgerbewegung, aus der die

zahlreichen Turn-, Gesangs-, Theater- oder Schützenvereine her-
vorgingen,[72] begründete die typisch deutsche Vereinstradition, die
sich bis heute gehalten hat – obwohl ihr schon vielfach der Unter-
gang prophezeit wurde. Schätzungen zufolge gibt es in Deutschland über 500 000 Vereine, in denen mehr als 80 Prozent des bürgerschaftlichen Engagements stattfinden.[73]

Mit der Gründung von Vereinen, die sich um aktuelle Themen
wie Naturschutz oder Menschenrechte kümmern und deren Strukturen deutlich flexibler und transparenter sind, ist auch das muf-
fig-spießige Image, das dem Vereinsleben anhaftet, überwunden.
Die Vielfalt des freiwilligen Engagements heute ist sichtbarer
Beweis dafür, dass Bürger aktiv auf gesellschaftliche Problemlagen reagieren und sich nach ihren eigenen, oft sehr innovativen
Vorstellungen organisieren. Begonnen hat diese moderne »Bürgerbewegung« vor etwa 30 Jahren, zu einer Zeit also, als die Probleme
unseres hoffnungslos überfrachteten Wohlfahrtsstaats zutage traten ebenso wie Umweltrisiken und weltpolitische Verwerfungen.
Anfang der 1980er Jahre wird in der deutschen Öffentlichkeit heftig um Sozialsparmaßnahmen und Haushaltsdefizite gestritten.
Die Arbeitslosenquote übersteigt die Zwei-Millionen-Marke, das
Bruttoinlandsprodukt sinkt um 1,1 Prozent. Die Sorge um die Zukunft treibt immer mehr Menschen um und verschafft sich in den
großen Protestbewegungen dieser Jahre Ausdruck, aber auch in
zahllosen bürgerschaftlichen Initiativen und Organisationen. Seit
Anfang der 1980er Jahre ist das freiwillige Engagement der Deutschen in nahezu allen Bereichen kontinuierlich gestiegen, gleichzeitig hat auch die Zahl der Nachbarschaftsvereine, der Selbsthilfegruppen, der Stiftungen und Bürgerstiftungen und der genera-
tionsübergreifenden Wohnprojekte deutlich zugenommen. Diese
neuen »Bürgerinitiativen« sind eher projektbezogen organisiert,
eher durch persönliche Betroffenheit, soziale Gesinnung und politischen Veränderungswillen motiviert. Sie entwickeln sich vor
allem im lokalen Umfeld unter weitgehend selbstbestimmten und
wenig formalisierten Organisationsformen. Auf den ersten Blick
erstaunlich ist, dass dieser Wandel nicht unwesentlich von den

jüngeren Älteren vorangetrieben wurde. Das zeigt sich allein schon darin, dass sich das Engagement der über 55-Jährigen seit 1985 bis heute mehr als verdoppelt hat.[74] Interessant ist auch die Erkenntnis des jüngsten Freiwilligensurveys, dass nur noch 37 Prozent der Engagierten zwischen 45 und 64 Jahren ihre Tätigkeit als Ehrenamt bezeichnen. Die Mehrheit spricht stattdessen von Freiwilligenarbeit oder bürgerschaftlichem Engagement.

Noch findet das zivilgesellschaftliche Engagement der Älteren häufig in Vereinen und kirchlichen oder Wohlfahrts-Organisationen statt, inzwischen engagieren sich vor allem die jungen Älteren aber auch in vielen innovativen Organisationsformen innerhalb ihres lokalen Umfelds. Dabei legen sie besonderen Wert darauf, ihr Arbeitsfeld selbst zu gestalten. Sie möchten als »Laien« auf Augenhöhe mit den beteiligten Profis tätig sein und in Entscheidungen gleichberechtigt eingebunden werden. Organisationen, die sich offen gegenüber diesen Ansprüchen zeigen, werden künftig wesentlich bessere Chancen haben, Freiwillige zu gewinnen, als solche, die an althergebrachten Hierarchien und Regelungen festhalten. Die Generation 50plus hat wie keine andere zuvor gelernt, Dinge im Team eigeninitiativ und in Selbstverantwortung voranzubringen, sowohl am Arbeitsplatz, als auch als Bürger und »Lebensunternehmer«. Keine Generation zuvor war derart gefordert und motiviert, äußere Autoritäten zurückzuweisen und stattdessen aus innerem Antrieb heraus aktiv zu werden. Und keine Generation zuvor hat sich so kreativ und mutig am Umbau der Gesellschaft beteiligt. Die Generation 50plus hat in jungen Jahren erfolgreich für Umwelt, Gleichberechtigung oder Frieden gekämpft. Warum sollte sie heute mit ihrem Engagement nicht auch maßgeblich dazu beitragen, die alternde Gesellschaft zukunftsfähig zu machen?

8. Engagiert im Netz

In den letzten Jahren entdeckt die Bürgergesellschaft zunehmend die Bedeutung des digitalen öffentlichen Raums des Internets. Auch der jüngste Freiwilligensurvey stellt fest, dass die Internetnutzung in den meisten Bereichen der Freiwilligenarbeit deutlich zugenommen hat, besonders in der Jugendarbeit und im politischen Engagement. Bei den jüngeren Engagierten ist das Internet inzwischen selbstverständliches Medium für Informationsbeschaffung und Austausch. Aber auch die Älteren, insbesondere die Generation 50plus, entdecken den virtuellen Raum für ihr Engagement.[75] Noch wird das Internet von den bürgerschaftlich Engagierten vor allem zur Information und für organisatorische Aufgaben genutzt, immer wichtiger aber wird es für die soziale Vernetzung. Eigentlich ist der kometenhafte Aufstieg von Social Media-Plattformen wie Facebook oder Xing Ausdruck der großen Lust auf gesellschaftliche Teilhabe und der hohen Bereitschaft zur Freiwilligenarbeit. Allein für das Online-Lexikon Wikipedia liefern in Deutschland regelmäßig etwa 7000 Menschen Beiträge – freiwillig und ohne Honorar. Weniger bekannt, aber kaum weniger erfolgreich ist helpedia.de, eine deutsche Internetplattform für persönliche Spenden-Sammel-Aktionen. Über 1300 gemeinnützige Organisationen sind dort bereits registriert. Eine weitere Plattform für Online-Fundraising ist betterplace.org. Das Spendenportal versteht sich als Marktplatz für soziale Projekte und verbindet weltweit Geldgeber mit ganz konkreten Hilfsprojekten.

Im Trend liegen auch Datenbanken, die freiwillig Engagierte und Projekte mit Hilfsbedarf zusammenführen. Viele Länder, Kommunen und Organisationen haben bereits entsprechende Portale und Suchmaschinen aufgebaut. Interessant ist ein Projekt, das derzeit in der Schweiz entwickelt wird und künftig auf die deutschsprachigen Nachbarländer ausgeweitet werden soll. Die Baseler PowerAge Foundation arbeitet an einer Internetbörse, die das reichhaltige Erfahrungswissen der Babyboomer-Jahrgänge erschließbar macht, sowohl für gemeinnützige Projekte als auch für Unternehmen. Die Börse für Erfahrungswissen soll ihren Mitgliedern dabei helfen, während der nachberuflichen Jahre erfolgreicher aktiv zu werden. Wenn sie ihren persönlichen Erfahrungsschatz für die Gemeinschaft zur Verfügung stellen, sollen sie dafür Zeitgutschriften erhalten, die sie entweder gegen andere Leistungen eintauschen oder als Rentenergänzung beziehungsweise für künftige Pflegeleistungen ansparen können.

Das »Mitmachnetz« wird künftig vielfältige Formen des bürgerschaftlichen Engagements beheimaten, und es könnte der Freiwilligenarbeit, die heute noch viel zu oft im Verborgenen und ohne mediale Präsenz stattfindet, öffentliche Aufmerksamkeit verschaffen. Ob das Social Web der Bürgergesellschaft zum Durchbruch verhilft, bleibt abzuwarten, immerhin aber gibt es online spannende Möglichkeiten, sich engagiert in die Gesellschaft einzubringen.

Die Idee hinter der Internetplattform »Generation 50plus aktiv im Netz gegen Nazis« zum Beispiel ist, ältere Menschen durch Workshops mit dem Social Web vertraut zu machen, sie über aktuelle Formen des Rechtsextremismus aufzuklären und sie zum Engagement gegen Neonazis im Internet zu motivieren. Auf der Website Netz-gegen-Nazis.de können sie sich dann mit Jugendlichen austauschen und Blogs moderieren. Die von der Wochenzeitschrift *Die Zeit*, mehreren Stiftungen und einem Unternehmen unterstützte Initiative setzt an einem wichtigen Punkt an, dort nämlich, wo menschenverachtender Propaganda durch Erfahrungswissen und Weitblick der Boden entzogen werden kann. Die Präsenz von älteren Menschen im Social Web kann dazu verhelfen, den rechtsextremen Sprücheklopfern den Wind aus den Segeln zu nehmen, indem sie deren Parolen »vor aller Welt« entlarven.

Informationen und Kontakt:
Netz-gegen-Nazis.de
Joachim Wolf und Simone Rafael
Tel. 0 30–24 08 86 24

Handlungsfelder für bürgerschaftliches Engagement

* *Engagement in Vereinen, Verbänden und Kirchen:*
Dazu gehören die einfache Mitgliedschaft und die aktive Mitarbeit im Vorstand oder in anderen Leitungsfunktionen. Dieser Bereich reicht von der Tätigkeit als ehrenamtlich tätiger Trainer im Sportverein über die Leitung eines Kirchenchores bis hin zur Durchführung von Erste-Hilfe-Kursen im Bereich des Rettungswesens.

* *Politisches Engagement:*
Dieser Bereich umfasst die klassischen Formen des Engagements als Gemeinderat, Stadtverordneter oder sachverständiger Bürger in der Kommunalpolitik, die Mitarbeit in Parteien, Verbänden und Gewerkschaften sowie die neueren Formen der Beteiligung in Bürgerinitiativen und sozialen Bewegungen, in Kinder- und Jugendparlamenten, in Ausländer- und Seniorenbeiräten oder in lokalen Agenda-21-Gruppen.

* *Soziales Engagement und Engagement für Bildung:*
Dazu gehören Tätigkeiten in Jugend- und Wohlfahrtsverbänden, in Kirchengemeinden und in öffentlichen Einrichtungen wie Kindergärten und Schulen. Neuere Formen sozialen Engagements finden sich auch in den Hospizgruppen, in der »Tafel«-Bewegung und in zahllosen Initiativen zur Aufbesserung der Bildung: Lesepaten, Mentoren, Jobpaten, Moderatoren und Streitschlichter, Coaching- und Beratungsprojekte.

* *Engagement in öffentlichen Funktionen:*
Darunter fallen klassische Ehrenämter wie Schöffen, ehrenamtliche Richter oder Wahlhelfer, die durchaus einen verpflichtenden Charakter haben können. Zu dieser Variante bürgerschaftlichen Engagements gehören auch Tätigkeiten im Rahmen des Betreuungsgesetzes oder Elternbeiratsarbeit. Öffentliche Aufgaben werden zudem von den freiwilligen Feuerwehren, vom Technischen Hilfswerk und von den Ret-

tungsdiensten wahrgenommen. Eine weitere Variante sind die Bürgervereine und Zusammenschlüsse, die den Betrieb von Einrichtungen wie Museen, Bibliotheken oder Schwimmbädern aufrechterhalten.

- *Formen der Gegenseitigkeit:*
  Dazu zählen Nachbarschaftshilfen, Genossenschaften und Tauschringe. In diesen Bereich fallen auch neue Wohnformen wie generationenübergreifendes Wohnen, das in der Regel selbstorganisiert wird, und bürgerschaftliches Engagement nicht nur zur gegenseitigen Betreuung und Pflege, sondern auch im eigenen Wohnviertel verwirklicht.

- *Selbsthilfe:*
  Diese Form des Engagements findet sich vor allem in den Bereichen von Familie und Gesundheit, bei Arbeitslosen, Migranten und marginalisierten Gruppen wie etwa bei Menschen mit seltenen Krankheiten.

- *Bürgerschaftliches Engagement in und von Unternehmen:*
  Neben den klassischen Formen der Interessenvertretung in Kammern und Verbänden unterstützen Unternehmen örtliche Vereine und Einrichtungen mit Geld- und Sachspenden sowie Personal- oder Sacheinsatz. Während dieses Engagement in Deutschland lange Zeit ein Nischendasein führte, zeichnet sich mittlerweile eine neue Entwicklung ab, in der die Unternehmen stärker und bewusster als Akteure bürgerschaftlichen Engagements auftreten und gefragt sind. Neuere Formen dieses Engagements basieren auf direkten Kooperationen zwischen Unternehmen und Projekten aus dem Sozial-, Jugend- oder Kulturbereich. Zusätzlich bieten insbesondere größere Unternehmen immer häufiger die Möglichkeit an, sich während der Arbeitszeit freiwillig zu engagieren. Die Freistellung für zwei Tage pro Jahr ist inzwischen weit verbreitet, der Ausfall an Arbeitsleistung kann vom Betrieb steuerlich geltend gemacht werden.

- *Stiftungen und Bürgerstiftungen:*
  Stiftungen werden in der Öffentlichkeit häufig nicht als eine Form von bürgerschaftlichem Engagement wahrgenommen, sondern als Steuersparmodell, Erbregelung oder Denkmalerrichtung. Doch das Engagement der Stifter geht meistens weit über den materiellen Beitrag hinaus und trägt maßgeblich zu gemeinnützigen Zwecken bei. Stiftungen engagieren sich im sozialen, regionalen, kulturellen oder wissenschaftlichen Bereich. Dem Bundesverband Deutscher Stiftungen zufolge gab es in Deutschland Ende 2010 insgesamt etwa 18 000 Stiftungen bürgerlichen Rechts, ihre Zahl ist seit 1990 stark angestiegen. Nicht erfasst sind darin die kirchlichen Stiftungen und Treuhandstiftungen.

  Relativ neu in Deutschland ist das bürgerschaftliche Engagement im Rahmen einer Bürgerstiftung. Diese Stiftungsform bündelt die kleineren oder größeren Geldspenden der Bürger vor Ort und ist Ausdruck einer selbstbestimmten lokalen und aktiven Bürgerschaft. Die ersten Bürgerstiftungen wurden Ende der 1990er Jahre nach amerikanischem Vorbild gegründet, mittlerweile gibt es fast 250 solcher Einrichtungen.

9. Wertschöpfung für das Gemeinwohl

Was wäre, wenn das Kölner Stadtleben ohne die freiwilligen Aktivitäten ihrer 200 000 engagierten Bürger auskommen müsste? Was etwa würde mit den 775 Sportvereinen vor Ort geschehen? Würden die Eltern dann viel Geld bezahlen müssen, damit ihre Kinder Fußball spielen können? Und was würde aus den hunderten von bürgerschaftlich organisierten Einrichtungen – von A wie Amnesty International bis Z wie Zeit mit Kindern, einem Leih-Großelterndienst? Wer würde sich in der Bahnhofsmission um Verzweifelte und Gestrauchelte kümmern? Wer würde an den

Telefonen der Seelsorge sitzen? Wer würde den Demenzkranken Gesellschaft leisten? Wer würde den Suchtkranken der Stadt mit Rat und Hilfe beistehen? Wer würde auf den Kölner Gewässern Rettungsdienst schieben? Wer würde Familien mit Neugeborenen beraten und entlasten? Wer würde benachteiligte Schulkinder fördern, Spielplätze in Stand halten, Sommerfeste organisieren? Die Antwort erübrigt sich im Grunde. Denn ohne bürgerschaftliches Engagement würde vieles in unserem Lande einfach zum Stillstand kommen. Weder der soziale, kulturelle oder sportliche Bereich noch der Gesundheitsdienst, die Rechtspflege, der Katastrophenschutz, das Rettungswesen, die Altenpflege oder die Gewerkschaftsarbeit würden funktionieren.

Welchen Wert das bürgerschaftliche Engagement für die Volkswirtschaft hat, ist exakt kaum berechenbar. Doch anhand von Befragungen lässt sich der Nutzen abschätzen. Bürgerschaftlich engagierte Menschen wenden im Bundesdurchschnitt monatlich 16,2 Stunden für ihre Tätigkeit auf. Hochgerechnet ergibt das für Deutschland jährlich insgesamt über 4,6 Milliarden ehrenamtliche Arbeitsstunden. Damit leisten freiwillig Engagierte 7,5 Prozent der Gesamtarbeitsstunden in Deutschland. Selbst bei einem willkürlich und niedrig angenommenen Stundenlohn von 7,50 Euro tragen engagierte Bürger jährlich eine Arbeitsleistung von nahezu 35 Milliarden Euro zum Gemeinwesen bei, was wiederum einem Anteil von 2 Prozent am Volkseinkommen entspricht.[76] Geht man vom durchschnittlichen Nettostundenlohn eines Beschäftigten der Wohlfahrtsverbände aus, also von 11,80 Euro pro Stunde ergibt sich sogar ein Gesamtwert von 54,3 Milliarden Euro.

Wollte man diese Leistungen auf dem Markt kaufen, müsste man die Bruttolöhne zuzüglich der Arbeitgeberanteile zur Sozialversicherung ansetzen, für die genannte Berufsgruppe also 19,90 Euro pro Stunde. Damit läge dann der Wert der Freiwilligenarbeit über das Jahr gesehen sogar bei 81,5 Milliarden Euro. Nicht zu unterschätzen ist auch der Beschäftigungseffekt des bürgerschaftlichen Engagements: 100 bürgerschaftlich engagierte Menschen ermöglichen 13 bezahlte hauptamtliche Arbeitsplätze.[77]

Auch wenn solche Rechnungen über den Daumen gepeilt sind, zeigen sie doch, in welcher Größenordnung sich die Produktivität der bürgerschaftlich Engagierten bewegt. Dabei spielen ältere Freiwillige eine wichtige Rolle – in manchen Bereichen, wie bei der Pflege oder der Seniorenbetreuung, sind sie sogar besonders häufig engagiert.[78] Ältere Menschen sind also keineswegs als Bürde des Sozialstaats zu sehen, sondern vielmehr als eine seiner wichtigsten Ressourcen. Zudem wird diese Produktivität absehbar weiter steigen, denn jede jüngere künftige Ruhestandskohorte weist eine höheres Bildungsniveau, eine bessere Gesundheit und eine bessere materielle Absicherung auf, verfügt also über mehr Ressourcen für Aktivität. Der rein volkswirtschaftliche Wert des bürgerschaftlichen Engagements ist aber nur ein Teil des erzeugten Mehrwerts. Noch viel bedeutender ist das Sozialkapital, das dadurch geschaffen, der gesellschaftliche Zusammenhalt, der dadurch bewirkt wird.

10. Ein ganzes Dorf wird Wirt

Bollschweil, ein Dorf im Badischen mit 2000 Einwohnern, hatte bereits seit Jahren kein Dorfgasthaus mehr. Das wollte eine handvoll engagierter Bürger nicht einfach achselzuckend hinnehmen. Man beschloss, ein Gasthaus in Eigenregie zu errichten und damit die »Seele des Dorfs« wieder zu beleben. Das geeignete Gebäude war schnell gefunden – ein Bauernhaus aus dem 18. Jahrhundert mitten im Dorf. Doch woher sollten die rund 700 000 Euro kommen, die zur Renovierung und zum Ausbau gebraucht wurden? Ganz einfach: Im Jahr 2006 gründeten die Bürger »Bolando« – Deutschlands erste und einzige Dorfwirtschaft, die als Bürger-Genossenschaft geführt wird. Pünktlich zum Neujahrstag 2010 öffnete die Gaststätte ihre Pforten – eine urige Wirtsstube, in der man nicht nur essen und trinken, sondern auch Familienfeste feiern und Kulturveranstaltungen erleben kann. Heute arbeiten vier Vollzeit- und bis zu 30 Aushilfskräfte im fast immer proppenvollen »Bolando«, der Wein stammt von Winzern aus der Umgebung, die Zutaten in der Küche kommen hauptsächlich aus der Region. Und so rechnete sich das Erfolgskonzept: 300 000 Euro brachte der Verkauf von Anteilsscheinen, 200 000 Euro kamen vom Landessanierungsplan und weitere 200 000 Euro waren die Leistungen der freiwilligen Helfer wert – vom Handwerker über den Bauleiter bis hin zum Gastronomie-Experten. Letzterer war übrigens vor seinem Ruhestand als weltweiter Einkäufer einer großen Handelskette tätig, und im Vorstand sitzt ein pensionierter Siemens-Manager.

Das Wirtshaus von Bollschweil macht deutlich, was mit dem abstrakten Begriff »soziales Kapital« gemeint ist. Es ist die Fähigkeit einer Gemeinschaft, ihre Probleme aus eigener Kraft zu lösen, mit Hilfe von Menschen, die sich freiwillig und ohne materielle Gegenleistung einbringen. Die Wissenschaft hat das Thema Sozialkapital erst seit kurzem entdeckt. Inzwischen gibt es aber gut abgesicherte empirische Belege dafür, dass der Fundus an Sozialkapital maßgeblich dazu beiträgt, ob sich eine Gesellschaft positiv entwickelt oder nicht. Soziales Kapital verringert nicht nur Sozialkosten und bürokratische Überregulierung. Es dämpft auch widrige Erscheinungen moderner Gesellschaften wie Kriminalität oder Drogenmissbrauch und sorgt für Sicherheit ebenso wie für Bildung, Gesundheit und wirtschaftlichen Erfolg. Je mehr Sozialkapital in einer Gesellschaft vorhanden ist, umso besser funktionieren Demokratie und Wohlfahrtsstaat, und umso eher lassen sich die negativen Begleiterscheinungen der Moderne vermeiden. Soziales Kapital ist gelebte Verbundenheit – der Kitt, der die Gesellschaft zusammenhält. Wenn sich Menschen bürgerschaftlich engagieren, erneuern sie die Bindekräfte der Gesellschaft und profitieren gleichzeitig auch persönlich vom entstehenden sozialen Kapital. Die Forschung hat nämlich auch erkannt, dass positive soziale Beziehung eng mit persönlichem Glück und Wohlbefinden verknüpft sind. Soziales Kapital schützt den Einzelnen vor seelischen und körperlichen Schäden, hilft bei der Bewältigung von Krisen und soll sogar das Leben verlängern.[79]

11. Gesellschaft vom Bürger hinauf denken

Das Besondere am Sozialkapital, auf das die amerikanische Politologin Elinor Ostrom hingewiesen hat, ist, dass es ähnlich wie der immaterielle Vermögenswert Wissen durch Gebrauch nicht weniger wird. Umgekehrt allerdings vermindert sich soziales Kapital durch Nichtgebrauch. Für ihre Forschungen zu Gemeingütern hat Ostrom im Jahr 2009 als erste Frau den Nobelpreis für Wirtschaftswissenschaften erhalten. Die heute über 80-jährige Wissenschaftlerin forscht nach wie vor an der Indiana University in Bloomington. In ihren weltweiten Feldforschungen hat sie auch nachgewiesen, dass die Menschen vor Ort oft bessere Problemlösungen finden, als Staat oder Markt es je könnten. Die Erkenntnisse der Nobelpreisträgerin untermauern wissenschaftlich einmal mehr, welches immense Innovationspotenzial freigesetzt wird, wenn sich Bürger als Experten ihres Lebensalltags engagieren.

Das heißt nicht, dass Staat und Markt bei der Bewältigung gesellschaftlicher Herausforderungen an Bedeutung verlieren, sondern zunächst, das immer noch weit verbreitete Denken in abgeschotteten Zuständigkeiten aufzugeben. In Bollschweil hat genau das beispielhaft stattgefunden. Die Bürger haben weder darauf gewartet, dass ein Investor oder Pächter das Projekt Dorfkneipe realisiert, noch die Verantwortung dafür an die Verwaltung delegiert. Vielmehr wurde eine Lösung gefunden, bei der Bürger, Gemeinde und Wirtschaft miteinander kooperieren.

Für das Gedeihen des Sozialen sind solche Kooperationen die beste Voraussetzung. Ein ausgewogener Mix aus bürgerschaftlicher und professioneller Leistung macht das gesamtgesellschaftliche Hilfe- und Dienstleistungssystem erst wirklich effizient. Allerdings nur dann, wenn das Prinzip der Subsidiarität konsequent umgesetzt wird: Erst kommt die Selbsthilfe, dann die Hilfe aus der Familie, den Freunden, Nachbarn, anderen Bürgern und erst danach die Ergänzung durch Profis und Institutionen.

Damit solche Leistungsketten aber funktionieren, braucht es manchmal etwas weniger Überheblichkeit der Hauptberuflichen gegenüber den beteiligten engagierten Bürgern. Im gelingenden Bürger-Profi-Mix helfen nicht vorrangig die Bürger den Profis, sondern umgekehrt, die Profis ergänzen das Engagement der Bürger.[80]

12. Von der Arbeits- zur Tätigkeitsgesellschaft

Erwerbsarbeit hat in unserer Gesellschaft einen sehr hohen Stellenwert. Die bezahlte Arbeit gilt als Eintrittskarte ins Gesellschaftsleben, sie definiert den gesellschaftlichen Status und den Selbstwert der meisten Menschen. Erwerbsarbeit ist gleichbedeutend mit Versorgung, Sicherheit, Anerkennung, Sozialkontakten, Sinn und Zugehörigkeit. Erwerbsarbeit gilt als tragende Säule des gesellschaftlichen Wohlstands, da vor allem durch sie die notwendigen gesellschaftlichen Güter produziert werden. Zweifellos ist die Erwerbsarbeit für das gesellschaftliche und individuelle Wohlergehen unverzichtbar, doch der Erhalt des Ganzen hängt nicht unwesentlich von den außerberuflichen Tätigkeiten wie Familienarbeit, Eigenarbeit und bürgerschaftlichem Engagement ab.

Die sogenannten Zeitbudgetstudien des Statistischen Bundesamts zeigen plastisch, dass zur Lebensqualität in unserer Gesellschaft gerade diejenigen Arbeiten beitragen, die nicht bezahlt werden.[81] Im Abstand von einem Jahrzehnt haben die Statistiker ermittelt, wie viel Zeit die deutsche Bevölkerung für welche Tätigkeit verwendet. Dabei belegen die Ergebnisse klar, dass nur ein Drittel der insgesamt notwendigen Arbeit auf Erwerbsarbeit fällt, dagegen zwei Drittel auf die außerberuflichen Tätigkeiten. Darüber hinaus zeigen die Statistiken, dass innerhalb von einem Jahrzehnt sowohl die Anzahl der bezahlten als auch die der unbezahlten Stunden gesunken ist. Unterm Strich heißt das: Unser frei verfügbares Zeitbudget ist gewachsen, entgegen der vielfach verbreiteten Meinung, kein Mensch hätte heute noch genug Zeit. Wohl gibt es im Leben Phasen, in denen die Erwerbsarbeit einen Löwenanteil der Zeit verschlingt. Doch über den gesamten Lebenszyklus hinweg betrachtet verbringen wir weitaus mehr Zeit mit unbezahlten als mit bezahlten Tätigkeiten. »Man schätzt, dass in Deutschland jährlich etwa 60 Milliarden Stunden Erwerbsarbeit und etwa 100 Milliarden Stunden Familien- und ehrenamtliche Arbeit geleistet werden«, schreibt der Verfassungs- und Steuerrechtler Paul Kirchhof.[82] Diese Verteilung wird durch zwei Entwicklungen verstärkt. Zum einen kommt es zunehmend zu freiwilligen und unfreiwilligen »Auszeiten« vom Berufsleben, zum anderen leben immer mehr Menschen nach der Berufstätigkeit immer länger. Die Soziologie nennt solche biografischen Umbrüche »Statuspassagen«. Sie stellen den Menschen vor die Herausforderung, individuell sinnvolle Antworten auf seine gesellschaftliche Positionsveränderung zu finden. Das bürgerschaftliche Engagement kann dabei eine Schlüsselrolle spielen: Für junge Menschen vermehrt freiwilliges Engagement die Chancen beim Eintritt ins Berufsleben. Im mittleren Alter bietet es Möglichkeiten zur Fortbildung oder eröffnet Perspektiven für einen Jobwechsel. Den Älteren hilft bürgerschaftliches Engagement dabei, den Ausstieg aus dem Erwerbsleben sinnstiftend zu gestalten. Und auch die Gesellschaft wird ihren »Alterungsprozess« besser meistern können, wenn sie sich nicht nur als Erwerbsgesellschaft definiert, sondern ebenso selbstverständlich als engagierte Tätigkeitsgesellschaft.

13. Brücken bauen

Das Geschenk der Langlebigkeit fordert jeden Einzelnen, intensiver über seine Lebensplanung nachzudenken, sich rechtzeitig auf ein langes »drittes Alter« einzustellen und Verantwortung zu übernehmen: für sich, für andere und für die Zukunft. Das ist kein Naturereignis, sondern braucht eine gezielte Planung und sorgfältig abgewogene Entscheidungen.

Cornelia Kricheldorff, Professorin und Prorektorin der Katholischen Hochschule Freiburg, beschäftigt sich seit zwei Jahrzehn-

ten in Theorie und Praxis mit dem Übergang zwischen Erwerbstätigkeit und Ruhestand. Wir haben mit ihr über diesem immer
bedeutender werdenden »Brückenbau« gesprochen.

*Sind sich die Älteren darüber bewusst, dass sie ihren Ausstieg aus
dem Berufsleben heute quasi als neues Lebensprojekt betrachten
sollten?*
Cornelia Kricheldorff: Das Bewusstsein dafür steigt. Noch vor
zehn Jahren wurde die Frage, was nach dem Beruf geschieht, oft
noch verdrängt oder einfach aufgeschoben. »Warten wir mal ab,
was kommt« – diese Haltung war damals noch sehr verbreitet.
Heute macht sich eine zunehmende Zahl von Menschen der
Generation 50plus durchaus schon vor dem Ruhestand Gedanken darüber, was da kommen könnte. Wie wollen wir im Alter
wohnen? Wie werden wir unsere sozialen Beziehungen gestalten? Was werden wir den lieben langen Tag lang machen? Und
was kommt, wenn eine so tragende Rolle wie die des Berufs
wegfällt? Das sind Fragen, die sich Menschen in der Phase zwischen dem 50. und 60. Lebensjahr sehr wohl stellen. Aber es
gibt auch noch viele Ältere, die einfach alles auf sich zukommen
lassen.

*Braucht man Unterstützung, um die Statuspassage zwischen Be-
ruf und Ruhestand zu bewältigen?*
Unbedingt. Nur wenige können diesen planvollen Übergang
alleine regeln und sich ein passendes Engagement suchen. Die
große Mehrheit tut sich eher schwer damit. Sie probieren irgend-
eine neue Aufgabe aus, merken bald, dass es nicht zufrieden-
stellend ist, und versuchen etwas Neues. Und wenn es spätestens
beim zweiten Mal nicht klappt, an eine sinnvolle Tätigkeit an-
zudocken, setzt eher Resignation ein. Das kann mit ermög-
lichenden Strukturen verhindert werden, etwa einer Qualifizierung, in der zunächst kein klassisches Ehrenamt angestrebt
wird, sondern wo es erst einmal darum geht, gemeinsam mit
anderen die eigenen Lebenswege zu reflektieren, die eigenen In-

teressen und Talente zu identifizieren und eigene Wege in das Engagement zu finden.

Wann sollte man mit dieser Suche nach einer nachberuflichen Tätigkeit beginnen?
Im idealen Fall in der Lebensmitte, also ab 50 Jahren. Frauen tun das oft, wenn die Kinder aus dem Haus sind, Männer warten eher bis zum Ende der Berufstätigkeit. Damit haben sie aber die ungünstigeren Voraussetzungen, weil zu diesem Zeitpunkt plötzlich etwas wegbricht, das für sie sehr wichtig und tragfähig war. Die Orientierung fällt dann schwerer, aber mit entsprechenden Programmen der Engagementförderung kann man Menschen auch erreichen, wenn sie schon länger im Ruhestand sind.

Kann bürgerschaftliches Engagement einen Status vermitteln, der vergleichbar mit dem der Berufstätigkeit ist?
Muss es das? Das ist nicht der Anspruch. Es geht doch darum, eine Aufgabe zu finden, die man selbst als sinnvoll empfindet, ein persönliches Thema, für das man sich gerne engagiert. Die Chancen der freiwilligen Tätigkeit liegen ja gerade darin, nicht der Logik der Erwerbsarbeit folgen zu müssen, sondern für sich noch einmal ganz andere Facetten der persönlichen Identität zu entwickeln. Es ist meistens auch wenig förderlich, bürgerschaftliches Engagement als gesellschaftliche Verpflichtung zu betrachten. Viel wichtiger ist der individuelle Nutzen des Engagements, von dem die Gesellschaft implizit ja auch profitiert.

Wie kann man Ältere am besten zum Engagement motivieren – gibt es einen Königsweg?
An den eigenen Interessen und Talenten anzusetzen, das ist für mich der stärkste Hebel. Die Leute wollen nicht irgendwohin vermittelt werden, das riecht nach Vereinnahmung, und da ziehen sich ältere Menschen ganz schnell zurück. Wenn man sie aber bei ihren eigenen Fragen und Anliegen abholt, dann kann

sich daraus ein ganz breites Spektrum unterschiedlichen Engagements ergeben. Mit Rahmenbedingungen, in denen Menschen ihre Interessen und Fähigkeiten entfalten können, werden sie sehr kreativ und gehen mit großer Lust an ihr selbstentdecktes und selbstbestimmtes Engagement heran. Das ist für mich die erfolgreichste Art des Brückenbaus ins Engagement.

14. Kulturpassage – Investitionen in sozial erneuerbare Energien

Ein Seminarraum in Düsseldorf: 15 ältere Männer lauschen den Einführungsworten der Seminarleiterin. Heike Becker malt einen Tempel mit fünf Säulen ans Flipchart und erklärt: »Ihre Identität wird getragen von fünf Pfeilern: materielle Sicherung, Leiblichkeit, Werte und Normen, soziale Vernetzung, Arbeit und Leistung. Und wenn Sie in den Ruhestand gehen, wird dieses Fundament enorm erschüttert: weniger Geld, schwindende Vitalität, kein strukturierter Alltag mehr, kaum mehr Kontakt zu Kollegen und: kein herausfordernder Job mehr.« Unter den Zuhörern entsteht sichtlich Bewegung. »Genau das ist der Grund, warum es mir nach der Pensionierung nicht gut geht«, sagt ein Teilnehmer. Und ein anderer: »Und ich habe geglaubt, der Einzige zu sein, der mit seinem Rentnerdasein hadert.« Heike Becker, Sozialpädagogin mit Schwerpunkt auf innovativer Seniorenarbeit, bietet ihr Seminar bewusst nur für männliche Teilnehmer kurz vor oder im Ruhestand an, gewissermaßen als Geländer mit Handlauf in ein unbekanntes Terrain. Anfangs waren die Vorbehalte gegen die vermeintliche »Männerheulgruppe« noch groß, doch rasch wird den Teilnehmern klar, dass Sie dort genau das finden, was ihnen fehlt, nämlich Antworten auf Fragen, die sie am meisten beschäftigen: Wie finde ich eine Herausforderung, die mich begeistert? Wie kann ich eine neue Karriere jenseits des Berufslebens gestalten? Kann ich mir im Alter noch meine Jugendträume erfüllen? Wie finde ich Gleichgesinnte, die meine Interessen teilen?

Ziel des Seminars ist, sich eine persönliche »Betonmischung« zu mixen, mit der die zerbröselten Säulen der Identität wieder aufgefüllt werden. Woraus diese Mischung bestehen könnte, müssen die Teilnehmer für sich selbst herausfinden. Reichlich Stoff dazu bieten theoretische Einführungen und praktische Exkursionen in verschiedene Themenbereiche, wie etwa Stadtgeschichte, Wissenschaft, Technik, Natur, Sport, neue Medien und Kultur. Ein halbes Jahr lang haben die teilnehmenden Männer Zeit und Gelegenheit, sich in neuen sozialen Zusammenhängen zu erleben, ungewohnte Dinge auszuprobieren und sich mit bislang unbekannten Rollen auseinanderzusetzen. Es geht darum, schlummernde Talente zu wecken, ungeahnte schöpferische Fähigkeiten zu entdecken und den eigenen Erfahrungsschatz sinnvoll in andere Zusammenhänge einzubringen. »Entscheidend ist, dass die Männer eine Aufgabe finden, die sie wirklich erfüllt«, meint Heike Becker. »Wenn man seine individuelle Leidenschaft entdeckt, setzt das enorme Energie frei, Energie, die sich erneuert und vermehrt, wenn sie für andere eingebracht wird.« In diesen »sozial erneuerbare Energien« stecken unendlichen Möglichkeiten, für sich selbst ebenso wie für die Gesellschaft. Ein ehemaliger Werbegrafiker etwa hat durch das Seminar für sich die Möglichkeit entdeckt, ehrenamtlich Zeichenunterricht in einer Einrichtung für geistig behinderte Menschen zu geben. Durch die Arbeit in der Gruppe wurde er daran erinnert, dass er Jahrzehnte zuvor Zivildienst in einer solchen Einrichtung geleistet hat. Warum also nicht an diese für ihn als positiv empfundene Erfahrung anknüpfen? Ein Elektroingenieur kurz vor dem Ruhestand hat durch das Seminar seine Lust an der Zauberei entdeckt und eine entsprechende Ausbildung absolviert. Im Ruhestand will er als Zauberer benachteiligten oder kranken Kindern eine Freude machen. So wie er haben fast alle Seminarteilnehmer ihre Passionen freigelegt und setzen sie nun für andere ein: ein ehemaliger Bankkaufmann gestaltet Radiosendungen von Senioren für Senioren; ein Jurist im Ruhestand bringt seine Kompetenzen in ein afrikanisches Hilfsprojekt für die Förderung von Mädchen ein; ein ehemaliger

Industriekaufmann coacht Schüler, die einen Ausbildungsplatz suchen. »Bevor man sich im Ruhestand für ein freiwilliges Engagement entscheidet, sollte man unbedingt seinen wahren Stärken und Bedürfnissen auf die Schliche kommen«, rät Heike Becker. »Entscheidend ist, die gewonnene Zeit nicht beliebig auszufüllen, sondern mit Tätigkeiten, für die man richtig brennen kann.«

Die Sozialpädagogin hat das Seminarprogramm übrigens speziell für Unternehmen entwickelt, die damit ihren demnächst ausscheidenden Mitarbeitern Orientierungsmöglichkeiten für den Ruhestand geben können. Für viele Firmen ist die Idee, ihre Mitarbeiter bei der Planung des nachberuflichen Lebens zu unterstützen, noch ungewohnt. Doch in Zukunft könnte sich das ändern. Zum einen, weil es sich angesichts des verschärften Fachkräftemangels durchaus lohnt, die Mitarbeiter auch über ihren Ruhestand hinaus mit entsprechenden Unterstützungsmaßnahmen an das Unternehmen zu binden.

Zum anderen, weil Firmen, die ihre ausscheidenden Mitarbeiter gezielt zum bürgerschaftliche Engagement anregen, damit sichtbar unter Beweis stellen, dass sie es ernst meinen mit ihrer gesellschaftlichen Verantwortung. Diese Mitverantwortung der Unternehmen ist ebenso wie das Bürgerengagement eine unverzichtbare Voraussetzung für die Bewältigung der Probleme unserer alternden Gesellschaft.

Informationen und Kontakt:
Tel. 02 11–6 41 13 33
www.kulturpassage.net

Raus aus dem Beruf – rein in die Krise?

Betrachten Berufstätige ihren Ruhestand eher als Licht am Ende des Tunnels oder eher als Endstation ihres Lebens? Mit dieser Frage hat sich ein Forschungsprojekt an der Universität Augsburg beschäftigt und dabei drei Gruppen identifiziert, die ihrer Verrentung völlig unterschiedlich entgegensehen[83]:

Die *Ängstlichen*, zu denen 16 Prozent der Befragten zählen, sind pessimistisch gegenüber ihrem Berufsaustritt eingestellt. Sie verbinden damit Alter und Krankheit, haben Angst vor Langeweile und Einsamkeit und befürchten, sich ohne Arbeit nutzlos und abgeschoben zu fühlen.

Die *Befreiten*, mit 37 Prozent die zweitgrößte Gruppe, freuen sich darauf, endlich Zeit zu haben und die neue Freiheit zu genießen. Allerdings glauben sie, sich erstmal erholen zu müssen. Sie empfinden ihre Arbeit als Bürde und den Ruhestand als herbeigesehntes Ende der Belastung.

Die *Chancennutzer* bilden mit 47 Prozent die größte Gruppe. Sie sehen ihren Berufsaustritt als eine Art Geschenk, mit dem sie etwas Sinnvolles anfangen möchten. Die Arbeit wird weder als Belastung noch als Mittelpunkt des Lebens empfunden und der Ruhestand als Neubeginn betrachtet.

Ruhestand als Prozess
Der amerikanische Soziologe Robert Atchley hat schon 1971 die damals vorherrschende Meinung kritisiert, der Übergang in den Ruhestand würde automatisch zu einer tiefen, manchmal sogar tödlich endenden Lebenskrise führen. Es käme darauf an, dass Menschen über Identitätsquellen jenseits des Berufs verfügen, die im Ruhestand aktiviert werden können. Atchley hat ein Modell mit sechs Phasen entwickelt, das beschreibt, wie sich die Einstellung zur Pensionierung üblicherweise verändert.[84]

1. Entfernte Phase: Über lange Zeit des Erwerbslebens hinweg bis etwa drei Jahre vor dem Ausscheiden aus dem Erwerbsleben wird der Ruhestand als ewiger Urlaub betrachtet.
2. Nähephase: Kurz vor der Pensionierung beschäftigt sich der Betroffene aktiv mit seiner künftigen Rolle als Rentner. Erste Ängste und Befürchtungen treten auf.
3. Euphoriephase: Gleich nach Pensionsbeginn kommt die »Honeymoon-Phase«. Die neu gewonnene Freizeit wird in

vollen Zügen genossen, der Alltag wird mit einer euphori-
schen Geschäftigkeit, etwa mit ausgedehnten Reisen, gefüllt.
4. Ernüchterungsphase: Nachdem der erste »Rausch« verflo-
gen ist, kommt es zur Ernüchterung. Man fühlt sich niedergeschlagen und merkt, dass irgendetwas im Leben fehlt.
5. Neuorientierungsphase: Die Betroffenen versuchen, dem
Leben eine neue Richtung zu geben, sinnvolle und befriedigende Aufgaben zu finden, den Alltag neu zu strukturieren. Wenn man in dieser Phase keine befriedigende
Orientierung findet, steigt die Gefahr, sich selbst verloren
zu gehen und krank oder depressiv zu werden.
6. Stabilitätsphase: Wenn Menschen ihrer neuen Rolle gefunden haben und sich damit identifizieren, stabilisiert sich ihre
Identität. Veränderungen, etwa eigene Erkrankungen oder
solche des Partners, werden gut bewältigt.

Diese Phasen des Ruhestands sind eher schematisch und werden von Fall zu Fall anders empfunden. Doch Experten sind sich
einig, dass es spätestens ab der Ernüchterungsphase hilfreich
und in vielen Fällen auch erforderlich ist, den Alltag und die
Dinge des Lebens aus anderen Perspektiven zu betrachten,
und Tätigkeiten zu suchen, die Bedeutung für sich selbst und
für andere haben. Noch besser ist es allerdings, sich schon vor
dem Austritt aus dem Berufsleben darauf vorzubereiten, wie
der Ruhestand am besten zu meistern ist. Mit entsprechenden Zielen und Projekten im Gepäck, lässt sich diese wichtige
»Demarkationslinie« gelassen überschreiten.

Exkurs: Übergangsmanagement in Unternehmen

1. Oldies but Goldies

Deutschland im Jahr 2035: Mehr als ein Drittel aller Arbeitsplätze sind von Menschen besetzt, die über 55 Jahre sind. Innerhalb von zwei Jahrzehnten hat sich die Zahl der Erwerbstätigen mehr als verdoppelt. Wie werden sich Unternehmen auf diesen fundamentalen Wandel einstellen? Werden sie trotz alternder Belegschaften wettbewerbsfähig bleiben? Oder werden sie vielleicht gerade deshalb erfolgreich sein, weil es ihnen gelingt, die heute vielfach noch schlummernden Potenziale und Ressourcen der Älteren systematisch zu erschließen?

Der Trend, dass Belegschaften im Durchschnitt immer älter werden, ist keine Zukunftsmusik, sondern heute bereits Realität. 50plus ist die Gruppe der Erwerbstätigen, die heute am schnellsten wächst. Unter den 55- bis 64-Jährigen hat der Anteil der Erwerbstätigen in Deutschland zwischen den Jahren 2000 und 2007 von 37,6 Prozent auf 51,5 Prozent zugenommen.[85] In kaum einem anderen europäischen Land ist die Beschäftigungsquote der Älteren so stark angestiegen wie hierzulande. Allerdings sei darauf hingewiesen, dass diese Quote in anderen Ländern längst wesentlich höher ist als hierzulande. In Norwegen etwa sind 69 Prozent der entsprechenden Altersgruppe noch erwerbstätig, in Schweden 70 Prozent und in Island sogar fast 85 Prozent.[86]

Dennoch halten sich in vielen deutschen Unternehmen hartnäckige Vorurteile gegenüber älteren Beschäftigten. Vor allem unterstellt man ihnen Leistungsschwäche, geringe Belastbarkeit und einen hohen Krankenstand. Die Frühverrentung ist zwar rückläufig, wird aber noch immer als eine gängige Strategie der Personalpolitik gewählt. Mit Weiterbildungsangeboten oder anderen Maßnahmen der Personalentwicklung werden vorwiegend Jüngere angesprochen, und auch die Innovationspolitik setzt bei den Junioren der Belegschaft an. Wer als über 50-Jähriger seinen Job verliert, kann nur sehr bedingt damit rechnen, ins Erwerbsleben zurückzufinden. Immerhin 41 Prozent aller Betriebe in Deutschland beschäftigen überhaupt keine Mitarbeiter über 50 Jahre. Und nur 16 Prozent der über 50-Jährigen nehmen an beruflicher Weiterbildung teil.[87] Wenn Menschen im erwerbsfähigen Alter so früh »abgeschrieben« werden, schadet das nicht nur der Produktivität des Unternehmens, sondern auch der Leistungsfähigkeit der Menschen. Kaum vorstellbar, welche Potenziale dadurch seit Jahren gedankenlos verschleudert werden.

Unterm Strich ist das Bewusstsein für die Chancen, die mit dem Altern der Belegschaften einhergehen, erst in wenigen Unternehmen wirklich angekommen. Dabei gilt längst als erwiesen, dass Mitarbeiter über 50 Jahre genauso viel zur Produktivität im Unternehmen beitragen wie jüngere Mitarbeiter.

Im amerikanischen Boston gibt es ein Familienunternehmen, dessen Belegschaft ein Durchschnittsalter von 71 Jahren hat. Der Betrieb beschäftigt ausschließlich ehemalige Lehrerinnen, Ingenieure, Designer oder Kellnerinnen. Dank der Verlässlichkeit und der Erfahrung der Mitarbeiter stieg der Umsatz in den letzten Jahren kontinuierlich – insgesamt um 20 Prozent.[88] Das mag ein anekdotischer Einzelfall sein. Doch auch eine Studie des Zentrums für Europäische Wirtschaftsforschung (ZEW) kommt zu dem Ergebnis, dass Ältere die Produktivität sogar steigern, wenn sie mit jüngeren Beschäftigten gemeinsam im Team eingesetzt sind. Demnach steigt in altergemischten Teams sowohl die Leistungsfähigkeit der älteren Mitarbeiter, als auch die der jüngeren, weil diese von der Expertise und der langen Berufserfahrung der älteren Kollegen profitieren.

Die bisherigen Forschungsergebnisse legen außerdem nahe, dass gerade bei komplexen Arbeitsaufgaben Teams mit Mitarbeitern verschiedener Altersgruppen leistungsfähiger und produktiver sind als altersmäßig homogene Teams. Angesichts der Tatsache, dass anspruchsvolle Problemlösungen schon heute und erst recht in Zukunft eine Schlüsselrolle für die Wirtschaft spielen, sollten Unternehmen endgültig von ihrem Jugendwahn ablassen und jenen mehr Aufmerksamkeit widmen, die bislang stiefmütterlich behandelt wurden: die Mitarbeiter in der letzten Phase ihres Erwerbslebens.

2. Engagiert in den Ruhestand

Jährlich beenden mehr als eine Million Menschen das Berufsleben und gehen in den Ruhestand. Diese Zahl wird sich in den nächsten Jahren noch erhöhen, weil dann die geburtenstarken Jahrgänge der Nachkriegszeit aus dem Erwerbsleben austreten. Mit ihrer Verrentung verabschieden sich Wissens- und Erfahrungsträger aus der Arbeitswelt, deren Kompetenzen nicht einfach ungenutzt bleiben sollten. Unternehmen können auf vielfache Art davon profitieren, wenn sie ihre älteren Mitarbeiter dabei unterstützen, das »Gold in ihren Köpfen« zu vermehren und sinnvoll einzusetzen. Wenn Mitarbeiter ihre letzten Jahre im Betrieb als stetigen Sinkflug ohne Herausforderungen und Anerkennung erleben, werden sie vermutlich auch im Ruhestand nur noch wenig Bereitschaft zum Durchstarten zeigen. Deshalb ist es dringend geboten, ältere Mitarbeiter gezielt zu fordern und zu fördern. Neben vielerlei Maßnahmen der Personalentwicklung bietet sich dafür vorrangig die Hinführung zum bürgerschaftlichen Engagement an.

Dies sollte aber nicht in dem Sinne missverstanden werden, dass Arbeitnehmer zur Übernahme freiwilliger Tätigkeiten animiert werden, um sie guten Gewissens früher aus dem Berufsleben entlassen zu können. Vielmehr geht es um die Errichtung von »Brücken« zwischen Erwerbsarbeit und bürgerschaftlichem Engagement, die der älteren Generation neue Wege für ihre nachberufliche Lebensgestaltung eröffnen. Wenn Unternehmen ihre Mitarbeiter bei der Vorbereitung auf eine engagierte Lebensphase unterstützen, profitieren beide Seiten. Durch den gleitenden Übergang in den Ruhestand bleibt den Firmen Wissenskapital erhalten, das sukzessive an nachfolgende Mitarbeiter weitergegeben werden kann. Und der Ruheständler in spe erspart sich durch das Ausprobieren neuer Verantwortungsrollen den schmerzhaften Status- und Identitätsverlust, der mit der Verrentung eintreten kann.

Gleitend in den Ruhestand

Bei der Übernahme eines bürgerschaftlichen Engagements in der späten Phase des Erwerbslebens können flexible Arbeitszeitmodelle hilfreich sein, allerdings nicht in Form der zu Recht abgeschafften staatlich subventionierten Altersteilzeit. Die neue gesetzlich geregelte Teilzeitlösung für Ältere wird zwar nicht mehr öffentlich gefördert, ist aber dennoch für Arbeitnehmer und Arbeitgeber interessant. Das Modell ist einfach. Mitarbeiter ab 55 Jahren, die vorher mindestens drei Jahre sozialversicherungspflichtig beschäftigt waren, können ihre Arbeitszeit halbieren. Auch das Gehalt halbiert sich, wird aber vom Arbeitgeber um mindestens 20 Prozent aufgestockt. Wie die halbierte Arbeitszeit verteilt wird, kann ausgehandelt werden.

Eine weitere Alternative für den gleitenden Ausstieg aus dem Erwerbsleben können sogenannte Zeitwertkonten sein. Dabei sparen sich Arbeitnehmer Gehaltsbestandteile wie Boni, Weihnachtsgeld oder Resturlaubstage auf einem Wertkonto an. Dieses selbst erwirtschaftete Wertguthaben ermöglicht die Reduzierung der Arbeitszeit auf dem Weg in den Ruhestand.

---

3. Die tun was – bürgerschaftliches Engagement bei Ford

An einem seiner letzten Arbeitstage tat Willi Stegemeyer das, was fast alle ausscheidenden Mitarbeiter tun. Er räumte seinen Schreibtisch aus. Dabei fiel dem IT-Fachmann bei den Kölner Ford-Werken ein zerknitterter Flyer in die Hand, dessen Inhalt ihn elektrisierte: Es ging um die Idee zu einem Programm für ältere Mitarbeiter und Ruheständler des Unternehmens, das den Ford-Senioren ermöglichen sollte, Fachwissen weiterzugeben und sich in ihrer freien Zeit freiwillig für die Gesellschaft zu engagieren.

Allerdings war das Programm »Fordler Aktiv im Ruhestand«, kurz FAIR, Jahre zuvor im Unternehmen nur angedacht, aber nicht realisiert worden. Stegemeyer entschloss sich spontan, das Programm wieder »wachzuküssen« und mit einem ersten konkreten Projekt zu beweisen, dass viele Ford-Pensionäre Interesse an solchen freiwilligen Tätigkeiten haben. In den ersten Tagen seines Ruhestands trommelte er einige seiner pensionierten Kollegen zusammen, um gemeinsam einen Schulraum zu renovieren. »Das hatte ich der Schulbetreuungsgruppe schon vor meinem Ruhestand versprochen, jetzt hatte ich endlich Gelegenheit, aktiv zu werden«, erzählt der Vorruheständler, der bereits während seiner Berufstätigkeit in den Freiwilligen-Initiativen seines Arbeitgebers tätig war. So hatte der Hobbymusiker zum Beispiel einen Werkschor gegründet, der regelmäßig in Senioreneinrichtungen oder bei anderen öffentlichen Veranstaltungen auftritt.

In den Kölner Ford-Werken hat das bürgerschaftliche Engagement der Mitarbeiter seit mehr als zehn Jahren Tradition. Im Rahmen des sogenannten »Community Involvement«-Programms können sich alle Mitarbeiter für zwei bezahlte Arbeitstage und insgesamt 16 Stunden pro Jahr freistellen lassen, um für das Gemeinwohl aktiv zu werden. Bei der Auswahl der Projekte arbeitet Ford eng mit der Stadt Köln und mit gemeinnützigen Organisationen zusammen. Die Bandbreite der Projekte reicht von Aktivitäten für behinderte oder sozial benachteiligte Kinder, Renovierung von Gebäuden, Sportveranstaltungen, Ausflügen mit Senioren oder ökologischen Projekten bis hin zu Mentoring-Programmen. Durch die Vielfalt der Projekte kann sich jeder Beschäftigte ein passendes Engagementfeld erschließen. Außerdem können die Mitarbeiter auch eigene Projekte vorschlagen. Die Beschäftigten profitieren in vielerlei Hinsicht von ihrem Engagement, meint Wolfgang Henning, der das Community Involvement Team leitet: »Zum einen sammeln sie neue Erfahrungen in Bereichen und mit Menschen, die sie in ihrer täglichen Arbeit nicht kennenlernen würden. Und zum anderen stärkt ein solches Projekt den Teamgeist und trägt dazu bei, soziale Fähigkeiten zu trainieren.« In der persönlichen Begegnung weitet sich der eigene Horizont, und es entsteht gegenseitiger Respekt. Auch das Unternehmen profitiert von seinem Einsatz für das Gemeinwohl. Der Erwerb sozialer Kompetenzen und Teamerfahrungen wirken sich positiv auf die Leistung der Mitarbeiter und auf das Betriebsklima aus, erklärt Henning: »Die Mitarbeiter sind zufriedener, motivierter, loyaler und verantwortungsbewusster. Außerdem zeigt das Unternehmen mit der Übernahme von Verantwortung für das Gemeinwohl seine Wertschätzung gegenüber der Gesellschaft und den Bürgern.«

Seit Beginn des Community Involvement–Programms im Mai 2000 wurden am Standort Köln über 1000 Projekte realisiert, an denen sich mehr als 8000 Ford-Mitarbeiter beteiligt haben, was insgesamt rund 130 000 Arbeitsstunden als Investition in das Gemeinwohl ergibt.

Willi Stegemeyer arbeitet derzeit daran, das FAIR-Netzwerk zu erweitern und so viele Ruheständler wie möglich für Community-Involvement-Projekte zu gewinnen: »Alle 30 000 Ruheständler werden künftig angeschrieben und nach ihren Engagement-Wünschen und Kompetenzen gefragt. Da schlummert ein Riesenpotenzial.« Künftig soll eine Talentdatenbank der Ruheständler dabei helfen, bei Projektanfragen geeignete Leute zu finden. Stegemeyer, der auch immer noch den Werkschor leitet, verbringt etwa zehn Stunden pro Woche im Unternehmen, eine Zeitspende, die ihm wichtig ist: »Ich wollte die Verbindung mit Ford halten, die Kollegen ab und zu treffen – aber nicht einfach nur als Besucher, sondern als jemand, der eine Aufgabe hat. Diese Brücke ins Unternehmen hat mir den Übergang in den Ruhestand auf jeden Fall erleichtert.« Seit Stegemeyer FAIR wiederbelebt hat, beteiligen sich immer mehr Ford-Pensionäre an den Freiwilligen-Projekten wie Fahrdienste, Zoobesuche mit ältern Menschen im Rollstuhl oder Sportaktivitäten mit Kindern.

Ford gehört zu den wenigen Unternehmen in Deutschland, die frühzeitig erkannt haben, dass es sich lohnt, die Belange der älteren Mitarbeiter ernst zu nehmen und in die Personalarbeit mit einzubeziehen. Inzwischen können sie vielfältige Angebote zur Gesundheitsvorsorge wahrnehmen, zwischen verschiedenen flexiblen Arbeitszeitmodellen speziell für Ältere wählen und sich durch Trainingskurse auf die Gestaltung ihres nachberuflichen Lebens vorbereiten. Darüber hinaus kümmert sich eine bereichsübergreifende Arbeitsgruppe um das Thema »alternde Belegschaft« und entwickelt neue Konzepte zur betrieblichen Bewältigung des demografischen Wandels. Bei Ford hat man begriffen, dass die Chancen und Risiken, die mit der alternden Belegschaft verbunden sind, mit Einzelmaßnahmen nicht in den Griff zu bekommen sind. »Wichtig ist ein ganzheitlicher Ansatz«, sagt Wolfgang Henning. »Aber das ist gleichzeitig auch die größte Herausforderung.«

4. Engagementförderung im Unternehmen verbindet

Wenn Unternehmen ihre Pensionäre ausdrücklich in Corporate Volunteering Programme mit einbeziehen, ist das ein Spiel mit vielen Gewinnern. Die Ruheständler können den Kontakt mit ehemaligen Kollegen pflegen und sich gleichzeitig über Engagementmöglichkeiten auf dem Laufenden halten. Damit steigert das Unternehmen die Zahl seiner Engagierten und festigt gleichzeitig die Verbindung zu seinen Ehemaligen. Diese können ihre im Lebensverlauf erworbenen Kompetenzen sinnvoll einbringen und erweitern. Der Übergang aus dem Betrieb kann durch flankierende Bildungsangebote unterstützt werden. Außerdem bieten regionale Akteure wie Seniorenbüros, Wohlfahrtsverbände oder Ehrenamtsagenturen Informationen und Beratungen speziell für Unternehmen an, um die vielfältigen Möglichkeiten zum Engagement der Mitarbeiter in der nachberuflichen Lebensphase aufzuzeigen.

Die »Agentur für Gesellschaftliches Engagement« (AGE) im westfälischen Hamm etwa hat ein solches Beratungsangebot aufgelegt. Die Arbeit der Agentur setzt am Übergang zwischen Erwerbsleben und Ruhestand an und zielt darauf, persönliche Interessen von Menschen am Ende der Berufslaufbahn mit gesellschaftlich sinnvollen Tätigkeiten zu verbinden. Dabei arbeitet AGE eng mit den ortsansässigen Unternehmen MHP Mannesmann Präzisrohr, Dupont de Nemours Deutschland, Bergwerk Ost sowie der Stadt Hamm zusammen. Das Potenzial von älteren, berufserfahrenen Menschen wird zum Beispiel genutzt, um Schüler auf die Arbeitswelt vorzubereiten. Ein ehemaliger Ausbildungsleiter von Bergwerk Ost führt simulierte Vorstellungsgespräche durch, übt mit den Schülern für die Einstellungstests und klärt sie über die Erwartungen von Arbeitgebern auf. Ein früherer Mitarbeiter im Gesundheitsschutz informiert über seine Erfahrungen aus unterschiedlichen Abteilungen des Chemieunternehmens DuPont. Andere Ruheständler vermitteln Kenntnisse darüber, wie man sich in einem großen Unternehmen zurechtfindet und verhält. Die engagierten Pensionäre treffen sich regelmäßig in ihrem Unternehmen, erfahren so die aktuellen Entwicklungen, bilden sich weiter und gestalten gemeinsam ihre freie Zeit. Mit AGE bleiben Ältere »im Geschäft«, und das Unternehmen bleibt Bezugspunkt für seine Ruheständler. Entstanden ist die Idee zu AGE übrigens, als die beteiligten Unternehmen aus Gründen der Umstrukturierung eine große Zahl von Mitarbeitern vorzeitig in den Ruhestand schicken mussten.

Noch sind es vor allem die internationalen Konzerne, die ihre älteren Mitarbeiter und Pensionäre nicht auf das Abstellgleis schieben, sondern sie dabei unterstützen, sinnstiftende Perspektiven für die aktive Teilhabe am gesellschaftlichen Leben zu finden. Der Düsseldorfer Weltkonzern Henkel etwa unterstützt mit der Initiative »Miteinander im Team« (MIT) das ehrenamtliche Engagement seiner aktiven und ehemaligen Mitarbeiter. Dabei sind die Engagierten aufgefordert, selbst Projekte vorzuschlagen und das Projektteam auch zu leiten. Die Projekte sind so vielfältig wie die Menschen, die sie leiten und verantworten – vom Computerkurs für Senioren in Düsseldorf über ein Baby-Therapiezentrum in Südafrika bis hin zum Naturprojekt für Stadtkinder in den USA. Je größer das Engagement eines Mitarbeiters oder Pensionärs im Projekt ist, desto höher fällt auch die mögliche Förderung von Henkel aus. Den Pensionären eröffnet die Initiative neue Perspektiven zur persönlichen Weiterentwicklung und macht sie zu wichtigen Botschaftern des Unternehmens.

Auch IBM hat ein Programm aufgelegt, das sich an Mitarbeiter und Pensionäre richtet, die »On Demand Community«. Die Impulse für die Vorhaben – sei es die Netzwerkoptimierung an einer Grundschule oder die Unterstützung bei einem Dorfentwicklungsprogramm – kommen von aktiven und ehemaligen Mitarbeitern selbst. Ähnlich wie bei Henkel können die Freiwilligen Spenden für ihr Projekt »erarbeiten«. Dazu registrieren sie sich in einem Onlinesystem, in das sie die geleisteten Stunden regelmäßig eintragen. Nach 50 Stunden ehrenamtlicher Tätigkeit können sie bei IBM eine Geld- oder Sachspende für ihr Projekt beantragen. Bei der Registrierung können Mitarbeiter und Pensionäre außerdem Angaben zur eigenen Arbeit bei IBM und den eigenen Interessen machen und sich auf diese Weise untereinander austauschen und vernetzen. Allein in Deutschland haben sich schon über 2700 IBM-Mitarbeiter und mehr als 800 Pensionäre bei der Aktion registriert.

Auch das mittelständische Unternehmen Gutmann Aluminium Draht, ein Drahthersteller mit etwa 100 Mitarbeitern, hat zur Sicherung des Fachkräftenachwuchses ein Corporate Volunteering-Projekt entwickelt. In Kooperation mit Hauptschulen der Region werden Betriebserkundungen für Schüler angeboten, um sie in die Praxis eines Berufsfelds einzuführen. Betreut wird dieses Projekt, das den Übergang von der Schule in die Ausbildung und den von der Erwerbs- in die Nacherwerbsphase sinnvoll gestalten helfen soll, vom ehemaligen Produktionsleiter, der sich in der Freistellungsphase seiner Altersteilzeit befindet.

Schließlich können auch Städte und Gemeinden als Arbeitgeber ihre Verantwortung fürs Gemeinwesen und für ihre Mitarbeiter wahrnehmen, indem sie bürgerschaftliches Engagement fördern. In Köln etwa lädt der Oberbürgermeister die ausscheidenden Mitarbeiter der Stadt persönlich zur Aufnahme eines freiwilligen Engagements ein. Über ein Anschreiben und eine spezielle Veranstaltung werden die ehemaligen Beschäftigten auf neue Möglichkeiten des Ehrenamts in Köln und Umgebung aufmerksam gemacht.

All diese Beispiele zeigen, dass bürgerschaftliches Engagement keineswegs nur Privatsache jedes Einzelnen ist. Unternehmen und Institutionen, die in die »sozial erneuerbare Energien« ihrer Mitarbeiter und speziell ihrer Ruheständler investieren, schaffen individuelle, wirtschaftlichen und gesellschaftlichen Nutzen zugleich. Der amerikanische Ökonom und Nobelpreisträger Milton Friedman irrte mit seiner Behauptung, die einzige soziale Verantwortung von Unternehmen sei es, die Gewinne zu steigern. Unternehmen schweben nicht im luftleeren Raum, sondern sind Teil des sozialen Gefüges. Und Firmen, die sich bürgerschaftlich engagieren, wissen, dass erfolgreiches Wirtschaften nicht nur von der Gewinnsteigerung abhängt, sondern als Grundvoraussetzung ein intaktes gesellschaftliches Umfeld braucht.

Corporate Volunteering am Berufsende

»Corporate Volunteering« bezeichnet Aktivitäten, bei denen ein Unternehmen ein gemeinnütziges Engagement eingeht oder unterstützt, an dem sich aktive und ehemalige Mitarbeiter des Unternehmens freiwillig beteiligen. Für den Übergang zwischen Erwerbstätigkeit und Beruf bieten sich folgende Formen besonders an:

Secondment
Übersetzt heißt Secondment »Entsendung, Abordnung, Versetzung« und bedeutet konkret, dass Mitarbeiter für einen längeren Zeitraum an eine gemeinnützige Organisation »ausgeliehen« oder in ein in- oder ausländisches soziales Projekt entsendet werden. Das Gehalt zahlt dabei weiterhin das Unternehmen. Für ältere Mitarbeiter kann diese Form des bürgerschaftlichen Engagements besonders geeignet sein. Sie haben während dieser Zeit beste Möglichkeiten, ihr Wissen und ihre Erfahrungen weiterzugeben und zu schärfen. Außerdem eröffnet sich im neuen Tätigkeitsumfeld oft die Gelegenheit, bisher schlummernde Fähigkeiten zu entwickeln. Darüber hinaus entwickelt der Secondee durch die Mitarbeit im gemeinnützigen Bereich oder in Hilfsprojekten ein Gespür für gesellschaftliche Probleme, das ihn für die nachberufliche Übernahme eines Engagements sensibilisiert.

Mentorentätigkeit
Sie wird bereits vielfach zur systematischen Vorbereitung auf den Ruhestand genutzt. Dabei reichen die Aufgaben von der Patenschaft für Migranten oder sozial schwachen Kindern zur Unterstützung ihrer Lernentwicklung über die Begleitung von Jugendlichen auf der Suche nach einem Arbeitsplatz bis hin zur Förderung von jungen Unternehmern. Auf diese Art können sich ältere Mitarbeiter ein sinnstiftendes Betätigungsfeld für den Ruhestand erschließen und Netzwerke für das neue Enga-

gement aufbauen. Durch ihre Mentorentätigkeit in der End-
phase des Berufslebens erfahren Mitarbeiter, dass sie noch gebraucht werden und helfen können.

Eines der bekanntesten Beispiele für nachberufliche Mentoren-
tätigkeit ist der bereits vorgestellte »Senior Experten Service«.
Bundesweit haben sich auch auf regionaler Ebene zahlreiche
Seniorenexperten-Netzwerke gegründet, die vor allem junge
Existenzgründer beraten und unterstützen.

5. Die Sinne fürs Gemeinwohl schärfen

»Die Chancen und Probleme, mit denen wir zukünftig zu tun haben, richten sich nicht nach den üblichen »Geschäftsverteilungs-
plänen« in unserer Gesellschaft. Sie fallen nicht hübsch portio-
niert in genau die eine oder andere Schublade. Sie überqueren
Abteilungs-, Sektor- und Kulturgrenzen und sickern in fremdes
Terrain. Genau das müssen echte Leader heute auch: Grenzen
überschreiten und sich auch dort engagieren, wo sie auf den
ersten Blick gar nicht zuständig sind.«[89] Diese Beobachtung war
es, die Julia Middelton 1989 auf ein neuartiges Führungstraining
brachte. Der Wirtschaftswissenschaftlerin war während ihrer Arbeit für ein Forschungsinstitut und eine Ölgesellschaft aufgefal-
len, dass Manager beim Aufstieg auf der Karriereleiter einen Tun-
nelblick entwickeln, der sie oft blind für ihr gesellschaftliches Umfeld macht. Deshalb zielt der von ihr gegründete Verein »Common
Purpose«, darauf ab, Menschen in Führungspositionen darin zu
unterstützen, etwas zum Nutzen des Gemeinwohls zu tun. Der
Bedarf ist offenbar hoch: Heute ist Common Purpose in weltweit
über 70 Städten aktiv, pro Jahr nehmen mehr als 3000 Führungskräfte an den Kursen teil. Auch in Deutschland hat sich der innovative Ansatz für unternehmerisches Engagement inzwischen etabliert, die Weiterbildung wird in zehn großen Städten angeboten.

Entscheidend für den Erfolg des Programms ist die bunte Mischung der Teilnehmer: ein Drittel kommt aus der Wirtschaft, ein Drittel aus dem öffentlichen Dienst und ein Drittel aus sozialen Einrichtungen. In den Kursen kommen Menschen zusammen, die sich sonst eher selten begegnen: Schulleiter und Bankdirektor, Unternehmensberater und städtische Drogenreferentin, Pharmamanager und Kriminalhauptkommissarin, Kapellmeister des Staatstheaters und Gefängnisleiter, Leiter der Business School und Geschäftsführerin des Jobcenters. Diese breit gefächerte Mischung von Verantwortungsträgern mit unterschiedlichen beruflichen Werdegängen und aus unterschiedlichsten Sektoren, Kulturen und Kontexten der lokalen Gesellschaft ist wesentlich für den Lernprozess und seine Ergebnisse. Schließlich geht es darum, Denkschablonen abzulegen, Vorurteile abzubauen und mit Menschen zusammenzuarbeiten, die man sonst niemals kennenlernen würde. Die Arbeitgeber entsenden die Teilnehmer und bezahlen die Kursgebühr, für kleinere Organisationen gibt es Stipendien.

Eine Gruppe besteht aus 35 Teilnehmern und lernt an elf Seminartagen, die sich über ein Dreivierteljahr verteilen, ihr Umfeld aus bislang unbekannten Perspektiven kennen. Ziel ist es, sich gemeinsam mit den Chancen und Herausforderungen ihrer Stadt und Region auseinanderzusetzen, sich mit Menschen anderer Berufe zu vernetzen und Sozialprojekte anzubahnen. Dabei werden keine theoretischen Fallstudien bearbeitet, sondern reale Themen vor der eigenen Haustür. Die Seminare finden auch nicht in Konferenzräumen statt, sondern an ständig wechselnden, themenspezifischen Orten. Die Kursteilnehmer besuchen Gefängnisse, Drogenberatungsstellen oder Obdachlosenheime. Sie schlüpfen in der Ausstellung »Dialog im Dunkeln« in die Rolle von Blinden oder erkunden in Rollstühlen die Straßen und Gehwege der Stadt. Sie gehen zum Abendgebet in die Moschee oder besuchen die indische Business-Community. Sie treffen sich mit den Redakteuren der regionalen Tageszeitung und üben mit einem Theaterregisseur Stücke ein. Wichtig ist, dass sich die Teilnehmer außerhalb ihrer gewohnten Komfortzonen und jenseits der Rituale und

Tabus der eigenen Organisation bewegen. Während des Kurses begegnen sie der ganzen Vielfalt von Menschen, Themen und Perspektiven, die in ihrer Stadt eine Rolle spielen, an den sozialen Brennpunkten ebenso wie in den Chefetagen. »Der wirkliche Nutzen des Programms ist der Blick aus der Vogelperspektive und die Fokussierung auf Dinge, die man normalerweise nicht in Betracht zieht. Man versteht, was andere machen, wie es einen selbst betrifft und was die gemeinsamen Anliegen sind.« So fasst ein Frankfurter Polizeidirektor sein persönliches Lernerlebnis zusammen. Während des Kurses werden die Teilnehmer mit allen wichtigen Gebieten des Gemeinwesens ihrer Stadt bekannt gemacht, von der Verwaltung über die Wirtschaft, die Sozial-, Sicherheits- und Bildungseinrichtungen bis hin zu den gemeinnützigen Institutionen und zur Kunst- oder Kulturszene. Wer all diese Organisationen, ihre Abläufe, Zielsetzungen und wichtigsten Akteure kennt, so die Überzeugung von Common Purpose, der arbeitet gezielter und mit größerem Nutzen für sich selbst, seinen Arbeitgeber und die Gemeinschaft als Ganzes. Nahezu alle Teilnehmer bestätigen, dass sie nach dem Kurs mit anderen Augen durch ihre Stadt gehen und Probleme sehen, die ihnen vorher verborgen blieben. Auf diesem Weg entdecken viele Führungskräfte ihren persönlichen Zugang zum freiwilligen Engagement, fast 70 Prozent der Teilnehmer nimmt noch während oder direkt nach dem Kurs eine freiwillige Tätigkeit für die Gemeinschaft auf. »Mit Common Purpose können sich Führungskräfte zu Führungspersönlichkeiten entwickeln. Dafür brauchen sie den Resonanzboden der Gesellschaft, diese Perspektive kann der Job ihnen nicht bieten«, sagt Renate Krol, Geschäftsführerin von Common Purpose Deutschland in Frankfurt.

Das ursprünglich für jüngere Führungskräfte ausgelegte Modell wird derzeit mit dem Programm »Was jetzt?« erweitert. Es ist speziell auf ältere Führungskräfte zugeschnitten und darauf ausgerichtet, den Teilnehmern Wege aufzuzeigen, wie sie die beruflichen Kompetenzen für einen Mehrwert in der Gesellschaft einsetzen können. Wichtig ist dabei auch die Vorbildfunktion für jüngere Generationen und die Verbesserung der eigenen Lebenszufriedenheit. Das Angebot richtet sich an Führungskräfte im Alter von 55 bis 67 Jahren aus allen Sektoren, Arbeits- und Lebensbereichen, die sich auf den Übergang in die Zeit nach ihrer Berufstätigkeit einstellen und dabei den Weg des gesellschaftliches Engagements wählen möchten. Renate Krol, wirbt für dieses Programm bei lokalen Unternehmen und deren älteren Führungskräften: »Das Wissen und die Erfahrung dieser Leute werden in der Gesellschaft dringend gebraucht. Aber sie brauchen selbst auch eine Rolle, die zu ihnen passt. Wände in der Schule anzustreichen ist wahrscheinlich eher nicht das Mäntelchen, in das sie im Ruhestand auf Dauer schlüpfen möchten. Aber sie möchten gebraucht werden, und das ist ein Riesenpotenzial, das gehoben werden kann.«

Mit Common Purpose erhalten sie einen Zugang zur gemeinsamen Sache, entdecken neue Talente und alte Leidenschaften, lernen interessante Menschen kennen und schärfen ihre Sinne für die drängenden Problemlagen der Gesellschaft.

Informationen und Kontakt:
Common Purpose Deutschland
Tel. 0 69–21 08 79 99 15
renate.krol@commonpurpose.de
www.commonpurpose.de

III. Wir brauchen euch! – Handlungsfelder für Engagierte

Im dritten Teil des Buchs geht es um jene »Dauerbaustellen« unserer Gesellschaft, die angesichts des demografischen Wandels dringlicher denn je in Ordnung gebracht werden müssen: Bildungssystem und Arbeitsmarkt, Pflege und Gesundheitssystem, Integration und soziale Verwerfungen in Städten und Kommunen. Mit der Bewältigung dieser Herkulesaufgabe ist die Politik allein hoffnungslos überfordert. Außerdem macht die endlose Flut von Reformen und Reförmchen deutlich, dass Problemlösungen »von oben« weit weniger nachhaltig sind als solche, die »von unten« – aus der Bürgerschaft – kommen. »Manchmal ist bürgerschaftliches Engagement wie eine Sendeantenne auf einem Problem«, hat der Soziologe Konrad Hummel in einem Vortrag einmal gesagt. Im Folgenden werden wir eine Vielzahl solcher »Antennen« vorstellen in der Hoffnung, dass die von dort gesendeten Signale viele Empfänger finden.

1. Bildung und Arbeitsmarkt: Kümmerer dringend gesucht!

»Es gibt nur eine Sache in der Welt,
die teurer ist als Bildung: keine Bildung.«
(John F. Kennedy)

Zur Sache, Schätzchen ...

Uschi Glas war schockiert, als sie hörte, was da eben im Radio gesagt wurde: Viele Grundschüler kommen mit leerem Magen in die Schule und können dem Lehrstoff nicht mehr richtig folgen.

Die Münchner Schauspielerin mochte kaum glauben, dass selbst in ihrer reichen Heimatstadt Kinder morgens das Haus ohne Frühstück, ohne Pausenbrot und ohne Geld für einen Snack verlassen. Um sich Gewissheit zu verschaffen, sprach sie mit einigen Schulleitern und schickte schließlich einen Erhebungsbogen an 140 Münchner Grundschulen. Das Ergebnis: Rund 3000 Kinder sitzen hungrig im Unterricht und haben Schwierigkeiten, sich auf den Unterrichtsstoff zu konzentrieren. Aus einem Mangel an Geld oder Zeit oder an beidem wird offenbar in vielen Familien nicht mehr, wie früher üblich, gemeinsam gefrühstückt. Uschi Glas beschloss, sofort zu handeln. Zunächst verteilte sie mit ihrem Mann, dem Unternehmensberater Dieter Hermann, an den Grundschulen »Notfallboxen«, gefüllt mit Zwieback, Butterkeksen und Müsliriegeln. Dann, im Frühjahr 2009, gründete sie gemeinsam mit ihrem Mann und einem befreundeten Rechtsanwalt den Verein brotZeit e. V. Innerhalb von wenigen Monaten war alles organisiert: Eine Stiftung wird als Mitstreiter ins Boot geholt und ein Lebensmitteldiscounter erklärt sich bereit, die Frühstückszutaten zu liefern. Die tragenden Säulen des Projekts aber sind mittlerweile etwa 60 Münchner Senioren – Frauen und Männer, die das Schulfrühstück zubereiten, mit am Tisch sitzen und den Kindern etwas von ihrer Zeit widmen.

Inzwischen decken die freiwilligen Helfer täglich an 20 Münchner und sieben Berliner Grundschulen die Frühstücktische. Es gibt Milch, Müsli, Obst, Brot, Wurst, Käse und Marmelade – ein gesundes Frühstück, das fit für die langen Unterrichtsstunden macht. Der Zuspruch ist groß, viele Kinder kommen schon um Viertel nach sieben in die Schule, frühstücken ausgiebig und gehen dann satt und ausgeglichen in den Unterricht. Doch nicht nur der leere Magen wird gefüllt, es entsteht auch mehr Kommunikation, zwischen den Kindern selbst und mit den Senioren. Bei einem Migrationsanteil von 70 bis 90 Prozent an den von brotZeit geförderten Schulen, ist das Frühstück eine einzigartige Gelegenheit für eine Unterhaltung in deutscher Sprache. Mittlerweile sorgt der Verein nicht nur für das gesunde Frühstück, sondern kümmert sich auch darum, dass die Kinder kostenlosen Nachhilfeunterricht in Deutsch oder Mathe bekommen. Und einige der Senioren vom Frühstücksdienst kommen nachmittags wieder, um den Kindern vorzulesen oder mit ihnen Schach zu spielen. Satt und fröhlich zu sein, das sind die besten Vorraussetzungen um erfolgreich lernen zu können. Doch es gab auch kritische Stimmen, die befürchteten, dass die Eltern sich durch das Schulfrühstück jetzt erst recht von ihrer Pflicht befreit fühlten, für ihre Kinder Sorge zu tragen. Solche Argumente lässt Uschi Glas nicht gelten: »Tatsache ist, dass die Kinder hungrig sind. Ich will nicht nachforschen, warum die Kinder zu Hause nichts zu essen bekommen, sondern ich will mir einfach diese Tatsache vor Augen halten und sagen: ›Da muss man etwas tun‹.« Die Schauspielerin möchte ihre Idee zum Schulfrühstück gerne auch nach Hamburg, Frankfurt, Mannheim oder Leipzig bringen: »Wir hoffen, dass dort einige Leute sagen: Menschenskinder, das können wir in unserer Stadt doch auch auf die Beine stellen.«

Informationen und Kontakt:
www.brotzeitfürkinder.org

Ungleich verteilte Chancen

Alle drei Jahre beleuchtet der Bildungsbericht der Bundesregierung die Licht- und Schattenseiten des deutschen Bildungssystems. Und seit Jahren haben die unabhängigen Experten, die den Bericht erstellen, wenig Erfreuliches zu berichten. Auch für das Jahr 2010 gibt ihr Urteil wenig Anlass zu Optimismus.[90] Zwar nehmen in Deutschland inzwischen mehr Kinder unter drei Jahren an Angeboten zur Frühförderung teil, und 95 Prozent der Vier- bis Fünfjährigen besuchen eine Kindertagesstätte. Auch die Zahl der Studienanfänger und Hochschulabsolventen ist nach Jahren der Stagnation wieder merklich gestiegen. Immerhin beginnen mittlerweile 43,3 Prozent eines Jahrgangs ein Hochschulstudium. Die optimistischen Zahlen relativieren sich allerdings angesichts der Tatsache, dass im OECD-Durchschnitt die Quote der

Studienanfänger über 50 Prozent liegt, in Schweden, Finnland oder Australien sogar über 70 Prozent.

Regelmäßig Alarm schlagen die Experten in Sachen Chancengleichheit bei der Bildung. Hierzulande wächst fast jedes dritte Kind unter 18 Jahren in sozialen, finanziellen oder/und kulturellen Risikolagen auf. Die Eltern sind arbeitslos, haben ein geringes Einkommen oder kaum eine Ausbildung. Bei Kindern mit Migrationshintergrund liegt dieses Risiko mit 35 Prozent noch höher. Diese Gefährdungslage spiegelt sich unmittelbar in den Quoten der Bildungsabschlüsse wider: Die Zahl der Ungelernten in Deutschland hat mit 17 Prozent schon jetzt einen neuen Höchststand erreicht. Jeder sechste junge Mensch zwischen 20 und 30 Jahren hat keinen Berufsabschluss und befindet sich auch nicht mehr in Bildungsmaßnahmen. Besonders dramatisch ist die Situation für 20- bis 30-Jährige mit Migrationshintergrund, von denen 30 Prozent ohne Berufsabschluss sind und sich auch nicht mehr weiterqualifizieren. Bei jungen Frauen türkischer Herkunft sind es sogar 47,5 Prozent.

In keinem vergleichbaren Land ist der Zusammenhang zwischen sozialer Herkunft und Schulerfolg so groß wie in Deutschland. Das mahnt auch schon seit Jahren die PISA-Studie an.

Die immer weiter größer werdende Kluft zwischen erfolgreichen und benachteiligten Kindern und Jugendlichen zu schließen ist und bleibt die Hauptaufgabe und zugleich die größte Herausforderung des Bildungssystems, betonen auch die Autoren des Bildungsberichts. Erforderliche Maßnahmen sind aus ihrer Sicht der weitere Ausbau der frühkindlichen Bildung und der Ganztagsschulen, ein durchlässigeres Bildungssystem, Weiterbildungsangebote für nicht ausreichend qualifizierte Erwachsene sowie Förderung und Qualitätsentwicklung in allen Bildungsbereichen.

Dem ist ausnahmslos zuzustimmen, doch all das kostet Geld, das Bund und Länder trotz steigender Haushaltsdefizite aufbringen müssten. Einsparpotenzial sehen die Experten im Bildungswesen nicht. Im Gegenteil: Für zusätzliche Aufgaben werde man zusätzliche Mittel brauchen, lautet die klare Ansage. Ob dieses

Geld aufgebracht werden kann, ist mehr als fraglich, zumal der Anteil der Bildungsausgaben am Bruttoinlandsprodukt von 6,8 Prozent in 1995 auf 6,2 Prozent in 2008 gesunken ist. Im internationalen Vergleich gibt Deutschland gemessen an der Wirtschaftskraft weniger für Bildung aus als der OECD-Durchschnitt. Unter den 27 wichtigsten Ländern belegt Deutschland bei den Bildungsausgaben nur einen schwachen Rang 23.

Mehr Geld ins Bildungssystem zu stecken heißt nicht notwendigerweise, dass die Qualität der Bildung besser wird oder die Chancengleichheit unter den jungen Menschen steigt. Allerdings schreibt sich der Staat selbst ein Armutszeugnis aus, wenn er seine Ressourcen nicht dort mit aller Kraft konzentriert, wo sie am wirkungsvollsten eingesetzt werden können: bei den Kindern, deren Zahl ohnehin zurückgeht und die dringend gebraucht werden. Die frühen Lernumgebungen der Kinder legen heute mehr denn je den Grundstein für ihre weitere Bildungs- und Arbeitsbiografie. Wenn Kinder aus sozial schwachen Milieus in ihren ersten Schuljahren keine positiven Lernerfahrungen machen und zu wenig gefördert werden, ist die Wahrscheinlichkeit groß, dass sie in eine Abwärtsspirale rutschen, in der ihre Ausbildungs- und Berufschancen immer geringer werden. Wenn insbesondere diese, aber auch andere Kinder zu Bildungsverlierern werden, fehlen sie der Wirtschaft, die angesichts des demografischen Wandels dringend auf gut ausgebildete und motivierte Fachkräfte angewiesen ist.

Eine alternde und schrumpfende Gesellschaft kann es sich nicht leisten, auch nur einen einzigen aus der immer kleiner werdenden Gruppe der jungen Menschen wirtschaftlich und gesellschaftlich abzuschreiben, fast ein Viertel dieser »Zukunftsträger« als Bildungsverlierer einfach fallen zu lassen. Die wirtschaftliche und gesellschaftliche Zukunft Deutschlands wird maßgeblich davon abhängen, ob und inwieweit Bildung auch für sozial Benachteiligte und Menschen mit Migrationshintergrund selbstverständlich wird und ihnen eine erfolgreiche Teilhabe am gesellschaftlichen und beruflichen Leben ermöglicht. Ein Mangel an Bildung schließt Menschen auf Dauer aus der Arbeitswelt und aus tragfähigen gesellschaftlichen Bindungen aus.

Die öffentliche Debatte um diese Problemlage bewegt sich üblicherweise zwischen zwei Polen – dem des Schulsystems als Wissensvermittler und dem der Familie als Erziehungs- und Förderinstitution. Selten wird jedoch thematisiert, dass es daneben noch einen dritten Verantwortungsraum gibt, nämlich den der lokalen Bürgerschaft. Dort, wo es um die größte Verantwortung schlechthin geht – um die Verantwortung gegenüber der nachfolgenden Generation –, ist das bürgerschaftliche Engagement nicht nur dringend notwendig, sondern auch unbedingt geboten. Nichts ist für junge Menschen wichtiger als Erwachsene, die ihnen Aufmerksamkeit, Interesse und Zuwendung schenken. Nichts ist für den Helfenden befriedigender, als zu erkennen, dass seine Unterstützung auf fruchtbaren Boden fällt. Und nichts ist für die Gesellschaft wichtiger als die Tatsache, dass die junge Generation motiviert, kreativ und vertrauensvoll ihren Weg in die Zukunft geht.

Bildungs- und Betreuungseinrichtungen, aber ebenso Familien können bei der Erfüllung ihrer Aufgaben durch bürgerschaftliches Engagement wirksam unterstützt werden. Es geht darum, zusätzliche Lern- und Gesprächschancen zu schaffen, junge Menschen partnerschaftlich zu begleiten und ihnen die Übergänge in Ausbildung und Beruf zu erleichtern. Für diese Aufgaben bringen Ältere mit ihrem reichhaltigen Erfahrungswissen, ihren zahlreichen beruflichen Kontakten und ihrer psychischen Reife beste Voraussetzungen mit.

Alter macht Schule

»Statt immer nur über die Jugend zu schimpfen, sollten wir Alten lieber ein bisschen was für sie tun«, meint Brigitte Schwamborn. Die rüstige Rentnerin kümmert sich in einer Kölner Gemeinschaftsgrundschule um die kleinen und größeren Probleme der Schüler. Gemeinsam mit zwei weiteren »Schulomas« ist sie für alles zuständig, wofür Lehrer und Mitarbeiter in der Offenen Ganztagsschule und der angegliederten Förderschule zu wenig Zeit haben. Mit ihrer Lebenserfahrung und einem guten Schuss Gelassenheit schlichten die drei Seniorinnen Konflikte zwischen den Schülern, hören ihnen zu, wenn es Ärger mit Lehrern oder Eltern gegeben hat, und geben Tipps bei Liebeskummer oder anderen wichtigen Lebensfragen. Brigitte Schwammborn und ihre Mitstreiterinnen engagieren sich in der Schule, weil sie keine Lust mehr hatten, ihr Leben nur noch auf Hausarbeit, Fernsehschauen oder Kleingarten zu beschränken. »Der Ruhestand ist nichts für mich, ich brauche Struktur in meinem Alltag«, sagt Brigitte Schwammborn, die viele Jahre für eine Versicherung gearbeitet hat. Die Niederlassung wurde geschlossen, und sie verlor mit 53 Jahren ihren Job. Die Jahre bis zum Renteneinstieg überbrückte sie mit Aushilfsjobs, nebenbei renovierte sie ihre Wohnung. Aber irgendwann kam der Zeitpunkt, an dem sie merkte, dass sie einen neuen Lebensinhalt braucht. »Den habe ich hier an der Schule gefunden. Für die Kinder da zu sein bereichert das ganze Leben«, sagt Schwammborn. Ursula Frohn und Sigrid Winterhoff, ihre »Kolleginnen«, sehen das ähnlich. Sie kommen dreimal pro Woche, um beim Nachmittagsangebot zu helfen, lesen gemeinsam mit den Kindern, helfen ihnen bei den Hausaufgaben oder hören ihnen einfach nur zu. Die 66-jährige Sigrid Winterhoff bringt als Hobby-Musikerin zusätzliche Kompetenz für die musikalische Früherziehung ein. »Mit den Kindern Musik machen, das ist eine Aufgabe, die mich wirklich erfüllt.« Alle drei Seniorinnen geben allerdings zu, dass die Nachmittage in der Schule anstrengend sind. Wenn Brigitte Schwamborn nach Hause kommt, ist sie oft regelrecht erschöpft, dennoch möchte sie ihre ehrenamtliche Tätigkeit nicht missen: »Für diesen Job braucht man vor allem viel Geduld – aber die habe ich jetzt. Ich habe ja genug Zeit.«

Vermittelt wurden die drei Schulhelferinnen von der Kölner Initiative »Ceno & Die Paten«. Die Abkürzung Ceno steht für Centrum zur nachberuflichen Orientierung und wendet sich an Menschen über fünfzig, die ihre Zeit nach dem Beruf oder der Familie sinnvoll planen und gestalten wollen. Ceno & Die Paten bietet Beratung und Weiterbildung für engagierte Ältere und vermittelt sie dorthin, wo sie gebraucht werden. Die »Einsatzzeiten« und Arbeitsfelder der freiwillig Engagierten sind genau abgesprochen, sie ergänzen das vorhandene Angebot und schaffen Entlastung. An der Ganztagsgrundschule haben die drei Seniorinnen ihren festen Platz im Team, sagt die Schulleiterin Elisabeth Janert: »Eine große Bereicherung, sie bringen gute Laune und Freude in die Schule, das motiviert auch die Lehrer.«

Trotz der guten Erfahrungen mit den engagierten Älteren in Schulen, werden solche Kooperationen noch nicht oft genug organisiert. Die Bereitschaft der Schulen, sich zu öffnen für Außenstehende, deren Mitarbeit über das herkömmliche Elternengagement hinausgeht, ist noch wenig ausgebildet. Initiativen wie Ceno & Die Paten können viel dazu beitragen, dass diese Berührungsängste abgebaut werden. Dank der professionellen Begleitung wird das Engagement der Älteren in den Schulen, in denen es stattfindet, ernst genommen und sinnvoll integriert. Wichtig ist aber auch, dass sich die Schulen um die Freiwilligen bemühen und ihnen ermöglichen, eigene Ideen zur Schularbeit einzubringen. Mit den 5000 Euro, die die Schulen pro Jahr für die von Ceno vermittelten Paten aufbringen müssen, finanziert der Verein die professionelle Begleitung und die bescheidene Aufwandsentschädigung von 154 Euro für die Schulsenioren.

Für Manfred Brodesser, Schulleiter an einer Grundschule im Kölner Stadtteil Vingst, geht das Engagement der Schulpaten weit über die Förderung einzelner Schulkinder aus einem schwierigen sozialen Umfeld hinaus. Es ist ein wichtiger Schritt auf dem Weg zu einer multiprofessionellen Schule, in der Lehrer nur noch ein Teil des Ganzen sind: »Menschen, die keine professionellen Pädagogen sind, bringen neue Sichtweisen und Erfahrungen mit in die Schule, und das befruchtet unsere Arbeit.«

Karl-Heinz Krings etwa ist ehemaliger Versicherungskaufmann. An der Vingster Grundschule übt er dreimal pro Woche Rechnen, Schreiben und Lesen mit Schülern, die sich im Unterricht schwer tun. »Die Schüler freuen sich, wenn jemand mal nur für sie ganz alleine Zeit hat. Und sie geben dafür ganz viel zurück«, sagt der

Frührentner, der ebenfalls durch Ceno & Die Paten vermittelt wurde. Die Grundschüler hängen an ihren »Schulopa«, sie nehmen sich seine Tipps und Ratschläge zu Herzen und kommen freiwillig vor Unterrichtsbeginn, um mit ihm zu üben. Zeit, Autorität und Erfahrung – all dies ist für die Arbeit mit den Kindern unentbehrlich. Auch Krings räumt ein, dass der Job an der Schule kein reines Zuckerschlecken ist, aber dennoch bedeutet ihm seine Arbeit als Schulopa viel: »Ich war im ganzen Leben noch nicht so beliebt wie jetzt.«

Die Initiative Ceno ist übrigens selbst von engagierten Älteren ins Leben gerufen worden. Dreizehn Mitglieder der Kölner Seniorengemeinschaft, zwischen 50 und 75 Jahre alt, hatten 2002 eine Projektgruppe gegründet und darüber nachgedacht, wie sie sich sinnvoll in die Gesellschaft einbringen könnten. Aus diesem Gedankenaustausch entstand die Ceno & Die Paten. Heute arbeiten 85 Freiwillige der Generation 50plus in neun Projekten mit. Neben ihrem Engagement in den Grundschulen unterstützen sie Hauptschüler beim Berufseinstieg, helfen jungen Arbeitslosen bei der Jobsuche oder vermitteln Helfer in Familien, die Entlastung brauchen.

Informationen und Kontakt:
Ceno & Die Paten e. V.
Tel. 02 21–8 00 83 70
www.ceno-koeln.de

Junge Alte helfen jungen Wilden

Kurz vor ihrem Ruhestand entschloss sich die Berliner Sozialpädagogin Christiane Richter, ihre nachberufliche Zeit einem Problem zu widmen, das ihr aus ihrer Arbeit mit Schulen und Behörden bestens vertraut war: Zwischen Lehrern, Schülern und Familien kommt es immer wieder zu Konflikten, die mit herkömmlichen Mitteln kaum zu lösen sind. Schulen sind überfordert in dem Maße, wie Eltern ihren Erziehungsaufgaben nicht mehr nachkommen. Doch eine intensive, einfühlende Betreuung jedes einzelnen Schülers ist angesichts der Klassengrößen und der oft gehäuften Problemfälle in manchen Stadtvierteln so gut wie unmöglich. Kinder und Jugendliche, die sich nicht angenommen fühlen, sind an der Schule dann nur noch schlecht oder gar nicht mehr zu führen. Die Berliner Rütli-Schule wurde zum Synonym für schulische Gewalt, Verzweiflung und Verwahrlosung – ein Extremfall, aber längst kein Einzelfall. Christine Richter erkannte aber auch, dass sie selbst demnächst zu jener Gruppe der älteren Menschen gehören würde, die gesund und leistungsfähig sind und in ihrem meist Jahrzehnte währenden Ruhestand eine sinnvolle Tätigkeit brauchen. Deshalb entschloss sie sich, jungen Menschen etwas zu geben, was sie heute nur noch selten erleben können: Wärme, Nähe, Gelassenheit und Zugewandtheit und die Möglichkeit, von der Lebenserfahrung Älterer zu lernen.

Im Jahr 2001 gründete sie den Verein »Seniorpartner in School« (SIS), der es sich zur Aufgabe macht, Kindern und Jugendlichen in den Schulen zu helfen, ihre Konflikte gewaltfrei zu lösen und ihre persönliche und soziale Kompetenz zu stärken. Das erreichen die Seniorpartner durch Mediation, Konfliktschlichtung und längerfristige Begleitung der Jugendlichen. Zunächst erhalten die Freiwilligen eine intensive Schulung über die Grundlagen der Schulmediation und verpflichten sich anschließend, für 18 Monate den Verein zu unterstützen. Der Einsatz umfasst in der Regel zehn Stunden pro Woche und erfolgt im Zweierteam. Inzwischen gibt es mehr als 500 solcher Konfliktschlichter in acht Bundesländern. Sie sind an bestimmten Tagen von der ersten Pause bis zum Unterrichtsschluss in den Schulen als »Konfliktambulanz« präsent und können von Schülern und Lehrern angesprochen werden.

Erika Gerlach besucht als Seniorpartnerin ein- bis zweimal pro Woche eine Berliner Gesamtschule. Die über 70-Jährige hat vier Jahrzehnte als Friseurmeisterin gearbeitet. »Ich habe zwei Töchter erzogen und 30 Lehrlinge betreut. Als Kriegskind habe ich zwar keine gute Schulbildung, aber Lebenserfahrung«, sagt sie. Die Probleme, die an sie herangetragen werden, sind höchst unterschiedlich. Manchmal geht es darum, zwischen zwei Streithähnen zu vermitteln, ein anderes Mal geht es um Mobbing, um verletzte Gefühle oder um Probleme im häuslichen Bereich. In jedem Fall hört Erika Gerlach immer beide Seiten an, versucht, sich einzufühlen, zu verstehen und zu vermitteln. »Es ist aber auch schon vorgekommen, dass ich eine Schülerin einfach in den Arm genommen habe.« Die ganz großen Erfolge erhofft sie sich zwar nicht, glaubt aber, dass bei jedem wenigstens ein Satz im Leben hängen bleibt. »Und vielleicht kommt der ja von mir.« Der Seniorpartnerin ist klar, dass sie nicht in jedem Fall helfen kann, doch für sie ist es befriedigend genug, wenn sie etwas von ihren Erfahrungen zurückgeben kann – mit jenem Abstand, der nötig ist, um Menschen und Situationen besser zu verstehen. Das Gefühl, gebraucht zu werden, hat sie auch, wenn ihr Dienst nicht permanent in Anspruch genommen wird: »Hauptsache, die Schüler wissen, dass im Falle eines Falles jemand da ist, dem sie vertrauen können.«[91]

Informationen und Kontakt:
www.seniorpartnerinschool.de

Übergänge möglich machen

Längst nicht mehr garantiert der Bildungsabschluss allein den gelungenen Einstieg in ein Berufsleben. Für einen erfolgreichen Übergang von der Schule in die Arbeitswelt brauchen die jungen Menschen heute viel Mut, Ausdauer und Eigeninitiative. Nicht jeder Jugendliche ist dazu in der Lage und nicht jeder findet geeignete »Kümmerer«, die ihn auf diesem entscheidenden Weg unterstützen, beraten und begleiten. Diese Art der Unterstützung ist natürlich ganz besonders wichtig für Jugendliche ohne Schulabschluss. Sie sind auf dem heutigen Arbeitsmarkt faktisch chancenlos, das hat auch der jüngste Bildungsbericht der Bundesregierung festgestellt. Zwar hat es schon immer Jugendliche ohne Bildungsabschluss gegeben, doch im Gegensatz zu früher ist Ausbildungslosigkeit heute quasi immer mit Arbeitslosigkeit verknüpft.

Mehr als 10 Prozent aller 15- bis 25-Jährigen waren im Jahr 2010 ohne Job, fast alle hatten weder einen Schulabschluss noch einen Berufsabschluss. Selbst wenn die Jugendarbeitslosigkeit hierzulande noch niedriger ist als im OECD-Durchschnitt[92], ist die Lage alles andere als hoffnungsvoll.

In der Öffentlichkeit wird seit längerem diskutiert, wie mit solchen »bildungsfernen« Jugendlichen, die durch die sozialen Sicherungssysteme aufgefangen werden müssen, umzugehen ist. Inzwischen gibt es vielerlei staatliche Maßnahmen, um Jugendlichen ohne schulischen oder beruflichen Abschluss irgendwie doch noch den Weg in die Arbeitswelt zu weisen. In den Arbeitsagenturen etwa stellt man ihnen gleich mehrere Vermittlungsexperten zur Seite. Oder sie landen in einer endlosen Schleife an Förderprogrammen oder Berufsorientierungsseminaren. Nur allzu oft steht der Nutzen solcher Bemühungen in krassem Gegensatz zu ihrem Aufwand. Diese jungen Menschen einfach abzuschreiben ist weder volkswirtschaftlich zu verantworten noch dem sozialen Frieden zuträglich. Die »Abgehängten« selbst geraten in dauerhafte Abhängigkeit vom Staat und können keine freien Entscheidungen mehr treffen. Und die Gesellschaft ist gezwungen, viel Geld für Vermittlungen, Wiedereingliederung und Resozialisierungsmaßnahmen auszugeben. Engagierte Bürger, die sich frühzeitig um diese vermeintlich perspektivelosen jungen Menschen kümmern, können die Chancen der nächsten Generation merklich verbessern. Indem sie Jugendlichen das Rüstzeug für den Start ins Berufsleben mitgeben, ermöglichen sie ihnen die Teilhabe an der Gesellschaft und verhindern finanzielle Belastungen, die letztlich alle zu tragen haben.

Ein Beispiel: Im bayerischen Wolfratshausen hat sich schon vor gut zehn Jahren eine lokale Bürgergruppe das Ziel gesetzt, benachteiligten Jugendlichen Unterstützung zu geben, damit sie ihren qualifizierten Hauptschulabschluss schaffen und damit eine Chance auf dem Arbeitsmarkt haben. Der Verein Arbeit für Jugend e. V. hat mittlerweile über 400 Jugendliche betreut und auf einen guten Weg gebracht. Mehr als die Hälfte der Ausbildungscoachs ist im Ruhestand. Sie haben ausreichend Zeit und Erfahrung, um mit den Jugendlichen zu lernen, ihnen beim Schreiben der Bewerbungen zu helfen und Vorstellungsgespräche einzuüben. Die Ausbildungscoachs vereinbaren mit den Jugendlichen Ziele und ermutigen sie, an ihren persönlichen Erfolg zu glauben und etwas dafür zu tun. Viele Coaches gehen mit ihren Schützlingen auch mal ins Kino, zum Eisessen oder zum Wandern in die Berge. Und wenn die Jugendlichen einen Ausbildungsplatz gefunden haben, bleiben sie so lange in der Obhut ihrer Betreuer, bis sie sich wirklich in die Arbeitswelt integriert haben. Im vergangenen Jahr haben von 42 Schülern, die sich für das Coaching entschieden haben, nur zwei aufgegeben. Von den verbliebenen 40 Jugendlichen haben 31 auf Anhieb einen Ausbildungsplatz bekommen. Die restlichen neun Jugendlichen wiederholten die 9. Klasse oder besuchten eine berufsvorbereitende Bildungsmaßnahme. Seit der Verein Arbeit für Jugend aktiv geworden ist, liegen die Erfolgsquoten der Teilnehmer für den bestandenen Schulabschluss und die Vermittlung einer Ausbildungsstelle bei rund 70 Prozent. Ein respektables Ergebnis, auch deshalb, weil in das Coaching-Projekt nur die »Sorgenkinder« aufgenommen werden – Schüler, die einen Notendurchschnitt von 3,5 und schlechter haben.

Information und Kontakt:
www.arbeit-fuer-jugend.de

Weil wir im Leben Glück hatten ...

Klaus Kaestner, Hannes Moorman und Wolfgang Storm, alle drei über 70 Jahre alt, haben jede Woche einen festen Termin im Neu-Isenburger Jugendzentrum. Dort treffen sie Elena aus Kirgistan, Liwam aus Eritrea und Serge aus Kamerun. Die Jugendlichen sind zwischen 16 und 19 Jahre alt und haben ähnliche Wünsche: Sie wollen in ihrem Leben vorankommen, die Schule mit guten Noten schaffen, einen guten Ausbildungsplatz finden, endlich fließend Deutsch sprechen, ihre Englischkenntnisse verbessern, die Mathe-Prüfung schaffen, ihre neue Heimat besser verstehen. Sie wollen lernen, worauf es im Berufsleben wirklich ankommt, und das wissen die drei Senioren ziemlich gut. In ihren Berufsjahren haben sie als Exportmanager, Verkaufsleiter und Rechtsanwalt gearbeitet. Sie haben ihre eigenen Kinder durch Schule und Ausbildung manövriert. Und sie kennen sich aus damit, wie man sich Ziele setzt und sie erreicht. Kaestner, Moormann und Storm sind drei von insgesamt 20 Freiwilligen der Initiative »Alt hilft Jung«. Als das Patenschaftsprojekt im Jahr 1997 gegründet wurde, war es eines der ersten dieser Art in Deutschland. Inzwischen finden sich ähnliche Initiativen in nahezu jeder Stadt. In ihren Anfangszeiten suchte die Initiative Alt hilft Jung vor allem Ruheständler mit guten Beziehungen zu Unternehmen, um den Lehrstellenbewerbern durch persönliche Empfehlungen einen Ausbildungsplatz zu verschaffen. Aber rasch stellte sich heraus, dass damit kaum einem jungen Menschen zu helfen ist. Die Fitten fanden ihren Ausbildungsplatz ohne Hilfe, die Schwachen brauchten weit mehr als einen soliden Fürsprecher. Klaus Kaestner war von Anfang an dabei. Nach seiner Pensionierung suchte er eine Aufgabe, bei der er Einfluss auf sein direktes Umfeld nehmen kann. Als er zu »Alt hilft Jung« kam, nahm er sich vor, einen Jugendlichen pro Jahrgang in die Ausbildung zu bringen. Ein Ziel, das nur zu erreichen ist, wenn man die jungen Menschen fit für die Ausbildungsplätze macht und sie auch noch während der Ausbildung begleitet.

Um diese Aufgaben bestmöglich zu bewältigen, besuchen die Freiwilligen in Neu-Isenburg regelmäßige Fortbildungen und Vorträge. Einmal im Monat treffen sich die Ehrenamtlichen und die Hauptamtlichen der Initiative zum Erfahrungsaustausch. Die Erfolgsquote ist ebenso hoch wie beim Wolfratshausener Patenschaftsmodell: Etwa zwei Dritteln der Jugendlichen gelingt ein vorzeigbarer Schulabschluss, und sie finden einen Ausbildungsplatz. »Es braucht Zeit, bis man den jungen Menschen vermittelt hat, dass sie nur mit eigenem Willen etwas aus sich machen können«, sagt Wolfgang Storm. »Aber es macht unheimlich Spaß zu sehen, wie sie sich dann entwickeln.«[93] Sandro zum Beispiel: Der Junge galt bei seinen Lehrern an der Hauptschule als hoffnungsloser Fall

– schlechte Leistungen, rüpelhaftes Verhalten, völlig desinteres-
siert am Unterricht. Als er zu Alt hilft Jung kam, war er bereits in
die Förderschule abgerutscht. Mit endloser Geduld, intensiver Zuwendung aber auch Autorität hat ihn sein Schulpate aus der Abwärtsspirale geholt. Sandro ging zurück zur Hauptschule, glänzte
mit vorbildlichem Sozialverhalten und einem sehr guten Abschluss
und fand schließlich bei einer Heizungs- und Sanitärfirma seinen
Wunschausbildungsplatz. Junge Menschen brauchen eben mehr als
Wissen, um sich zu entwickeln. Sie brauchen Bezugspersonen, die
sie motivieren und ihnen Mut machen. Sie brauchen Einfühlung
und seelische Unterstützung, damit sie nicht resignieren und vorzeitig aufgeben. Und sie brauchen Menschen, die sie fordern und
die ihnen ein Stück weit Vorbild sein können. All diese Bedürfnisse können die meisten Lehrer und auch viele Eltern nur bedingt
befriedigen. Wohl aber ältere Menschen mit ihrem reichen Schatz
an Lebenserfahrung, Menschenkenntnis und Zeit. »Ich nenne das,
was ich hier mache, Lebenshilfe«, sagt Klaus Kaestner. »Das ist
mein gesellschaftlicher Beitrag.« Und Wolfgang Storm ergänzt:
»Ich will etwas zurückgeben, weil ich im Leben Glück gehabt habe:
mit der Erziehung, dem Beruf und der Gesundheit.«[94]

Informationen und Kontakt:
www.jugendbuero.neu-isenburg.de

Die neue Lust am Miteinander
Im Sinne des bürgerschaftlichen Engagements bedeutet Patenschaft, sich um einen anderen Menschen zu kümmern, der aus
einem anderen Sozialmilieu kommt und zumeist auch in schwierigen Lebenssituationen steckt. Die Idee zu solchen örtlichen Partnerschaften stammt ursprünglich aus Amerika und ist gut hundert Jahre alt. Damals nahmen sich einige Bürger in den Städten
an der Ostküste Straßenkindern an, um sie vor Kriminalität und
Ausgrenzung zu bewahren. Heute sind solche Patenschaften im
angelsächsischen Raum weit verbreitet und bestens organisiert.
In Deutschland hat sich die Idee der örtlichen Patenschafts- oder

Mentorenmodelle erst vor etwa 15 Jahren allmählich durchgesetzt. Inzwischen gibt es etwa 200 Vereine oder Initiativen, die sich um die Vermittlung kümmern. Dabei werden vielerlei Bedarfslagen adressiert, ob als Schul- oder Lesepate, Hausaufgabenbetreuer oder Patenoma, Bewerbungstrainer, Jobmentor oder Familienpate. Fraglos, dass diese Freiwilligendienste für Menschen in mehr oder weniger gravierenden Notlagen von unschätzbarem Wert für unser Sozialsystem sind. Allerdings taucht gelegentlich auch die kritische Frage auf, ob und wie diese Form der Unterstützung nachhaltige Wirkung zeigt.

Die Forschungen zu diesem Thema kommen zu differenzierten Ergebnissen, die zusammengefasst lauten: Ja, aber …

Wissenschaftler, die sich mit der Widerstandsfähigkeit von Kindern und Jugendlichen gegenüber psychischen Risikofaktoren beschäftigen, wissen schon seit Jahren, welchen Wert ein fürsorglicher Erwachsener außerhalb der Familie hat, der das Leben eines jungen Menschen begleitet. Solche Paten tragen mit dazu bei, dass Heranwachsende belastende Umstände in ihren Familien überwinden und einen sozialen Aufstieg verwirklichen können. Jugendliche, die von einem solchen Mentor unterstützt werden, so zeigen Studien, gehen regelmäßiger zur Schule, trinken weniger Alkohol oder werden weniger häufig kriminell.[95] Zum Kreis dieser Mentoren zählen entfernte Verwandte, Nachbarn, Lehrer, Trainer aus Sportvereinen oder andere Ehrenamtliche.

Diese Ergebnisse werden auch von neueren Untersuchungen bestätigt, die sich speziell mit Mentorschaft als Form des Freiwilligenengagements beschäftigen. Die von Paten betreuten Jugendlichen zeigten deutlich bessere schulische Ergebnisse, eine höhere Selbstverantwortung und ein besseres Sozialverhalten als eine unbetreute Kontrollgruppe.[96]

Entscheidend für den Erfolg einer Patenbeziehung ist allerdings, wie und unter welchen Bedingungen sie geführt wird. Das »Herzstück« einer Patenschaft ist der Aufbau einer starken persönlichen Verbindung zwischen den beiden Beteiligten, die von Empathie, Vertrauen und Wertschätzung getragen ist. Eine weitere Rolle spielt die Dauer der Beziehung. Hält sie sich über ein Jahr hinaus, sind die positiven Effekte, etwa hinsichtlich des Selbstwertgefühls oder der schulische Leistungen, wesentlich stärker.

Gravierend sind allerdings auch die Folgen eines vorzeitigen Abbruchs der Patenschaft. Die gescheiterte Beziehung kann das Selbstwertgefühl des Betreuten erheblich erschüttern und im schlimmsten Fall als Ablehnung der eigenen Person verstanden werden. Solch eine Verlusterfahrung kann Heranwachsende zutiefst erschüttern – besonders dann, wenn sie in einer schwierigen sozialen Lage sind. Eine Patenschaft für andere Menschen zu übernehmen sollte also nicht einfach aus einem Impuls des Helfens heraus geschehen, sondern wohl überlegt sein. Eine solche Beziehung braucht Kontinuität, Verlässlichkeit, Toleranz – und nicht zuletzt eine professionelle Begleitung, die bei Konflikten hilft und dafür sorgt, dass die Kümmerer und Betreuten zueinander passen. Letztlich sollten sich auch alle Beteiligten darüber im Klaren sein, das Patenschaften nur ein, wenngleich ein wichtiges, Steinchen im Mosaik der Lebenschancen eines jungen Menschen sind. Als Allheilmittel gegen die strukturellen Mängel von Bildungseinrichtungen und Arbeitsmarkt taugen sie nicht – wohl aber als persönlicher Beitrag, der einem jungen Menschen positive Perspektiven gibt und seine Zuversicht in die Zukunft stärkt.

Arbeit für Nachbarn

Arbeitslosenstatistiken bestehen aus Zahlen. Aber die Menschen dahinter wohnen gleich nebenan. Um arbeitslosen Menschen in der Nachbarschaft zu helfen, gründete der pensionierte Siemens-Direktor Hellmut Steffens in der Kleinstadt Königsbrunn bei Augsburg 1994 die Initiative »Arbeit für Nachbarn«. Unter seinen ehemaligen Kollegen, die ebenfalls in Ruhestand waren, fand er 15 Mitstreiter, mit denen zusammen er Langzeitarbeitslose und Jugendliche ohne Job bei der Suche nach einem Arbeits- oder Ausbildungsplatz unterstützen wollte. Anfangs war die Resonanz gering, doch die engagierten Ruheständler hatten ihr Leben lang gelernt, mit Niederlagen umzugehen und warben weiterhin für ihre Idee. Mit Erfolg: schon das erste Jahr brachte von 44 jungen Arbeitslosen je zwölf in eine Ausbildungs- oder Arbeitsstelle. Ähnlich positiv waren die Ergebnisse bei Langzeitarbeitslosen. Seit nunmehr 15 Jahren funktioniert dieses Ausgangsprojekt erfolgreich und ist Vorbild für ähnliche Projekte in Nachbargemeinden. Steffens führt die Kontinuität seiner Initiative im Wesentlichen auf drei Aspekte zurück. Erstens hat er das Projekt als »Partnerschaft der Generationen« in die Lokale Agenda 21 eingebunden und damit gewissermaßen institutionalisiert. Zweitens rät er allen, die ein ähnliches Projekt in Angriff nehmen wollen, im eigenen Familien- und Bekanntenkreis nach Mitstreitern zu suchen, die dann wiederum ihre privaten Kontakte aktivieren. Solche privaten Netzwerke erleichtern die Kommunikation und erweisen sich als zuverlässig und dauerhaft. Und drittens kommt es darauf an, das in seiner Gesamtheit erdrückende Problem der Arbeitslosigkeit auf überschaubare Dimensionen herunterzubrechen. In Königsbrunn, einer Gemeinde von 25 000 Einwohnern, wird die Arbeitslosenstatistik inzwischen nach einzelnen Gemeindesprengeln ausgewiesen. Damit gehen die Betroffenen nicht in der anonymen Masse unter, sondern stehen als Nachbarn in direkter Beziehung zu den möglichen Unterstützern. »So bekommt Arbeitslosigkeit ein Gesicht«, sagt Hellmut Steffens. »Wir lernen Menschen, Schicksale und gegenseitige Abhängigkeiten kennen, die wir sonst nie in unser Weltbild einbezogen hätten. Schließlich ist es für viele von uns wichtig, wenigstens einen kleinen Beitrag selbst zu leisten, statt alles immer nur vom Staat oder von anderen einzufordern.«[97]

Informationen und Kontakt:
www.buendnis.augsburg.de

Riskanter Arbeitsmarkt

Bildung, Qualifikation und Anschluss an den Arbeitsmarkt sind nicht nur für junge Menschen ein zentrales Thema, sondern über alle Altersstufen hinweg die entscheidenden Faktoren für soziale Teilhabe. Arbeitslosigkeit kann heute jeden treffen. Zwar ist das

Risiko, den Job zu verlieren, für Höherqualifizierte deutlich niedriger, als für Geringqualifizierte. Doch es ist längst keine Ausnahme mehr, wenn gut ausgebildete Jungakademiker oder Berufserfahrene sich schwer tun, einen neuen Job zu finden. Immer mehr junge Menschen suchen nach der Ausbildung erstmal vergeblich nach einer festen Stelle. Und auch für erfahrene Erwerbstätige ist die Festanstellung in einem Unternehmen kaum mehr ein dauerhaft sicherer Hafen. Laut der Bundesagentur für Arbeit arbeiten heute nur noch 55 Prozent der deutschen Erwerbstätigen in einem sozialversicherten und unbefristeten Vollzeitjob. Mitte der 1990er Jahre waren noch 66 Prozent der Arbeitnehmer regulär beschäftigt.[98] Dagegen nimmt die Zahl der nicht regulären Beschäftigungsverhältnisse, wie Zeit- und Leiharbeit, befristete Stellen, Teilzeitarbeit und geringfügig bezahlte Jobs beständig zu. Das heißt, dass sich immer mehr Menschen auf Brüche im Lebenslauf und Phasen der Überbrückung einstellen müssen. Auch die anhaltend hohe Zahl der derzeit 2,2 Millionen Langzeitarbeitslosen belegt, dass es heute alles andere als einfach ist, einen Job zu finden, der für dauerhaftes Auskommen sorgt.

Viele Menschen erleben die Zeit ihrer Arbeitslosigkeit eher passiv und als anwachsenden Leidenszyklus. Nicht nur das fehlende Geld lässt sie allmählich in eine lähmende Resignation abgleiten, sondern auch der Verlust an gesellschaftlicher Anerkennung und sozialen Kontakten. Der Gedanke, nicht mehr gebraucht zu werden, nagt am Selbstwertgefühl, man fühlt sich als Versager, entwickelt Schuldgefühle und Ängste unterschiedlicher Art. Wer Glück hat, findet Zuspruch und Halt im privaten Umfeld – Menschen mit denen man über seine Ängste und Zweifel reden kann. Diese psychische Problembewältigung ist für die meisten Arbeitslosen mindestens genauso wichtig wie die Unterstützung von amtlicher Seite. Der Fallmanager in der Arbeitsagentur ist wohl kaum der Mensch, vor dem man sein zerrüttetes Innenleben nach außen kehren möchte, ganz abgesehen davon, dass dafür gar keine Zeit ist. Ebenso unwahrscheinlich ist, dass in einem offiziellen Vermittlungsprozess intensiv darüber geredet wird, welche Wünsche,

Bedürfnisse, Talente oder gar Träume der Arbeitssuchende realisieren möchte. Doch genau bei dieser Erkundung der inneren Ressourcen finden sich oft ungeahnte Schätze, die sich gut zu Markte tragen lassen. Mit diesem Rüstzeug gewappnet nimmt auch das positives Lebens- und Selbstwertgefühl der Arbeitslosen wieder zu. Und seine Entschlossenheit, sich die Arbeitswelt zurückzuerobern.

An diesem Punkt setzt eine Initiative engagierter Bürger an, die innerhalb von kaum zehn Jahren die Form einer bundesweiten Bewegung angenommen hat. Mittlerweile engagieren sich im Verein »Management für Arbeit« über 650 sogenannte Jobpaten ehrenamtlich an bundesweit 44 Standorten. Viele von ihnen sind Führungskräfte im oder kurz vor dem Ruhestand, die sich bestens in Personalfragen auskennen und ihre langjährig erworbenen Erfahrungen und Kompetenzen nicht brach liegen lassen wollen.

Zu ihnen gehört Günther Schamel, selbständiger Personalberater in Mannheim. Obwohl der Mittfünfziger mit seinem eigenen Unternehmen noch genug zu tun hat, nutzt er seine freie Zeit, um Arbeitslose zu coachen und sie aus ihrem »schwarzen Loch« herauszuholen. »Die Verunsicherung dieser Menschen ist oft so groß, dass sie gar nicht mehr wissen was sie wollen oder können«, erzählt Schamel.[99] Bei der Beratung geht es deshalb in erster Linie darum, die Stärken des Klienten herauszuarbeiten. Natürlich nimmt der Personalexperte auch die Bewerbungsunterlagen genau unter die Lupe, weist auf Fallstricke beim Vorstellungsgespräch hin und gibt Tipps für einen wirkungsvollen Auftritt. Im Mittelpunkt der Beratung steht allerdings die Freilegung der verschütteten Talente, Ressourcen und Leidenschaften des Arbeitsuchenden. Wofür brenne ich? Worin bin ich wirklich stark? Welche Arbeit füllt mich aus und macht mir Freude? Um Antworten auf diese Fragen zu finden, nimmt sich Schemel viel Zeit und entwickelt kreative Ideen – von der gemeinsamen Werksführung bis zum Museumsbesuch. Ein Einsatz, der sich lohnt, meint der Mannheimer Jobpate: »Sobald dieser Groschen gefallen ist, kommen die meisten Klienten richtig in Fahrt. Diesen Menschen den Glauben an sich selbst zurückzugeben und zu sehen, wie sie dann mit ihrer Jobsuche erfolgreich sind, ist für mich der Mühe Lohn.«

Das Modell des Jobpaten kommt ursprünglich aus Holland und wurde 1999 vom Diakonischen Werk Fürstenwalde aufgegriffen, um arbeitslose Menschen im strukturschwachen Ostdeutschland zu unterstützen. Mittlerweile haben die Freiwilligen von Management für Arbeit fast 1600 Menschen beraten, ein Drittel davon konnte erfolgreich vermittelt werden. Besonders reizvoll ist für viele Jobpaten, dass ihr Engagement ihnen große Freiräume lässt. Sie können sich die Klienten selbst aussuchen, können so viel Zeit investieren, wie sie möchten und können selbst entscheiden, wie sie beim Coaching vorgehen. Verbindlich ist lediglich ein »Ehrenkodex«, der dazu verpflichtet, die aufgenommene Jobpatenschaft zu Ende zu führen und die Würde und freie Entscheidungsmöglichkeit jedes Ratsuchenden zu respektieren.

Mit dem Jobpaten steht dem Arbeitssuchenden jemand zur Seite, der dessen positive Seiten herausarbeitet, Optimismus aufbaut und ihnen auch bislang ungeahnte Möglichkeiten erschließt. »Menschen, die länger arbeitslos sind, verlieren oft den Schwung, berufliche Alternativen auszuloten«, sagt Ulrich Bender.[100] Der ehemalige Unternehmer ist Jobpate und Koordinator des Patenmodells in Lippe/Ostwestfalen. Der studierte Wirtschaftswissenschaftler weist seine Klienten immer wieder darauf hin, dass sie auch in Erwägung ziehen sollten, ihre aktuelle berufliche Sackgasse mit einer Selbständigkeit zu beenden. Eine seiner Arbeitsuchenden, eine 40-jährige Alleinerziehende, die sich selbst quasi als hoffnungslosen Fall betrachtete, ist diesen mutigen Weg erfolgreich gegangen. Bender knüpfte an ihre guten Arabischkenntnisse an, entwickelte mit ihr einen Geschäftsplan für ein Übersetzungsbüro und akquirierte mit ihr gemeinsam bei der örtlichen IHK Adressen von Unternehmen mit Geschäftsbeziehungen in arabische Länder. »Heute kann diese Frau sehr gut von ihren Aufträgen leben und ist voller Tatendrang und Selbstbewusstsein«, erzählt Ulrich Bender. Er ist überzeugt, dass durch die Arbeit der

Jobpaten, so manches persönliche Desaster verhindert werden konnte. Wenn Arbeitslose lernen, ihre unfreiwillige Auszeit nicht als niederschmetternden Schicksalsschlag, sondern als Chance zur persönlichen Veränderung zu sehen, können sie ungeahnte Energien freisetzen. Und wenn ihnen dabei ein lebenserfahrener Jobpate zur Seite steht, sind die Aussichten auf eine erfolgreiche berufliche Neuorientierung umso besser.

Informationen und Kontakt:
Diakonisches Werk Berlin-Brandenburg-schlesische Oberlausitz e. V.
DWBO-Initiative »Arbeit durch Management/PATENMODELL«
Tel. 0 30–68 08 85 11
mail@patenmodell.de
www.patenmodell.de

Engagiert mit Patenschaften

Wer sich in einer Patenschaft bürgerschaftlich engagieren will, sollte sich an ein Vermittlungsbüro wenden, das den Paten mit einem dazu passenden Patenschaftsbewerber zusammenbringt. Viele Vermittlungsbüros sind lokale Anlaufstellen der großen Wohlfahrtsorganisationen wie Caritas, Diakonie, AWO, Deutscher Kinderschutzbund, oder sie gehören zu den Netzwerken der Freiwilligenagenturen und Seniorenbüros. Die übrigen entstanden durch reine Privatinitiativen oder wurden von lokalen Institutionen wie Gemeindeverwaltungen ins Leben gerufen.

Die örtliche und aktive Kinderpatenschaft beschränkt sich nicht auf Lernpatenschaften. Auch zum Spielen, Vorlesen oder anderen Freizeitaktivitäten werden Patenschaften vermittelt – ein weites Betätigungsfeld, für das ältere Menschen dringend gebraucht werden.

Bei den rund 100 Lokalorganisationen und -projekten, die in Deutschland Leihomas, Leihtanten und mitunter auch Leihopas vermitteln, gibt es oft lange Wartelisten für Kinder, die sich einen Paten wünschen.

www.leihomas-leihopas.de

Nach dem amerikanischen Vorbild »Big Brothers Big Sisters« hat die Deutsche Kinder- und Jungenstiftung ein eigenes Patenmodell aufgebaut: »biffy – Big Friends for Youngsters«.
Dabei unternehmen Pate und Patenkind regelmäßig etwas, das Spaß macht und sonst im Alltag des Kindes zu kurz kommt. Sei es Fußball spielen, Kuchen backen, ein Museum besuchen oder das Fahrrad reparieren – und über die großen und kleinen Fragen des Lebens plaudern.

www.biffy.de

Bei einer Familienpatenschaft kümmert sich der Pate regelmäßig um eine junge Familie mit kleinen Kindern. Aus den verschiedensten Gründen haben es diese Familien besonders schwer, mit dem täglichen Leben und der Kindererziehung zurechtzukommen. Die Paten helfen den Eltern mit Rat und Tat bei der besseren Bewältigung ihrer Alltags- und Erziehungsprobleme.

»Wellcome« ist ein Unterstützungsangebot, das sich speziell an Familien und Mütter mit einem Neugeborenen in den ersten Lebensmonaten richtet. Mehrmals in der Woche kommen die ehrenamtlichen Mitarbeiterinnen in die Haushalte, kümmern sich um die Babys oder die Geschwister und helfen den Müttern bei der Bewältigung des Alltags.

Tel. 0 40–2 26 22 97 20
www.wellcome-online.de

Jobpaten begleiten und unterstützen Jugendliche vor oder während ihres Übergangs ins Berufsleben oder beraten Erwachsene bei ihrer Jobsuche.

Einen guten Überblick über verschiedene Patenschaftsmodelle gibt die Datenbank für Aktivpatenschaften, in der man über die Eingabe der Postleitzahl Vermittlungsbüros in Ortsnähe finden kann.

www.patenschaften-aktiv.de

2. Pflege- und Gesundheitssystem: Patienten brauchen mehr als Medizin und Pflege

»Grundsätzlich sind die Menschen ebenso helfens-bedürtig wie hilfe-bedürftig, was sie fundamental zu Beziehungswesen macht.«
(Klaus Dörner)

Bloß nicht ins Heim!

Der Ginkgo-Baum gilt in seinem Heimatland Japan als Symbol für Hoffnung und ein langes Leben. Im hessischen Langen ist er Namensgeber eines Wohnprojekts, in dem die Hoffnung auf ein langes Leben mit den damit verbundenen Schattenseiten zusammengedacht wird. Im »Ginkgo-Haus« können die Bewohner in allen Stadien des Alters, also auch wenn sie hilfs- oder pflegebedürftig werden, in ihrer gewohnten Umgebung bleiben. In der Wohngemeinschaft leben 30 rüstige Senioren im Alter zwischen 62 und 86 mit einer Gruppe von zehn ambulant betreuten Demenzkranken unter einem Dach. Die Demenzgruppe, betreut von einer Präsenzkraft und mehreren ambulanten Pflegekräften, wohnt in Einzelzimmern und teilt sich einen großen Gemeinschaftsbereich für das Zusammenleben beim Kochen, Singen und Spielen. Die anderen Bewohner leben in Appartements und sind durch ihr freiwilliges Engagement eng mit der Demenz-Wohngemeinschaft verbunden. »Die jüngeren Alten helfen den Hochbetagten, gemeinsam kümmern sich alle etwa 40 Stunden in der Woche um unsere Demenzkranken«, sagt der Initiator der Projekts, Egbert Haug-Zapp. Als der ehemalige Pfarrer und Journalist 2001 vor der Pensionierung stand, überlegte er gemeinsam mit zwei Bekannten, wie sie bis ins hohe Alter hinein wohnen und leben wollten. Im Fall einer Pflegebedürftigkeit wollten sie ihren Kindern nicht zur Last fallen, so viel war klar. Aber ebenso klar war ihnen auch, dass sie dann nicht aus ihrer vertrauten Umgebung herausgerissen und anonym in einem Pflegeheim untergebracht werden wollten. Diesen Wunsch teilen wohl die meisten, die über ihr Leben im Alter nachdenken: nicht allein, nicht ins Heim und nicht bei den Kindern. »Für ein würdevolles und individuelles Leben auch als Hochaltrige erschien es uns notwendig, möglichst frühzeitig einen erweiterten Generationsvertrag zu verabreden – zwischen den mobilen Alten und den Hochbetagten.« Um diesen Hilfemix zu realisieren, gründete Haug-Zapp den Verein »Ginkgo-Haus«, der gemeinsam mit einer Wohnungsbaugesellschaft das Wunschdomizil errichtete. Die Gemeinschaft funktionierte von Anfang an gut. »Vom Zusammenleben profitieren alle«, sagt Egbert Haug-Zapp. Wer noch Auto fährt, nimmt andere mit. Wer handwerklich begabt ist, hilft bei Reparaturen.

Auch für die Bewohner der integrierten Demenz-Wohngemeinschaft gestaltet sich der Alltag sehr viel angenehmer und abwechslungsreicher als im Heim. Große Einrichtungen mit ihren streng getakteten Betriebsabläufen machen Demenzkranke oft noch verwirrter, pflegebedürftiger und isolierter. Im Ginkgo-Haus ist möglich, was staatliche Reglementierung im Heim verhindert: Die dementen Bewohner leben in vertrauter Umgebung, können ihre alte Gewohnheiten erhalten und haben trotz strenger Pflegevorgaben so viele Freiräume wie möglich. Es gibt keine vorgegebenen Zeiten, jeder wird mit seinen persönlichen Eigenheiten respektiert. Jedes Zimmer ist mit eigenen Möbeln und Erinnerungsstücken ausgestattet.

Die Angehörigen können jederzeit zu Besuch kommen. Am wichtigsten aber sind die Aktivitäten, denen die Demenzkranken hier nachgehen können. Das Leben in der betreuten Wohngemeinschaft erlaubt und fördert die Beteiligung an allen Verrichtungen des Alltags – sei es die Zubereitung der Mahlzeiten, Putzen, Bügeln und Gartenarbeit oder der Einkauf gemeinsam mit einem Begleiter. Auch beim Spielen, Singen oder Erzählen mit ihren ehrenamtlichen Betreuern erhalten die Demenzkranken viele kleine Anregungen, ohne die sie geistig wohl rasch verfallen würden. Die bei Demenz üblichen Tendenzen zu Rückzug, Apathie und Depression kann durch die soziale Einbindung in die Wohngruppe weitgehend vermieden werden.

Diese Form der Integration kann die Demenz zwar nicht heilen, aber sie mildert den Schrecken und die Ohnmacht, die mit dieser Krankheit verbunden werden. In Deutschland sind derzeit etwa 1,1 Million Menschen an mäßiger bis schwerer Demenz erkrankt. Im Jahr 2050 werden es Prognosen zufolge zwei Millionen sein. Mit zunehmendem Alter steigt die Häufigkeit der Fälle. Mit 80 oder 85 Jahren liegt die Wahrscheinlichkeit bei etwa 10 Prozent, bei den über 90-Jährigen sind 35 Prozent betroffen.[101] Erfolgreiche medikamentöse Therapien oder Prophylaxe sind noch nicht in Sicht. Doch die Erfahrungen in den sich zunehmend verbreitenden Demenz-Wohngemeinschaften zeigen, dass das Krankheitsbild durch aktives Zusammenleben bei vielen Menschen verbessert oder zumindest stabilisiert werden kann.

Die gesunden Bewohner des Ginko-Hauses haben sich mittlerweile zu regelrechten Experten im Umgang mit Demenz entwickelt. In Langen organisieren sie unterschiedlichste Veranstaltungen zum Thema und arbeiten direkt mit dem Fachbereich Altenhilfe der Stadt zusammen. »Deshalb betrachten wir uns auch nicht als Lückenbüßer eines löchrigen Sozialetats, sondern als Fürsprecher der Demenzkranken und als Vorreiter gegenüber der Verwaltung«, so Egbert Haug-Zapp.

Noch wird die Mehrzahl der Demenzkranken in Heimen, psychiatrischen Einrichtungen oder von pflegenden Angehörigen betreut. Doch in Zukunft werden gemeinschaftliche Wohnprojekte wie das Ginkgo-Haus an Bedeutung gewinnen. Weil sie überzeugend zeigen, dass jüngere Alte und Hochbetagte belastbare

Allianzen schließen können, die Lebensqualität bis in die verletz-lichste Phase des Alterns möglich machen.

Lernt »dementisch«!

Thomas Klie, Soziologe, Rechtswissenschaftler und Pflege-experte an der Evangelischen Fachhochschule Freiburg, setzt sich für einen Pflegemix ein, bei dem Professionelle, Angehö-rige, Hilfskräfte und Ehrenamtliche zusammenwirken. Die zu erwartende Zunahme demenzieller Erkrankungen, so Klie in einem Interview mit der *Süddeutschen Zeitung*, sei nicht mit noch mehr Heimen zu begegnen, sondern nur mit einer sor-genden Gesellschaft: »Aus der Forschung zur Lebensqualität bei Menschen mit Demenz wissen wir, dass sie in ihrer Gegen-wart eine Umgebung vorfinden müssen, in der sie sich angeregt fühlen, sicher fühlen, in Kontakt mit anderen wissen und Zuwen-dung erfahren, wenn sie sie denn annehmen können. Unter sol-chen Bedingungen können Menschen mit Demenz durchaus erleben, was wir Glück nennen. Wir haben festgestellt, dass es bei Menschen mit Demenz ganz entspannte Situationen gibt, mit Genuss, mit dem Gefühl von Nähe und Lebendigkeit in der Begegnung. Wir müssen alle etwas »dementisch« lernen, so wie wir lernen müssen, Kinder zu verstehen oder Menschen aus anderen Kulturkreisen. Wir müssen wieder lernen, uns die sor-gende Seite für Menschen um uns herum zu eigen zu machen, sonst gibt es keine Zukunft in unseren Städten und Gemeinden. Menschen mit Demenz gehören in die Mitte unserer Aufmerk-samkeit, unserer Gesellschaft und unserer Sorge.«[102]

Pflegenotstand – und kein Ende?

Das Schreckgespenst des Pflegenotstands geistert seit Jahren re-gelmäßig durch die Presse. Es macht immer dann Schlagzeilen, wenn die neuesten Modellrechnungen des Statistischen Bundes-amts zum Pflegebedarf vorliegen. Jüngst ermittelten die Wiesbadener Statistiker, dass im Jahr 2030 insgesamt 3,4 Millionen und im Jahr 2050 sogar 4,5 Millionen Menschen Hilfe und Betreuung benötigen. Das wären doppelt so viele wie noch 2007. Verdoppeln würde sich dadurch auch der Bedarf an Pflegeheimplätzen, heute liegt er bei etwa einer Million. Deshalb sei künftig mit einem Engpass von mindestens 260 000 Pflegekräften zu rechnen.[103]

Die Wohlfahrtsverbände nehmen dieses alarmierende Szenario zum Anlass, riesige Investitionen in stationäre Altenheime zu fordern, und versuchen, entsprechende Pläne für die Pflegeversorgung mit Heimplätzen nach oben zu korrigieren. Diese Strategie überzeugt nicht, im Gegenteil, sie kann zu einer horrenden Fehlplanung führen, ganz abgesehen davon, dass weder das Geld für entsprechende Bauten noch das nötige professionelle Personal für die Einrichtungen vorhanden ist. Außerdem berücksichtigt diese Position nur, dass die Hochbetagten immer mehr werden, blendet aber völlig aus, wie und wo die Menschen im hohen Alter leben wollen. Im Pflegeheim jedenfalls wollen die wenigsten ihren Lebensabend verbringen. Ob die Nachfrage nach Heimplätzen in Zukunft wirklich so dramatisch steigen wird, darf deshalb bezweifelt werden. Längst erproben engagierte Bürger alternative Wohnformen für Ältere, die Hilfe und Pflege brauchen, so dass eher damit zu rechnen ist, dass die Pflege im Heim an Bedeutung verliert.

Tatsache ist allerdings, dass das Pflegerisiko jenseits des 80. Lebensjahrs deutlich zunimmt. Und dass die Zahl der über 80-jährigen Bundesbürger in den letzten 50 Jahren um 275 Prozent zugenommen hat.[104] Derzeit sind etwa 2,3 Millionen Menschen pflegebedürftig im Sinne des Gesetzgebers. Betroffen ist jeder fünfte der 80- bis 85-Jährigen und mehr als die Hälfte der 95-Jährigen. Bei sehr alten Menschen nimmt zudem die Schwere der Pflegeabhängigkeit zu.

Unsere Gesellschaft und unser Sozialsystem haben sich also darauf einzustellen, dass die Zahl der Pflegefälle und auch der Pflegekräfte trotz medizinischer Fortschritte markant ansteigen wird. Wie groß der Handlungsbedarf ist, zeigt ein Blick auf die verschiedenen Pflegesektoren.

Es gibt bei uns etwa 12 000 von den Pflegekassen anerkannte, Alten- und Pflegeheime, in denen rund 723 000 Pflegebedürftige stationär betreut werden.[105] Die Personalsituation in den Heimen ist äußerst angespannt, und um die derzeitige Lücke von 52 000 examinierten Pflegekräften notdürftig zu schließen, wird oft fachfremdes Personal angeworben. Knapp die Hälfte aller Pflegekräfte ist heute nicht für den Pflegeberuf ausgebildet. Der Arbeitsplatz im Pflegeheim scheint für das qualifizierte Personal nicht sonderlich attraktiv zu sein: zu hoch ist der Zeitdruck, zu stark die physische und psychische Belastung, zu schlecht die Bezahlung. Dass aus dieser Problemlage heraus Qualitätsdefizite beim Umgang mit Pflegebedürftigen entstehen, ist offensichtlich.[106]

Auch die insgesamt etwa 12 000 ambulanten Pflegedienste leiden unter Personalmangel und können deshalb ihren Betreuungsaufgaben oft nur unzulänglich nachkommen. Eine Studie ergab, dass mehr als die Hälfte aller ambulanten Pflegedienste mit Beschwerden ihrer Klienten konfrontiert sind.[107] Dies zeigt, dass sowohl die stationäre als auch die ambulante Pflege weder quantitativ noch qualitativ auf die steigende Pflegebedürftigkeit der Bevölkerung vorbereitet ist. Woher die Mittel zur Behebung dieser Schwächen kommen sollen, ist unklar. Schon heute liegen die jährlichen Ausgaben für stationäre und teilstationäre Pflege bei über 20 Milliarden Euro. Etwa zwei Drittel davon werden durch die Pflegeversicherung und die gesetzliche Krankenkasse aufgebracht. Das restliche Drittel entfällt auf die Privathaushalte.

Welche pflegerische Versorgung ist künftig machbar, notwendig und wünschenswert? Eine alternde Gesellschaft wie unsere muss dringend Antworten auf diese drängende Frage finden, zumal Pflegebedürftigkeit ein Ereignis ist, mit dem inzwischen fast alle Bürger hierzulande konfrontiert sind – ob im Familienkreis, bei Freunden, Nachbarn oder als selbst Betroffener.

Derzeit werden etwa 80 Prozent der Pflegefälle zu Hause betreut, überwiegend von Familienangehörigen.[108] Die drohende Betreuungskatastrophe wird nur dann zu verhindern sein, wenn das auch in Zukunft so bleibt. Denn ohne die Familienpflege wäre das

System der Pflegeversicherung schon längst zusammengebrochen. Noch stützen Familien wesentlich das Pflegesystem – doch es ist abzusehen, dass sich dies ändern wird. Familien werden immer kleiner und leben beruflich bedingt immer seltener in räumlicher Nähe.

Auch die Zahl der Single-Haushalte nimmt kontinuierlich zu: Von den über 70-Jährigen leben schon heute 56 Prozent allein, von den über 80-Jährigen 72 Prozent. Ob und in welchem Umfang Pflegebedürftige von Familienmitgliedern betreut werden, hängt auch stark davon ab, ob sie auf dem Land oder in der Stadt wohnen.[109] Der sechste Altenbericht der Bundesregierung verweist dabei auf frappierende Unterschiede: Hilfs- und Pflegebedürftige, die ohne Bekannten- oder Verwandtennetzwerk in der Stadt leben, werden wöchentlich nur neun Stunden lang betreut. Pflegebedürftige in ländlicher Wohnumgebung, die gemeinsam mit Angehörigen leben, können hingegen wöchentlich mit 84 Betreuungsstunden rechnen.

Wie sich diese Situation künftig entwickelt, ist offen, auch weil die Pflegebereitschaft von Angehörigen und Bekannten generell sinkt: 1997 waren knapp 60 Prozent dazu bereit, 2009 nur noch rund 45 Prozent, so eine Studie der Universität Hamburg.[110]

Es wird also immer deutlicher, dass die herkömmlichen familiären Pflegenetze nicht mehr so selbstverständlich sind wie früher. Gleichzeitig ist die reine Hauptamtlichkeit von Pflege in Heimen weder personell noch finanziell aufrecht zu halten. Vor allem aber lehnt die überwiegende Mehrheit der Bürger die Unterbringung ins Pflegeheim für sich ab. Das etablierte Pflegesystem und seine beiden Alternativen – Zuhause oder im Heim – bedürfen einer grundsätzlich veränderten Lastenverteilung.

Gute Pflege ruht auf viele Schultern

Hilfs- und Pflegebedürftige brauchen nicht nur eine Sauber-und-Satt-Versorgung, sondern in gleichem Maße Zuwendung, menschliche Nähe, Geborgenheit und Fürsprache. Pflege heißt auch, auf die Sorgen, Ängste, Hoffnungen und Erwartungen des Pflegebedürftigen einzugehen, seine soziale Teilhabe zu unterstützen und ihm das Zusammentreffen mit anderen zu ermöglichen. Dieser Anspruch richtet sich nicht nur an Angehörige und Pflegeprofis, sondern auch an die Nachbarschaft und an die Gesellschaft schlechthin. Schon heute sind freiwillig Engagierte aus der Altenpflege nicht mehr wegzudenken: Sie arbeiten in Einrichtungen der Wohlfahrtsverbände und Kirchengemeinden oder in lokalen Solidaritäts- und Selbsthilfeinitiativen. Ein beachtlicher Teil der pflegebedürftigen Menschen wird von ehrenamtlichen Betreuern begleitet, die ihnen seelischen Beistand geben und sich gegenüber staatlichen Instanzen für deren Bedürfnisse einsetzen.

Es gibt vielerlei Formen des bürgerschaftlichen Engagements in der Pflege. Zum Teil haben sie, wie etwa bei der Nachbarschaftshilfe, lange Traditionen. Gleichzeitig entwickeln sich aber auch viele neue Formen des Engagements. Doch trotz der Vielfalt werden nur etwa 11 Prozent der Haushalte mit pflegebedürftigen Personen durch freiwillig Engagierte unterstützt und dies für nur etwa eine Stunde pro Woche.[111] Offenbar ist die Beschäftigung mit Pflegebedürftigen vielfach noch mit Ressentiments verbunden. Dabei geht es beim freiwilligen Engagement im Pflegebereich weniger um Pflegeaufgaben im engeren Sinne, dafür sind meistens die Profis oder die Angehörigen zuständig. Im Mittelpunkt der ehrenamtlichen Unterstützung von Pflegebedürftigen stehen der soziale Kontakt, die emotionale Zuwendung und der Einsatz für deren Anliegen und Rechte. Aber auch bei der Unterstützung von pflegenden Angehörigen sind freiwillig Engagierte gefragt. Umfragen zeigen, dass sich viele der Angehörigen durch ihre Pflegearbeit belastet fühlen. Rund ein Viertel der Pflegenden gab an, kaum noch soziale Kontakte zu haben, fast die Hälfte der Befragten fühlte sich stark unter Druck.[112] Dass die Pflegenden immer öfter selbst Rentner sind, kommt als allgemeine Entwicklung noch erschwerend hinzu. Hier könnten ehrenamtliche Hilfen, etwa freiwillige Besucherdienste, Abhilfe schaffen. Davon profitieren nicht nur die Angehörigen, sondern auch die Engagierten selbst, besonders dann, wenn sie als Ältere mit dem

Thema Pflegebedürftigkeit früher oder später selbst konfrontiert sein werden.

Pflegebegleiter – Experten in der Nachbarschaft

»Weil ich bald in Ruhestand gehe, habe ich in letzter Zeit viel über das Leben im Alter nachgedacht. Dabei fiel mir immer meine Tante ein – und wie hilflos und verzweifelt sie war, als ihr Mann zum Pflegefall wurde.« Sabine Heinz wollte etwas gegen diese weit verbreitete Hilflosigkeit tun – und hat sich zur ehrenamtlichen Pflegebegleiterin ausbilden lassen.

Aus diesem ehemaligen bundesweiten Modellprojekt sind über 2300 Pflegebegleiter hervorgegangen. Bevor die Freiwilligen ihre anspruchsvolle Arbeit beginnen, absolvieren sie eine 60-stündige Ausbildung. Das umfassende Theorie- und Praxiswissen wird durch ein Zertifikat bescheinigt. Fachlich qualifizierte Projektleiter sorgen dafür, dass die Pflegebegleiter zum Erfahrungsaustausch und zur weiteren Fortbildung in Kontakt bleiben. Auch wenn Ältere nicht gezielt angesprochen werden, stellt die Gruppe der 50- bis 75-Jährigen die überwiegende Mehrheit der Kursabsolventen.[113]

Pflegebegleiter üben keine praktische Pflegearbeit aus und erledigen auch keine Einkaufsdienste. Aber sie wissen genau, wo diese Hilfe bei Bedarf angefordert werden kann und wie Angehörige auch auf andere Weise entlastet werden können. Sabine Heinz etwa besucht regelmäßig eine berufstätige Mutter zweier Kinder, deren Vater nach einem Schlaganfall auf Hilfe angewiesen ist. Bei ihren ersten Besuchen in der Familie half die Pflegebegleiterin zunächst, die notwendige Entlastung zu organisieren. Für die morgendliche Grundversorgung wurde ein geeigneter Pflegedienst gefunden, die Wohnung wurde mit kleinen Umbauten barrierefrei gemacht, Rollstuhl und Pflegebett wurden auf Kosten der Pflegekasse angeschafft. Sowohl für den pflegebedürftigen Vater als auch für die pflegende Tochter und ihre Familie hat sich der Alltag nach kurzer Zeit entspannt. Anfangs ist Sabine Heinz einmal pro Woche in den Pflegehaushalt gekommen, inzwischen nur noch einmal im Monat. Falls zwischendurch Probleme oder Stimmungstiefs auftauchen würden, wäre sie aber schnell zur Stelle. »Ich möchte den Pflegenden zeigen, dass sie nicht alleine sind und keine Angst zu haben brauchen, dass sie die Situation nicht bewältigen«, sagt Sabine Heinz. Sie selbst wurde im Vorbereitungskurs dazu angeregt, ihre Einstellung zum Altern, Kranksein und Sterbenmüssen zu reflektieren. Und als aktive Pflegebegleiterin erlebt sie regelmäßig, dass sich Lebenskatastrophen mit Kompetenz und gezielter Hilfe abwenden lassen. Die Pflegebegleiter erleben ihre Arbeit als spannend, wirksam und selbstbestimmt. Sie empfinden sich nicht als »kostenlose Handlanger der Pflege«, sondern als kompetente Ratgeber, einfühlsame Zuhörer und kreative Problemlöser. Die pflegenden Angehörigen profitieren vom Einsatz der Pflegebegleiter, weil sie Unterstützung und Wertschätzung erfahren. Sie finden Wege, sich die Pflege passend zu arrangieren und das eigene Leben wieder freier zu gestalten. Und auch den Pflegebedürftigen selbst wird geholfen. Wenn die pflegenden Angehörigen gestärkt und entlastet werden, wirkt sich das positiv auf die Beziehung und auf die Pflegesituation insgesamt aus. Wie erfolgreich das Modell der Pflegebegleitung ist, zeigt sich auch daran, dass es sich innerhalb von wenigen Jahren quasi im Schneeballsystem über alle 16 Bundesländer ausgebreitet hat. Aus dem Projekt ist eine Bewegung geworden, die das freiwillige Engagement im Pflegebereich um eine wichtige Facette ergänzt: Als Experten in der Nachbarschaft stärken die Pflegebegleiter den pflegenden Angehörigen den Rücken, verbessern die Qualität der häuslichen Pflege und helfen, so manchen Heimaufenthalt zu vermeiden.

Informationen und Kontakt:
Koordinierungsstelle/Bundesstelle »Netzwerk pflegeBegleitung« beim Forschungsinstitut Geragogik
Kerstin Schmitz
Tel. 0 23 02–91 52 71/72
sekretariat@fogera.de
www.fogera.de

Engagement für hilfsbedürftige Senioren

Auf regionaler Ebene gibt es eine Vielzahl von Initiativen für Menschen, die sich ehrenamtlich für ältere und hilfsbedürftige Menschen einsetzen möchten.

In rund 70 Städten und Gemeinden können sie sich mit einem halbjährigen Kurs zum Seniorenbegleiter ausbilden lassen: Seniorenbegleiter leiten Gruppen für Gedächtnistraining, besuchen Demenzkranke, um pflegenden Angehörigen einige Stunden Pause zu gewähren, lesen in Altenheimen Geschichten vor oder machen Spaziergänge mit alleinstehenden Pflegebedürftigen.

Näheres unter:
www.senioren-begleiter.de

Bei Seniorenpatenschaften kümmern sich freiwillig Engagierte um ältere Menschen, die ihr Haus nicht mehr ohne die Hilfe anderer verlassen können. Auch für diese Tätigkeit werden sie umfassend qualifiziert.

Näheres unter:
www.zentrum-aktiver-buerger.de

Die Wiedergeburt der Nachbarschaft

Neben der Familie war die Nachbarschaft schon immer ein wichtiger Bezugspunkt für ältere Menschen, die auf Hilfe angewiesen sind. Und für diejenigen, die helfen können, ist Nachbarschaft ein überschaubares Terrain für Engagement. Man muss ja nicht gleich das ganze Elend der Welt auf sich nehmen, sondern kann seine Hilfsbereitschaft auf das unmittelbare soziale Umfeld konzentrieren. »Die Nachbarschaft ist – nächst dem familiären Haushalt – der niedrigschwelligste Sozialraum zum Helfen«, sagt der Arzt, Philosoph und Altersexperte Klaus Dörner.[114] Er plädiert dafür, unser gesamtes Hilfesystem vom Kopf auf die Füße zu stellen und damit das Denken von vielen gewohnten Lähmungen zu befreien. Im Sozialraum des Stadtviertels, der Dorfgemeinschaft, der Nachbarschaft wird möglich, was im institutionellen Pflegesystem bislang undenkbar ist: die Hilfe zum Menschen zu bringen statt den Menschen zur Hilfe. Dörner hat seinen Ruhestand dazu genutzt, zu erkunden, welche Gemeinsamkeiten die hierzulande boomenden Initiativen haben, in denen Pflege und Wohnen im Alter in nichtfamiliären Netzwerken zusammengedacht werden. Von seinen etwa 1500 Reisen kreuz und quer durch Deutschland hat er die Erkenntnis mitgebracht, dass Bürger überall im Land längst dabei sind, ihre Nachbarschaftsbeziehungen mit neuen Wohnformen und lokalen Hilfsnetzwerken wiederzubeleben. Ein Beispiel für diesen dritten Weg zwischen Pflege und Heim sind die ambulanten Wohnpflegegruppen, die sich in vielen Städten und Gemeinden verbreiten. Spitzenreiter hierbei ist Bielefeld. Dort ist in manchen Stadtvierteln das Netz der ambulanten Wohnpflegegruppen so dicht, dass keine Heimplätze mehr nötig sind. Seit 1979, als eine Gruppe von engagierten jungen und älteren Bürgern das erste Projekt dieser Art realisierte, sind im Stadtbereich mehr als 70 solcher ambulanten Wohnpflegegruppen entstanden. Die Bewohner leben dort als selbstbestimmte Mieter ihrer Wohnung, genießen aber ähnliche Service-Einrichtungen wie im Pflegeheim. Jeder kann nach Bedarf die Dienste der Profipfleger in Anspruch nehmen, die rund um die Uhr verfügbar sind. Im Mittelpunkt steht aber die Selbsthilfe dieser Wohngruppen. Wer kann, beteiligt sich an der Haushaltsführung oder unterstützt andere dabei. Außerdem helfen etwa 20 ehrenamtliche Helfer aus der direkten Nachbarschaft etwa bei der Zubereitung der Mahlzeiten, mit Fahrdiensten oder gemeinsamen Freizeitaktivitäten. In Bielefeld sind inzwischen alle Wohnungsbaugesellschaften in dieses Konzept eingestiegen. Und auch das Evangelische Johanneswerk, der größte Pflegeheimträger vor Ort, baut keine Heime mehr, sondern expandiert nur noch mit ambulanten Wohnpfleggruppen. Die engagierten Bürger aus der Nachbarschaft haben den Vorteil des Helfens für sich rasch erkannt. Mit ambulanten Pflegeplätzen »um die Ecke« schafft jeder auch für sich und seine eigene Familie künftige Versorgungssicherheit für alle denkbaren Pflegerisiken. In einer alternden Gesellschaft bemisst sich die Kultur und Attraktivität eines Viertels oder Dorfs eben nicht nur an der Zahl der Kindergartenplätze, sondern auch an der Zahl der Pflegeplätze in guter Reichweite. Kein Wunder also, dass die wohnortnahe Betreuung mit Hilfe von Profis und Ehrenamtlichen stark prosperiert. Neben den etwa 700 ambulanten Wohnpflegegruppen haben sich bundesweit generationsübergreifende Wohnmodelle etabliert – geschätzte 2000 Projekte. Und in über 50 Seniorengenossenschaften wird die Hilfe auf Gegenseitigkeit, so wie man sie von der traditionellen Dorfgemeinschaft kannte, in zeitgemäßer Form gelebt: Dabei sind es besonders die jüngeren Alten, die den Ältesten unserer Gesellschaft dabei helfen, ein selbstbestimmtes Leben in vertrauter Umgebung zu führen.

Informationen zum gemeinschaftlichen Wohnen

Die Bundesvereinigung »Forum Gemeinschaftliches Wohnen« ist ein Zusammenschluss von Vereinen und Einzelpersonen, die gemeinschaftliche, generationsübergreifend Wohnformen initiieren und verwirklichen. Der Verein hat Mitglieder in allen Bundesländern und ein Netz von regionalen Kontaktstellen. Dort gibt es Informationen zum Thema gemeinschaftliches Wohnen, eine Projektbörse und Weiterbildungsveranstaltungen.
www.fgwa.de

Auch der »Wohnbund«, ein Verband zur Förderung wohnungspolitischer Initiativen, informiert über Alternativen zur herkömmlichen Wohnpolitik.
www.wohnbund.de

Unter www.netzwerk-wohnprojekte.de finden sich neben zahlreichen Informationen auch eine Wohnprojekt-Börse, die Interessenten und Wohnprojekte vor Ort zusammenbringt.

Die Stiftung »ProAlter« des Kuratorium deutsche Altershilfe will Selbstbestimmung und Lebensqualität für das hilfebedürftige und das hilfreiche Alter erhöhen, indem sie soziale Netzwerke Älterer für Ältere ermutigt und die Bildung neuer Netzwerke anregt und unterstützt.

www.stiftung-pro-alter.de

Generationenvertrag im Kleinen

»Eichstetten und seine Bürger haben sich dazu entschlossen, die vielfältigen Aufgaben des Generationenvertrages wieder selbst in die Hand zu nehmen. Die Dorfgemeinschaft betrachtet es als ihre Aufgabe, ältere Menschen zu integrieren, zu betreuen und zu pflegen. Aus diesem Grund gründeten 272 Bürger gemeinsam mit ihrem Bürgermeister im März 1998 die »Bürgergemeinschaft Eichstetten e. V.« Sie hat das Ziel, die vielfältigen sozialen Aufgaben und Herausforderungen im Dorf anzunehmen und Strukturen zur Unterstützung hilfebedürftiger Bürgerinnen und Bürger aufzubauen.« Nachzulesen sind diese Sätze auf der Website der Bürgergemeinschaft Eichstetten. Das 3000-Seelen-Dorf am Kaiserstuhl lebt vor, wie ein drohender Pflegenotstand mit vereinten Kräften der Bürger abgewendet werden kann. Schon in den 1990er Jahren merkten die Dorfbewohner, dass die Pflege der Älteren in den Familien nicht mehr so funktioniert wie früher. Ihr Wunsch, im Dorf wohnen zu bleiben, wenn sie Hilfe brauchten, scheiterte daran, dass es keine betreute Seniorenwohnanlage im Ort gab. Für professionelle Betreiber war der Eichstettener Markt zu klein. Also gründeten einige Dorbewohner 1998 einen Verein und nahmen das Projekt selbst in die Hand. Mitten im Dorf entstand der »Schwanenhof« – eine umgebaute Dorfgaststätte, die 16 Seniorenwohnungen nebst Begegnungsstätte beherbergt und von der Bürgergemeinschaft in einem Mix aus Ehrenamt und Profihilfe betrieben wird. Dazu gehört auch eine Tagesbetreuung für Ältere und eine ambulante Nachbarschaftshilfe, die zu den Älteren ins Haus kommen. Doch bald wurde klar, dass dieses Angebot nicht ausreichen würde, um auch jenen das Wohnen dort zu ermöglichen, die Betreuung rund um die Uhr brauchen. Deshalb entschloss sich der Verein, eine stationäre Pflegewohngruppe einzurichten. Im Haus Adlergarten, unweit vom Schwanenhof, gibt es heute fünf Wohnungen für Hochbetagte und weitere elf für eine Demenz-Wohngruppe. Auch hier bewährt sich das Pflegekonzept des Bürger-Profi-Mix, und fast täglich kommen Angehörige oder Bekannte der Pflegebedürftigen vorbei, um Zeit mit den Senioren zu verbringen. Dabei gleicht der Schwanenhof eher einem Bürgertreff als einem Altersheim. Im Haus ist nicht nur das Bürgerbüro inklusive Krabbelgruppe und Lesezirkel angesiedelt, sondern auch ein Café, ein Blumenladen und eine Reisebüro. Mit ihren Aktivitäten haben die Eichstettener eine Art »lokalen Generationenvertrag« abgeschlossen. Sie haben die Älteren in ihre Mitte genommen und damit der Dorfgemeinschaft neues Leben eingehaucht.

Informationen und Kontakt:
Bürgergemeinschaft Eichstetten e. V.
www.buergergemeinschaft-eichstetten.de

Bürgerschaftlicher Unternehmergeist

Die Frage, wie man sicherstellt, dass die Hochbetagten und Pflegebedürftigen in ihrem Heimatort bleiben können, stellten sich auch die Bürger der Gemeinde Steinen im Südschwarzwald. Auch sie aktivierten das freiwillige Engagement ihrer Bürger, richteten Besuchs- und Hilfsdienste ein und bauten ein Seniorenzentrum mit Wohnungen für betreutes Wohnen, einer Tagespflege- und einer Kurzzeitpflegestation. Die Steiner Bürger organisierten sich aber nicht als Verein, sondern als Seniorengenossenschaft. Die Genossenschaft hat heute fast 800 Mitglieder, davon etwa 130, die sich regelmäßig in der Altenhilfe engagieren. Die Freiwilligen arbeiten regelmäßig und nach festgesetzten Zeiten und bekommen dafür eine finanzielle Aufwandsentschädigung, daneben gibt es noch zwölf fest angestellte Pflegekräfte.

Selbsthilfe, Selbstverantwortung, Selbstverwaltung – das sind, die Hauptprinzipien solcher genossenschaftlichen Zusammenschlüsse. Die aus den USA importierte Idee der Seniorengenossenschaften etablierte sich Anfang der 1990er Jahre mit ersten Projekten hauptsächlich im Bereich der Hilfs- und Pflegedienste auch in Deutschland.

Seniorengenossenschaften sind vor allem im Bereich der Hilfs- und Pflegedienste aktiv. Durch die gezielte Koordination von Selbsthilfe und professioneller Arbeit kann das Altenhilfesystem effektiver und damit auch kostengünstiger gemacht werden.

Manche Seniorengenossenschaften, in denen sich generell vor allem die »jungen Alten« engagieren, arbeiten auf der Basis des Zeittausches: dem Helfer werden Punkte gutgeschrieben, die er bei eigener Hilfsbedürftigkeit wieder einlösen kann. Bei anderen Seniorengenossenschaften kann man wählen, ob man ein Zeitkonto anlegt, oder sich für die geleistete Freiwilligenarbeit in Form einer geringfügigen finanziellen Aufwandsentschädigung entlohnen lässt. Durch das Entgelt für die freiwilligen Mitarbeiter wird gewährleistet, dass immer genügend Menschen mitmachen und Dienstleistungen verbindlich angeboten werden können. Das Serviceangebot ist breit gefächert und bietet den Engagierten viele Wahlmöglichkeiten.

Die Seniorengenossenschaft Riedlingen etwa vermittelt Hilfe im Haushalt, im Garten oder beim Schneeräumen, Essen auf Rädern, handwerkliche Hilfsdienste, Fahrdienste, Erledigung von Behördegängen, Kontakttelefon oder Besuchsdienste. Wer will, kann sich außerdem in der genossenschaftseigenen Wohnanlage mit 68 Wohnungen engagieren, in der Tagespflege mit 30 Plätzen oder in der Betreuungsgruppe für Demenzkranke. Das Prinzip ist überzeugend einfach: Alle Dienste werden nur von Mitgliedern für Mitglieder geleistet. Davon gibt es bei der Riedlinger Seniorengenossenschaft inzwischen fast 700, jeder zweite über 60-jährige Bürger hat sich gegen einen Beitrag von 32 Euro in der Genossenschaft eintragen lassen.

Ein ehemaliger Berufskraftfahrer etwa bringt hilfsbedürftigen

Älteren mehrmals in der Woche ein warmes Mittagessen. Im Gegenzug sammelt er Zeitgutschriften an, die ihm kostenlose Hilfe garantieren, wenn er sie selbst einmal brauchen sollte. Etwa die Hälfte der Freiwilligen sparen sich ihre Pflegepunkte für später auf, die anderen lassen sich auszahlen. Sie erhalten 6,80 Euro pro Stunde – das ist nicht viel, aber für manche doch ein willkommenes Zubrot zur Rente. Und die Hilfsempfänger können dank der Seniorengenossenschaft Dienstleistungen in Anspruch nehmen, die auf dem freien Markt für sie nicht bezahlbar wären und die auch keine Pflegeversicherung übernimmt. Viele Senioren können dank ihrer Mitgliedschaft in der Seniorengenossenschaft zu Hause wohnen, obwohl sie auf ständige Hilfe angewiesen sind. Morgens kommen die Freiwilligen und helfen im Bad und beim Anziehen. Anschließend fahren sie andere Freiwillige in die Tagespflege der Seniorengenossenschaft. Dort kümmern sich ebenfalls Freiwillige um die Hochbetagten, beim gemeinsamen Frühstück und Mittagessen, bei Gedächtnisübungen, Spielen, Gymnastik, Spaziergängen und Ausflügen. Abends werden die Senioren vom Fahrdienst abgeholt und nach Hause gebracht, wiederum betreut von Freiwilligen. Und nachts bleibt der genossenschaftliche Bereitschaftsdienst bei Bedarf bis zum nächsten Morgen.[115] Diese Betreuung rund um die Uhr wird von der Seniorengenossenschaft so kostengünstig angeboten, dass sie auch für Ältere mit niedrigen Renten erschwinglich ist.

Die Freiwilligen bekommen für ihre Dienste zwar ein geringes Entgelt, aber trotzdem ist ihre Tätigkeit nicht mit einem normalen Pflegejob zu vergleichen. Weil sie nur ein- oder zweimal pro Woche im Einsatz sind, ist die Belastung für sie wesentlich geringer als bei den Profis. Dank der niedrigen Stundensätze können sie sich Zeit für die Betreuten nehmen – und so manche Gefälligkeit wird auch ohne Berechnung spendiert: »Der Verdienst steht nicht im Vordergrund. Wir machen das hier mit Herzblut und haben Freude an unserer Arbeit«, erklärt eine der Helferinnen stellvertretend für viele andere. Josef Martin, Gründer und Vorsitzender der Seniorengenossenschaft, ist überzeugt, dass diese

Selbsthilfeeinrichtung auch den Freiwilligen das Leben im Alter erleichtert: »Nach dem Eintritt in den Ruhestand sind die meisten Leute noch sehr vital. Bei uns finden sie nicht nur eine sinnvolle und interessante Tätigkeit, sondern auch die Möglichkeit, zusätzlich für ihr eigenes Alter vorzusorgen.« Als Josef Martin die Seniorengenossenschaft vor gut 20 Jahren gründete, zeichnete sich der Trend zur schrumpfenden und alternden Gesellschaft in Riedlingen bereits deutlich ab. Der wirtschaftlich schwach entwickelten Kleinstadt in Oberschwaben liefen die jungen Leute davon. Von den rund 10 000 Einwohnern war damals schon fast ein Viertel über 60 Jahre alt, und viele davon lebten alleine. Der Lokalpolitiker und einige Mitstreiter ermittelten mit einer Umfrage den Hilfs- und Pflegebedarf, entwickelten Konzepte, warben Mitglieder an und legten los. Heute ist die Seniorengenossenschaft Riedlingen nicht nur die älteste Initiative dieser Art, sondern auch als Vorbild für viele andere Seniorengenossenschaften weit über die Grenzen Deutschlands hinaus bekannt. An Freiwilligen hat es den Riedlinger Genossenschaftssenioren übrigens noch nie gemangelt. Das Prinzip Geben und Nehmen macht offensichtlich Spaß.

Informationen:

www.steinen.de

www.martin-riedlingen.de

Allgemeine Informationen zur Gründung einer Seniorengenossenschaft findet man unter www.gemeinsam-aktiv.de

Gesundheitssystem in der Krise

An kaum einem anderen Ort lässt sich der demografische Wandel besser erkennen als in den Wartezimmern von Haus- oder Fachärzten. Fast die Hälfte aller Patienten, die dort auf ihren Termin warten, ist über 60 Jahre alt. Eine Studie der Gmündner Ersatzkasse hat ergeben, dass Senioren durchschnittlich 35-mal pro Jahr einen Arzt aufsuchen.[116] Mit steigendem Alter nimmt die Nachfrage nach medizinischen Leistungen quasi automatisch zu, und damit steigen auch die Kosten für das Gesundheitswesen. Fast die

Hälfte der Aufwendungen für medizinische Behandlungen entfällt auf Menschen, die über 64 Jahre alt sind. Die durchschnittlichen Krankheitskosten liegen für über 65-Jährige derzeit bei etwa 6000 Euro pro Kopf und Jahr, bei über 85-Jährigen sogar bei über 15 000 Euro.[117] Je älter die Menschen werden, desto höher ist auch das Risiko der Mehrfacherkrankung, jeder dritte Patient über siebzig hat fünf verschiedene Erkrankungen.[118] Die schwerwiegenden Mehrfacherkrankungen häufen sich besonders jenseits des achten Lebensjahrzehntes. Zwar sind die jungen Alten so gesund, wie keine Generation zuvor, und die Altersgrenze für schwere Krankheiten hat sich deutlich nach hinten verschoben. Doch immerhin leidet heute jeder fünfte Deutsche über 65 an einer dauerhaften Krankheit oder Behinderung. Fast immer hat diese Erkrankung chronischen Charakter. Insgesamt sind mehr als zehn Millionen Bundesbürger von chronischen Krankheiten wie Diabetes, Herzerkrankungen, Krebs oder Demenzerkrankungen betroffen.[119] Dank der medizinischen Fortschritte können chronischen Krankheiten inzwischen recht gut therapiert werden, und sehr viele Ältere leben lange mit ihrer Erkrankung weiter. Das ist einerseits wünschenswert, verursacht andererseits aber hohe Kosten. In Deutschland fließen rund 80 Prozent des Gesundheitsbudgets in die Behandlung von chronischen Krankheiten.[120] Insgesamt lagen die Gesundheitskosten im Jahr 2008 bei 263,2 Milliarden Euro, ein Anstieg von knapp 4 Prozent gegenüber dem Vorjahr. Sind also allein die Älteren verantwortlich für die viel beklagte Kostenexplosion im Gesundheitswesen? Ein solches Urteil greift nach Meinung vieler Wissenschaftler zu kurz. Die Forschung weist darauf hin, dass die höchsten Behandlungskosten etwa ein bis zwei Jahre vor dem Tod eines Patienten anfallen, ganz gleich ob er 80 oder 40 Jahre alt ist. Die steigenden Gesundheitsausgaben pauschal den Älteren in die Schuhe zu schieben ist also nicht legitim. Dennoch verlangt die Gesundheitsversorgung einer alternden Gesellschaft von allen Beteiligten einen radikalen Perspektivenwechsel. Statt sich nur auf die Eindämmung der Kosten oder die Erhöhung der Beiträge zu fixieren, sollte das Gesundheitswesen in die Gesundheit und die Lebensqualität der Bevölkerung investieren. Wie bleiben Menschen bis ins hohe Alter so gesund wie möglich? Diese Frage sollten sich nicht nur die Verantwortlichen im Gesundheitswesen und in der Wirtschaft stellen, sondern jeder Einzelne. Schließlich kann heute jeder mit vielen geschenkten Lebensjahren rechnen. Diese sind aber nur in relativ guter physischer und psychischer Verfassung ein wirkliches Geschenk. Damit treten die Themen Gesundheitsvorsorge und Gesundheitskompetenz in den Mittelpunkt der Diskussion um das Gesundheitswesen.

Eine Gesellschaft des langen Lebens kann es sich nicht leisten, die Verantwortung für Gesundheit abzulehnen. Dennoch genießt Prävention in Deutschland noch längst nicht den Stellenwert wie in anderen Ländern. In Finnland zum Beispiel ist es gelungen, durch flächendeckende Gesundheitskampagnen in Schulen und Unternehmen die Herzinfarkt- und Schlaganfallzahlen zum Teil um 80 Prozent zu reduzieren. In Deutschland sind nach wie vor 70 Prozent der Todesfälle auf Herz-Kreislauferkrankungen und Krebs zurückzuführen, dabei könnten mit Vorbeugung und Früherkennung dem Einzelnen viel Leid und uns allen hohe Kosten erspart bleiben.[121]

Gesundheit will gelernt sein

Selbstverantwortliche Gesundheitsgestaltung fängt mit dem Wissen um gesunde Lebensführung an, und immer mehr Menschen engagieren sich aktiv für die Verbreitung dieses Wissens.

• Der pensionierte Arzt Helmut Pratzel kaufte in seinem Heimatdorf Törpin in Mecklenburg-Vorpommern das alte Schulhaus und richtet darin ein gesundheitsorientiertes Bürgerbüro ein. Für die regelmäßigen Vorträge zu Gesundheitsthemen nutzt Pratzel seine alten Kontakte zu Wissenschaftlern. Im Bürgerbüro werden auch Fahrdienste zu Ärzten vermittelt, außerdem gibt es spezielle Gesundheitsinformationen und Bewegungsangebote für Ältere.

- Mit dem örtlichen Gesundheitsamt zusammen macht sich ein Team aus Freiwilligen im Bayerischen Burgheim für mehr Gesundheitsbewusstsein stark. Die Bürger entwickeln Aktionswochen für Jung und Alt mit sportlichen Aktivitäten, aber auch Vorträgen über richtige Medikamenteneinnahme oder Erste Hilfe für Senioren.
- Die Gesundheitsberaterin und Diätassistentin Sabine Ries aus Wimsheim bei Pforzheim sensibilisiert gezielt Heranwachsende für eine bewusste Lebensweise, indem sie Präventionsarbeit mit Freude und Unterhaltung verbindet. Dafür lädt sie junge Interessierte und ihre Eltern viermal im Jahr zu einer Kinderakademie mit Kochevents und Vorträgen ein. Außerdem geht sie mit ihrem Programm auch in Kindergärten und Grundschulen.

Die Liste der Beispiele ließe sich fortführen, speziell die Gesundheitsvorsorge bietet für freiwilliges Engagement ein weites Betätigungsfeld. Die größte »Freiwilligengruppe« aber befindet sich unter jenen Menschen, deren Gesundheit gravierend eingeschränkt ist. In mehreren zehntausend Selbsthilfegruppen haben sich Bürger zusammengeschlossen, um sich gegenseitig beim Umgang mit ihrer Krankheit zu helfen und ihre Kompetenz als Patienten zu erhöhen.

Wer sich und seine Krankheit kennt, verliert einen großen Teil seiner Angst und lernt gemeinsam mit anderen, seine Lebensqualität trotz Krankheit so weit wie möglich zu erhalten. Wie gehen andere mit dieser Krankheit um? Wie kann ich trotz Krankheit ein positives Leben führen? Welche Behandlungsformen sind sinnvoll, welche bringen nichts? Die Klärung solcher Fragen stärkt die Eigenverantwortung des Einzelnen, gibt Orientierung in schwierigen Lebenslagen und kann Missstände im Gesundheitssystem offenlegen. Oft gründen Menschen, die ihre Krankheiten überwunden haben und entsprechende Erfahrungen weitergeben möchten, eine Selbsthilfegruppe. Solcher Wissenstransfer nutzt den Kranken und ihren Angehörigen, aber auch dem gesamten Gesundheitssystem: Das Verhalten der Betroffenen wird bewusster, Medikamente werden gezielter und kritischer eingenommen und endlose Wanderschaften von Arzt zu Arzt vermieden.

»Zu Hause sitzen ist Gift ...«

»Alle drei Minuten ereignet sich hierzulande ein Schlaganfall, alle neun Minuten stirbt ein Betroffener; 80 Prozent aller Schlaganfallpatienten sind über sechzig – und 70 Prozent der Schlaganfälle wären nach Expertenmeinung zu verhindern.« Willi Daniels zählt auf, was ihn seit Jahren umtreibt. Warum erleiden so viele ältere Menschen einen Schlaganfall, und was lässt sich dagegen tun? Er selbst erlitt einen Schlaganfall mit erst 48 Jahren: In der Sylvesternacht 1997/1998 bläst er bei Freunden einen Luftballon auf und kippt auf der Stelle um. Der Arzt im Krankenhaus denkt an Alkohol und rät ihm, sich erstmal auszuschlafen. Erst nach drei Tagen schickt man Daniels zur Computertomografie. Der Befund zeigt, dass er einen Schlaganfall erlitten hat. Zurück in seiner Heimatstadt Ebersberg in Oberbayern übt der Geschäftführer einer gesetzlichen Krankenkasse mühsam wieder ein, was der Schlaganfall fast zerstört hat: das Sprechen, das Gehen, das Greifen, die Feinmotorik. Nach neun Monaten ist Daniels gesundheitlich wieder einigermaßen stabil, aber nicht mehr fit genug für seinen Job: »Ich saß zu Hause, fühlte mich allein gelassen, suchte Kontakt zu anderen Schlaganfallpatienten und wollte mich besser über diese Krankheit informieren.« Daniels nimmt Kontakt mit der Schlaganfall-Stiftung in Gütersloh auf und erfährt, dass es im ländlichen Raum um Ebersberg weit und breit keine Schlaganfall-Patientengruppe gibt. Doch er lässt sich nicht entmutigen und gründet die erste Schlaganfall-Selbsthilfegruppe im Landkreis. Ein Raum ist schnell gefunden, die ersten Gruppenmitglieder kommen zusammen, und der monatliche Termin findet bis heute Zuspruch. Doch Daniels merkt im Laufe der Zeit auch, dass die Selbsthilfegruppe in dieser Form nicht für jeden Betroffenen optimal ist: »Schlaganfälle verlaufen sehr unterschiedlich, und wenn man ein Handicap hat, das andere Gruppenmitglieder nicht haben, bleibt man auch schnell wieder weg.« Hinzu kommt, dass viele der Patienten nicht mehr Autofahren können und auf jemanden angewiesen sind, der sie zum Gruppentreffen fährt. »Und noch etwas: Was nutzt es mir, wenn ich mich am Monatsanfang niedergeschlagen und einsam fühle, das Gruppentreffen aber erst in der letzten Woche des Monats stattfindet?« Willi Daniels wird abermals aktiv und gründet im Januar 2011 Deutschlands erste Online-Selbsthilfegruppe für Schlaganfallpatienten in Deutschland. Die Idee schlägt auf Anhieb ein. Schon einen Monat später besteht die Gruppe aus 30 aktiven Mitgliedern. Neben laufend aktualisierten Informationen zum Thema Schlaganfall gibt es einen Chat, bei dem sich die Betroffenen in der Gruppe oder auch unter vier Augen austauschen. Für die Online-Selbsthilfe braucht niemand das Haus zu verlassen, sie ist jeden Tag von morgens bis abends verfügbar, und Patienten mit gleichen Problemen finden schneller zusammen. »Das Wichtigste an dieser Online-Gruppe ist die soziale Teilhabe. Es gibt so viele Schlaganfallpatienten, die abgekapselt zu Hause sitzen, und das ist Gift für sie. Es gibt Studien, die belegen, dass die Krankheit häufiger tödlich verläuft, wenn die Patienten nicht am sozialen Umfeld teilhaben.«

In Mediziner- und Pflegekreisen gilt Willi Daniels längst als Experte für die Schlaganfall-Vorsorge. Er hält Vorträge über die Risikofaktoren, bringt Expertenrunden zusammen, ist Patientensprecher an der Kreisklinik Ebersberg, gibt eine Schlaganfall-Zeitung heraus und sitzt im Stiftungsrat der Deutschen Schlaganfall-Hilfe. Sein Verein »Insulthilfe e. V.« informiert auf seiner Website über die Warnzeichen des Schlaganfalls und unterstützt Betroffene und deren Angehörige mit kostenlosen Mobiltelefonen, damit sie die Möglichkeit haben, den lebensrettenden Notruf abzusetzen. Für seine Aktivitäten erhielt er bereits den bundesweiten Ehrenamtpreis der Stiftung »Deutsche Schlaganfall-Hilfe«. »Das ist eine Art zweite Karriere, ein ehrenamtliches Vollzeitengagement. Vor meiner Berentung hatte ich sicher weniger Wochenarbeitsstunden. Aber wenn ich diese Aufgaben nicht hätte, würde ich vielleicht wie viele andere Patienten zu Hause sitzen, blöde Nachmittags-Talkshows ansehen und mich selbst bedauern.« Stattdessen mischt sich Willi Daniels ein, klopft die medizinische Versorgung von Schlaganfallpatienten auf Lücken ab, kämpft für die bessere Gesundheitsversorgung in ländlichen Regionen und scheut sich nicht davor, die Kanzlerin nach Ebersberg einzuladen oder einen offenen Brief an den Bundesgesundheitsminister zu schreiben. Darin steht zu lesen, dass die Telemedizin gerade auf dem Land beste Dienste leisten könnte, die Versorgung mit den dafür nötigen schnellen Breitbandleitungen aber gerade dort im Argen liegt. Seit Ende 2010 ist Willi Daniels nämlich nicht nur Sprecher des Bayerischen Landesverbands für Telemedizin, sondern auch Gründer und Vorsitzender von »palliaHOMEmed«. Der Verein kümmert sich um die bessere ambulante Palliativversorgung in ländlichen Gebieten, damit todkranke Menschen ihrem Wunsch entsprechend zu Hause sterben können. Im Februar 2011 gründeten Daniels und seine Mitstreiter eine Bürgerstiftung, um ein zukunftsweisendes Projekt voranzutreiben: Die häusliche Versorgung von Palliativpatienten in der Region soll mit Hilfe von telemedizinischen Techniken mit Bild- und Tonübertragung optimiert werden. Durch diese Vernetzung könnten professionelle Helfer, also der Hausarzt oder die Pflegekräfte, wie auch pflegende Angehörige oder Ehrenamtliche palliativmedizinische Fachkompetenz einholen. Zwar ist die flächendeckende ambulante Palliativversorgung längst per Gesetz angeordnet, doch es ist nicht Daniels' Art, geduldig auf Maßnahmen von oben zu warten: »Wenn ich eine Idee für die Lösung eines Problems habe, muss ich das probieren. Da muss ich einfach etwas unternehmen.« Unternehmergeist zeigte Daniels auch, als er nach einer Methode zur besseren Erkennung des Bluthochdrucks suchte. Und da er sie nicht fand, entwickelte er sie selbst. Mit der Blutdruck-Card und einer entsprechenden Software können Patienten ihre Blutdruckmessungen zu Hause elektronisch speichern. Der behandelnde Arzt erhält damit wesentlich verlässlichere Daten als mit den üblichen handschriftlichen Aufzeichnungen. Daniels ist überzeugt, dass durch Vorsorge und Aufklärung das Schlaganfallrisiko drastisch gesenkt werden kann. Für die alternde Gesellschaft wäre das eine Errungenschaft von höchstem Wert. An seinen eigenen Schlaganfall denkt Daniels heute nur noch selten: »Aber ich denke Tag und Nacht an Schlaganfälle, die man verhindern kann. Und das treibt mich an.« Hat diese Krankheit für ihn den Schrecken verloren? »Man muss schon auf der Hut sein und auf sich aufpassen. Aber ich wage zu behaupten, dass der Schlaganfall vielleicht das Beste war, was mir passieren konnte.«

Informationen und Kontakt:
www.schlaganfall-forum.net
www.danielsnet.de

Bürger helfen sich selbst

Die Selbsthilfebewegung gilt inzwischen als »vierte Säule« des Gesundheitswesens – neben den niedergelassenen Ärzten, den Krankenhäusern und dem öffentlichen Gesundheitsdienst.

In Deutschland gibt es so viele Selbsthilfegruppen wie in kaum einem anderen europäischen Land. Schätzungen gehen von 70 000 bis 100 000 örtlichen Gruppen mit insgesamt drei Millionen Mitgliedern aus. Dabei ist das Interesse der Generation 50plus an solchen Selbsthilfegruppen besonders hoch.[122] Seit den Anfängen dieser Bewegung in den 1970er Jahren hat sie besonders im Gesundheitsbereich erheblich an Einfluss und Anerkennung gewonnen. Die Selbsthilfe gilt als die wichtigste Form von Bürgerengagement im Gesundheitswesen, etwa 75 Prozent aller Selbsthilfegruppen sind diesem Sektor zuzuordnen. Meistens geht es in diesen Gruppen um den Umgang mit einer bestimmten chronischen Krankheit, einer Behinderung, einer Sucht oder einer besonders belastenden Lebenssituation. Mitglieder sind entweder selbst betroffen oder Angehörige dieser Betroffenen. Dennoch kreisen die Aktivitäten dieser Gruppen nicht nur um sich selbst. Die Mitglieder machen öffentlich auf Versorgungslücken im Gesundheitssystem aufmerksam und helfen damit auch Betroffenen, die nicht organisiert sind. Außerdem leisten sie oft Pionierarbeiten beim Aufbau von Selbsthilfekontaktstellen und arbeiten ehrenamtlich in den Vertretungen der Dachorganisationen oder Kontaktstellen mit. Der Wert von Selbsthilfegruppen liegt neben der direkten psychosozialen Hilfe auch darin, dass sie durch Veröffentlichungen, Ratgeber und Informationsveranstaltungen wichtige und qualitativ hochwertige »Bildungsarbeit« leisten zur Stärkung der Gesundheitskompetenz der Betroffenen und ihrer Angehörigen wie auch der Öffentlichkeit.

Informationen und Kontakt:
Deutsche Arbeitsgemeinschaft der Selbsthilfegruppen e. V.
Verwaltung@dag-shg.de
www.dag-shg.de
Nationale Kontaktstelle für Selbsthilfegruppen (NAKOS)
www.nakos.de

Gesundheit braucht mehr als Medizin

Bürgerschaftliches Engagement im Gesundheitsbereich ist traditionell in großen Wohlfahrtsorganisationen eingebunden, in denen Haupt- und Ehrenamtliche zusammenarbeiten. Die meisten Freiwilligen engagieren sich für das Deutsche Rote Kreuz. Rund 400 000 Menschen arbeiten dort im Bereitschaftsdienst und Katastrophenschutz, in der Berg- oder Wasserwacht und in den Sozialen Diensten. Ähnliche Aufgaben bieten auch die anderen großen Hilfsorganisationen. Beim katholischen Malteser Hilfsdienst sind 35 000 Ehrenamtliche tätig, bei der evangelischen Johanniter-Unfallhilfe 29 000 und beim konfessionell unabhängigen Arbeiter-Samariter-Bund knapp 11 000. Aufgaben wie Unfallhilfe, Rettungs- und Krankentransportdienste oder Bereitschaftsdienste bei öffentlichen Großveranstaltungen werden eher von jüngeren Engagierten übernommen. Aber es gibt innerhalb dieser Organisationen auch viele Möglichkeiten für ältere Engagierte.

Die »Malteser Migranten Medizin« etwa ist ein Hilfsprojekt, das sich mittlerweile in acht deutschen Städten etabliert hat. In der Malteser Migranten Medizin finden Menschen ohne gültigen Aufenthaltsstatus und ohne Krankenversicherung einen Arzt, der ihnen mit Untersuchungen und Notfallversorgung oder bei Schwangerschaft weiterhilft. Dabei arbeiten die Ärzte unter Wahrung der Anonymität ihrer Patienten und kooperieren für weitergehende Hilfeleistungen mit Kirchen, Verbänden und Vereinen. Schätzungsweise bis zu einer Million Menschen leben hierzulande in der Illegalität. Hinzu kommen mehr als 100 000 Deutsche ohne Krankenversicherung. Die Ärzte, die ehrenamtlich für die Malteser Migranten Medizin arbeiten, sind in vielen Fällen Mediziner im Ruhestand, die ihre Fähigkeiten weiterhin einsetzen wollen – für die Schwächsten. Ein Internist in Ruhestand, der gemeinsam mit seiner Frau für die Malteser Migranten Medizin arbeitet, sagt es so: »Was ich hier tue, ist Medizin in ihrer ursprünglichen Form. Hier dreht sich alles um Menschen, die es am nötigsten haben und die sonst nie Zugang zu einer medizinischen Versorgung hätten. Ich fülle hier nur eine Lücke aus.«

Informationen und Kontakt:
Tel. 02 21–9 82 25 71
www.malteser.de

Auch die Telefonseelsorge bietet Älteren ein interessantes, wenngleich sehr anspruchsvolles Tätigkeitsfeld. Über 7000 Menschen sind in dieser ökumenisch getragenen Einrichtung tätig. Ehrenamtliche Telefonseelsorger brauchen neben Zeit vor allem Lebenserfahrung und Einfühlungsvermögen. Auf ihre Tätigkeit werden sie ein Jahr lang intensiv vorbereitet, nach der Ausbildung sorgen regelmäßige Fortbildung und persönliche Begleitung dafür, dass die Krisenhilfe am Telefon nicht zur seelischen Belastung für die Freiwilligen wird. Telefonseelsorge ist anstrengend, man hört viel Leidvolles, Erschreckendes und Bedrohliches. »Trotzdem bekomme ich bei dieser Tätigkeit viel zurück, das mir im Alltag hilft: einen Weg finden, um mit dem anderen in Kontakt zu treten, zuhören, Gefühle wahrnehmen, Selbsterfahrung. Es ist ein Geben und Nehmen, das zur Selbstreflexion anregt und sehr befriedigend ist«, sagt eine ehrenamtliche Telefonseelsorgerin, stellvertretend für viele andere.

Informationen und Kontakt:
telefonseelsorge@diakonie.de
telefonseelsorge@dbk.de
www.telefonseelsorge.de

Ein weiteres Feld für die Freiwilligenarbeit Älterer sind Betreuungsdienste im Krankenhaus. Neben der klinischen Seelsorge, den Besuchsdiensten und Patientenfürsprechern bieten auch die »Grüne Damen und Herren« Patienten ihre Hilfe an, deren persönlichen Wünsche zu erfüllen. Benannt nach ihren grünen Kitteln gehen mehr als 11 000 Helfer diesem ehrenamtlichen Dienst nach, der in der Arbeitsgemeinschaft der Evangelischen und ökumenischen Krankenhaus-Hilfe organisiert ist. In vielen Kliniken und Pflegeheimen sind die Grünen Damen und Herren fest in den Alltag integriert. Ärzte und Pflegepersonal fühlen sich entlastet, wenn es im dicht getakteten Krankenhausbetrieb Menschen gibt, die Zeit für die Sorgen, Nöte und Bedürfnisse der Kranken haben. Grüne Damen und Herren hören den Patienten zu, erledigen kleinere Besorgungen, begleiten sie durch den Klinikalltag und versuchen, sie aufzumuntern. Zurück geht die Idee auf Brigitte Schröder. Die Frau des damaligen Bundesverteidigungsministers Gerhard Schröder gründete 1969 nach dem Vorbild des amerikanischen »Volunteer Service« die Grünen Damen in Düsseldorf. Heute unterstützt die Brigitte-Schröder-Stiftung die ehrenamtliche Arbeit in der Krankenhaus- und Altenheim-Hilfe.

Patienten im Krankenhaus haben nicht nur gesundheitliche Probleme. Oft fühlen sie sich hilflos und ausgeliefert, finden sich im Großbetrieb Krankenhaus nur schwer zurecht und wissen nicht, wie es mit ihnen weitergeht. Wenn sie mit diesen Sorgen und Ängsten alleingelassen werden, schwindet ihre Chance zur Genesung, auch wenn sie medizinisch bestens versorgt werden.

Deshalb leisten die Grüne Damen und Herren nicht einfach nur Hilfe von Mensch zu Mensch, sondern auch einen wichtigen Beitrag, dass Menschen mit ihrem Kranksein besser zurechtkommen. Gesundwerden braucht mehr als Medizin und Pflege. Auch die Patienten betonen, dass es wichtig und wohltuend ist, von Freiwilligen betreut zu werden, die unabhängig vom Krankenhaus und ehrenamtlich arbeiten. Offenbar gibt es im Medizinbetrieb viele Tätigkeiten, die in den Händen von fürsorglichen Laien besser aufgehoben sind als bei den medizinischen Profis. Heilen heißt von seiner ursprünglichen Wortbedeutung her nicht nur kurieren, sondern auch dienen und begleiten. In diesem Sinne ist es auch den medizinisch ungeschulten ehrenamtlichen Helfer möglich, das Wohlbefinden selbst von Schwerkranken zu verbessern.

Informationen und Kontakt:
Tel. 02 28–55 08 49 95
info@ekh-deutschland.de
www.ekh-deutschland.de

Dort sterben, wo ich hingehöre

Obwohl der Großteil der Menschen den Wunsch hat, zu Hause zu sterben, ereignen sich etwa die Hälfte aller Todesfälle im Krankenhaus und weitere 20 Prozent in Pflegeheimen.[123] Hospize und Hospizdienste bieten eine menschenwürdige Alternative, wenn eine Behandlung im Krankenhaus oder Pflegeheim nicht mehr gewünscht wird oder erforderlich ist. Laut Deutschem Hospiz- und Palliativverband e. V. gibt es in Deutschland derzeit 1500 ambulante Hospizdienste und 162 stationäre Hospize. Dazu kommen 166 Palliativstationen an Krankenhäusern. Die Zahl der Hospizeinrichtungen ist in den vergangenen Jahren deutlich angestiegen. Neben den Hauptamtlichen engagieren sich in Deutschland nach Schätzungen 80 000 Ehrenamtliche in der Hospizbewegung. Ihren Anfang nahm sie in den 1980er Jahren, lange bevor das Gesundheitssystem mit Pflegeversicherung und Palliativmedizin auf die zunehmende Zahl der Hochbetagten reagierte. Offenbar hat die Bürgerschaft frühzeitig Antennen dafür entwickelt, dass der Tod in einer Gesellschaft des langen Lebens gesellschaftlich nicht mehr zu verdrängen ist.

Als Gisela Berlitz-Resch erstmals mit dem Tod konfrontiert wurde, war das Sterben noch ein Tabuthema. Nach dem Selbstmord ihres 19-jährigen Sohns hat sie erlebt, wie wichtig es ist, in solchen Lebenskrisen von anderen Betroffenen begleitet zu werden. Doch Berlitz-Resch musste lang suchen, bis sie eine Trauergruppe fand, die ihr half, über den Schicksalsschlag hinweg zu kommen. Wenige Jahre später entschloss sie sich, ihre Erfahrungen an andere Menschen weiterzugeben, und wurde ehrenamtliche Sterbe- und Trauerbegleiterin. Heute engagiert sich die pensionierte Krankenpflegerin beim ambulanten Hospiz- und Palliativberatungsdienst im pfälzischen Landau – eine Tätigkeit, die für sie ebenso erfüllend wie herausfordernd ist: »Sich Zeit für Menschen zu nehmen, denen nicht mehr viel Lebenszeit bleibt, bereichert das eigene Leben ungemein. Aber die Konfrontation mit dem Tod lässt sich nicht so einfach wegstecken. Deshalb treffen wir uns regelmäßig mit anderen Ehrenamtlichen und besprechen unsere Erlebnisse.«[124] Gisela Berlitz-Resch begleitet nicht nur die Sterbenden, sondern auch deren Angehörige. Das Gespräch mit der Sterbebegleiterin entlastet, sie kann wichtige Denkanstöße geben und Ängste bewusst machen. Inzwischen hat sie mit weiteren Ehrenamtlichen in Landau ein Trauercafé gegründet, in dem sich Trauernde einmal im Monat austauschen oder einfach nur zuhören können. Solche Einrichtungen gibt es mittlerweile in vielen Städten, ein Zeichen, dass die Gesellschaft gelernt hat, offener mit dem Sterben und dem Tod umzugehen.

Der Begriff Hospiz ist lateinischer Herkunft und bedeutete ursprünglich »Herberge«, »Gastfreundschaft«. Im frühen Mittelalter waren Hospize Herbergen für Pilger, Kranke, Alte und Schwache. Die moderne Hospizhilfe unterstützt die Angehörigen der Sterbenden und ermöglicht, dass Menschen ihrem Wunsch gemäß in der vertrauten Umgebung der eignen vier Wände sterben können. Der ambulante Hospizdienst begleitet Sterbende auch in Pflegeheimen oder auf Palliativstationen im Krankenhaus. Wenn die Betreuung zu Hause nicht möglich ist, bieten stationäre Hospize einen geschützten Ort für Sterbende. Das zentrale Motiv der Hospizbewegung ist es, sterbenden Menschen bedingungslos und uneingeschränkt ihre Menschenwürde und Selbstbestimmung zu erhalten. Dazu ist die professionelle medizinische Betreuung in Form einer Schmerztherapie oder einer lindernden Pflege meist unverzichtbar. Doch ohne die Fürsorge der ehrenamtlichen Sterbebegleiter wäre die Hospizarbeit nicht möglich. Die freiwilligen Helfer werden in mehrmonatigen Kursen qualifiziert und erwerben so Kenntnisse über die körperlichen und seelischen Prozesse am Ende des Lebens.

Die Hospizbewegung begreift das Sterben als natürlichen Prozess, der zum Leben gehört. Sterben wird als integrativer Bestandteil des Lebens betrachtet. Eine Gesellschaft des langen Lebens wird nicht umhin kommen, sich diese Einstellung gegenüber dem Lebensende wieder anzueignen. Über die Hälfte der 40- bis 60-Jährigen haben die Pflegebedürftigkeit und das Ableben eines näheren Angehörigen schon selbst erfahren. Für viele von ihnen wurde die Sorge um den Tod des anderen und die bewusste Auseinandersetzung mit dem Sterben wichtiger als die Angst vor dem eigenen Tod.[125] Im Rahmen der Hospizbewegung eröffnen sich Gelegenheiten auch außerhalb der eigenen Familie, den Tod anderer Menschen aktiv zu begleiten und damit die eigene »letzte Reise« besser verstehen und akzeptieren zu können.

Informationen und Kontakt:
Deutscher Hospiz- und Palliativverband e. V.
www.hospiz.net

Deutsche Hospiz Stiftung
www.hospize.de

Wegweiser Hospiz und Palliativmedizin Deutschland
www.wegweiser-hospiz-palliativmedizin.de

3. Die Welt vor unserer Haustür: Gestaltungsmacht in Bürgerhand

*»Die Menschen machen immer die Umstände
dafür verantwortlich, was sie sind.
Ich glaube nicht an Umstände.
Die Menschen, die vorangehen in dieser Welt,
sind stets jene, die sich aufmachen
und die Umstände suchen, die sie brauchen,
und diese schaffen, wenn sie sie nicht finden können.«
(George Bernard Shaw)*

Auf dem Weg zur Stadt des langen Lebens

»Wie möchten Sie leben und wohnen, wenn Sie älter sind?«, fragte die Stadtverwaltung von Arnsberg per Brief die mehr als 28 000 Bürger über 50 Jahre. Das war 1995, und heute ist die Stadt im Hochsauerlandkreis für ihre generationenübergreifende Kommunalpolitik international bekannt. Dabei setzt der Bürgermeister, Hans-Josef Vogel, weniger auf die Steuerung durch Rathaus und Behörden, sondern vielmehr auf die Selbstorganisation der Bürger: »Die Menschen vor Ort sind Experten in eigener Sache. Niemand kennt die Probleme und Sorgen der Bürger besser als sie selbst. Deshalb können die besten Lösungen dieser Probleme nur mit den Bürgern gemeinsam gefunden werden. Das ist ja auch die Kernidee der kommunalen Selbstverwaltung: Die Aufgabe der Verwaltung besteht in erster Linie darin, die Bürger zu unterstützen, ihre Probleme selbst zu lösen.«

Genau das geschah in Arnsberg nach der Auswertung der Briefumfrage. Engagierte Bürger schnürten mit Hilfe der Stadt ein Gesamtpaket für selbstbestimmtes Wohnen im Alter – vom Beratungsnetzwerk über die Mitwirkung der älteren Bürger an der Stadtentwicklung bis hin zur konkreten Realisierung entsprechender Wohnanlagen. Damit sich das Engagement insbesondere der ältern Bürger so gut wie möglich entfalten kann, hat die Stadt Arnsberg außerdem eine »Fachstelle Zukunft Alter« eingerichtet.

Zwei hauptamtliche Mitarbeiter kümmern sich darum, dass die Ideen oder Projekte der Bürger koordiniert und professionell betreut werden. Außerdem vermittelt die Fachstelle Zukunft Alter wenn nötig Qualifizierungen für das Engagement. Allerdings ist die Bürgerarbeit keinesfalls nur alterslastig, im Mittelpunkt der Aktivitäten steht das Miteinander von Alt und Jung. Gemeinsam etwas erleben, Spaß haben, voneinander lernen, sich gegenseitig helfen – in Arnsberg wird der viel beschworene Dialog der Generationen gelebt. Viele ältere Bürger sind bereit, für und mit anderen etwas zu bewegen. Etwa 400 Ruheständler engagieren sich regelmäßig als Paten für Kinder und Jugendliche, für junge Familien oder Alleinerziehende, für hilfsbedürftige Senioren oder deren Angehörige. An der Berufsfachschule wird die Erfahrung der Älteren bewusst in den Unterricht eingebunden, sie unterstützen die Jugendlichen mit Bewerbungstrainings oder handwerklichen Schulungen. Auch die Lehrlinge selbst tun etwas für die ältere Generation, etwa durch die Gestaltung eines Sinnesgartens für Demenzkranke. In Kindergärten und Grundschulen gehen die engagierten Älteren ein und aus. Ein Diplomingenieur im Ruhestand kommt regelmäßig mit seiner selbstentwickelten Experimentierkiste vorbei, der frühere Kripochef der Stadt engagiert sich in Sachen Gewaltprävention und ein pensionierter Lehrer hält einmal pro Woche einen »Biologiekurs für kleine Leute«. Der passionierte Naturliebhaber sitzt außerdem im Seniorenbeirat der Stadt und arbeitet für die Arnsberger Seniorenzeitung. »Sinnvolle Tätigkeiten warten auf jeden, der sich darum bemüht«, schreibt der 70-Jährige in einem Artikel. »Wenn man nicht aufpasst, zerrinnt einem die Zeit zwischen den Fingern. Mit einem kleinen Sprung über den eigenen Schatten wird die Welt bunter.« Bürgerschaftliches Engagement ist in Arnsberg eine alltägliche Selbstverständlichkeit, Bürger aller Generationen bringen ein, was sie interessiert, stellen ihre Talente und Erfahrungen zur Verfügung und spenden Zeit, Aufmerksamkeit und Zuwendung. Unterstützt werden sie dabei sowohl von der Verwaltung als auch von den lokalen Unternehmen, Verbänden und Vereinen.

Arnsberg ist keine Idealstadt mit gewachsenem Stadtkern und umliegenden Wohn- und Gewerbegebieten, sondern wurde im Zuge der kommunalen Gebietsreform in den 1970er Jahren aus zwei Städten und zwölf Dörfern gebildet. Die problematischen Folgen dieser Reform traten im vergangenen Jahrzehnt zutage: Jeder Stadtteil hatte sein Krankenhaus, seine Schulen und Kindergärten, seine Sportstätten und Bäder, seine Kirchen, Alten- und Jugendeinrichtungen. Eine kostspielige Angelegenheit, vor allem angesichts der Tatsache, dass die Stadt seit Jahren eher schrumpft als wächst. Trotz intensiver Rückbaumaßnahmen und Umnutzungen ist die Stadt Arnsberg hoch verschuldet, seit der Finanz- und Wirtschaftskrise ist der Schuldenberg noch einmal gewaltig angewachsen. Doch Hans-Jochen Vogel ist kein Freund der Defizitperspektive. Stattdessen konzentriert er sich lieber auf die Potenziale: »Natürlich ist die finanzielle Notlage groß, zugleich aber ist es auch eine Riesenchance. Denn in Zeiten der Krise wachsen auch der Ideenreichtum und das Engagement der Bürger.«

Der Arnsberger Bürgermeister betrachtet bürgerschaftliches Engagement als zweiten Etat der Stadt, allerdings nicht im Sinne einer billigen Ersatzleistung für das, was klamme Gemeindekassen nicht mehr leisten können. Er sieht das bürgerschaftliche »Budget« als unverzichtbaren Aktivposten für die Entwicklungs- und Planungsprozesse der Stadt. Deshalb werden neben der Fachstelle Zukunft Alter auch die sechs Seniorenbeiräte und die Vertreter anderer Generationen bei Fragen der Stadtplanung miteinbezogen. Viele Köpfe denken lassen – nach diesem Motto sind die Arnsberger Bürger an vielen Entscheidungen beteiligt, die anderenorts oft nur im stillen Kämmerchen der Kommunalpolitik verhandelt werden. Das erfordert Umdenken auf beiden Seiten. Die Verwaltung muss sich dafür öffnen, ihre Hoheitsgebiete mit den Bürgern teilen, und die Einwohner der Stadt müssen bereit sein, Aufgaben zu übernehmen, die sie vorher nach oben delegiert haben. Auch die Wirtschaft, die Verbände und die etablierten Vereine sind gefordert, in die neue Allianz mit einzutreten. Mit diesem neuen Schulterschluss konnte in Arnsberg eine Reihe von Projekten realisiert werden, die in anderen Kommunen aus Kostengründen gar nicht erst angedacht werden – von betreuten Wohnanlagen für Senioren über eine Akademie für generationenübergreifendes Lernen bis hin zu bürgerschaftlich getragenen Museen und Theatergruppen. Seit 2007 unterstützt außerdem die BürgerStiftung Arnsberg ausgewählte Projekte mit Geld und Zeit. Damals hatten sich elf lokale Wirtschaftunternehmen und Bürger zusammengetan und einen siebenstelligen Betrag in die gemeinnützige Organisation eingebracht. Die Stiftungsgelder fließen in die Förderung von Projekten in den Bereichen Bildung, Erziehung, Kunst, Kultur, Sport und Brauchtum. Außerdem prämiert die Stiftung im Rahmen eines Wettbewerbs Ideen von Jugendlichen für ihre Stadt und hilft bei der Umsetzung. »Um auf den demografischen Wandel zu reagieren und eine ›Stadt des langen Lebens‹ werden zu können, sind wir auf die Kreativität der ganzen Stadt angewiesen«, sagt Vogel. »Wir müssen die Stadt so organisieren, dass ihre Türen weit offen stehen für diesen bürgerschaftlichen Erfindergeist. Ein Stück auf diesem Weg sind wir in Arnsberg bereits gegangen. Dadurch ist die Stadt spürbar lebendiger geworden.«

Jeder Beitrag zählt: Bürgerstiftungen

»Frage nicht, was deine Stadt für dich tut – frage, was du für deine Stadt tun kannst.« Unter diesem Motto wurde 1996 die erste deutsche Bürgerstiftung in Gütersloh begründet. Die Idee, dass viele Bürger für verschiedene Zwecke in ihrem direkten Lebensumfeld Geld stiften, kommt aus den USA. Bei einer Bürgerstiftung können Unternehmen, Institutionen oder Bürger mitmachen, mit Zeitspenden, kleineren Geldbeträgen oder ganzen Erbschaftsvermögen. Bürgerstiftungen stärken das Engagement vor Ort und stellen die Mittel bereit, mit denen ehrenamtliche Arbeit unabhängig von öffentlichen Zuwendungen stattfinden kann. Heute ist Deutschland nach den Vereinigten Staaten weltweit das Land mit den meisten Bürgerstiftungen, deren Zahl von zehn im Jahr 2000 auf 250 im Jahr 2010 gestiegen ist. Etwa 16 000 Menschen sind in deutschen Bürgerstiftungen engagiert. Damit bilden sie die größte Gruppe lebender Stifter. Das Gesamtkapital der deutschen Bürgerstiftungen belief sich 2010 auf mehr als 20 Millionen Euro. Die Mehrzahl der geförderten Projekte betrifft den Bildungsbereich, gefolgt von den Bereichen Soziales und Kultur. Gefördert werden aber auch Brauchtum und Heimatpflege, Völkerverständigung, Begegnungen der Generationen und Umweltaktivitäten. Das Stiftungskapital sollte mindestens 50 000 Euro betragen, denn Projekte dürfen nur durch Zinserträge gefördert werden. Der Kapitalstock selbst ist dauerhaft zu erhalten, deshalb sind Bürgerstiftungen eine besonders nachhaltige Form des bürgerschaftlichen Engagements. Pro Jahr leisten Ehrenamtliche in Bürgerstiftungen insgesamt 385 000 Stunden freiwillige Arbeit. [126]

Informationen und Kontakt:
Initiative Bürgerstiftungen
Mauerstraße 93
10117 Berlin
Tel. 0 30–8 97 947 90/91
buergerstiftungen@stiftungen.org
www.die-deutschen-buergerstiftungen.de

Mehr Pflichten, weniger Geld

Deutschlands Städte und Kommunen befinden sich seit langem in einer angespannten Lage, die sich mit der Finanz- und Wirtschaftskrise nochmals zugespitzt hat. Sie klagen über tiefe Haushaltslöcher und sind zum Teil so hoch verschuldet, dass sie mit einem Nothaushalt agieren und alle Ausgaben von der Landesregierung absegnen lassen müssen. Für 2010 hat der Deutsche Städtetag ein bundesweites Rekorddefizit von 11 Milliarden Euro errechnet.[127] Mit einer Entspannung der Finanzlage rechnet der kommunale Spitzenverband in den nächsten Jahren nicht. Doch auch wenn die Gewerbesteuereinnahmen mit anspringender Konjunktur wieder zunehmen, bleiben den Kommunen andere Probleme – von Abwanderung und alternder Bevölkerung über Arbeitslosigkeit und Armut bis hin zur Integration von Migranten. Ob Dorf oder Großstadt – alle Kommunen müssen damit umgehen, dass ihre Bürgerschaft älter, geringer und bunter wird und dieser demografische Wandel den kommunalen Sozialhaushalt zunehmend belastet. Gleichzeitig steigen die Sozialausgaben, auch weil Bund und Länder den Kommunen immer mehr Lasten aufbürden. Mehr Pflichten und gleichzeitig weniger Geld, dieses Dilemma veranlasst viele Kommunen, ihre Finanzierungsprioritäten neu zu ordnen und rigoros zu streichen, was nicht zu ihren gesetzlichen Pflichtaufgaben gehört: Mittel für Bibliotheken, Museen, Theater oder Sportstätten, die Nachmittagsbetreuung der Schulen, Spielplätze, Einrichtungen für Jugendliche oder Senioren. Hier kann bürgerschaftliches Engagement maßgeblich zur Aufrechterhaltung der Lebensqualität vor Ort beitragen. Das soziale Kapital der Bürgerschaft ist allerdings nicht nur wegen der klammen Finanzlage gefragt, sondern auch, weil die Menschen vor Ort oft kreativere und effizientere Problemlösungen als die Verwaltungsfachleute und die Politiker am grünen Tisch finden. Als Experten ihres unmittelbaren Umfelds werden sie rasch auf Versorgungslücken aufmerksam und machen sich Problemlösungen selbst zur Aufgabe, statt auf Hilfe von »oben« zu warten.

Auch angesichts der übergroßen globalen Herausforderungen ist die engagierte Weltverbesserung im kleinen Radius wichtig. Wo besser als im lokalen Umfeld können Bürger mit ihrem freiwilligen Einsatz die Erfahrung machen, dass sie den beunruhigenden Megatrends der Gegenwart – Globalisierung, demografischer Wandel, Wirtschaftskrise und Klimawandel – nicht hilflos ausgeliefert sind? Kein einzelner Bürger etwa wird eine globale Energiewende bewirken können, ein lokales Umsteuern kann er aber sehr wohl befördern helfen.

Der pensionierte Diplomingenieur Karlheinz Rauh hegte schon lange den Traum, sein Lebensumfeld »enkeltauglicher« zu machen. Seine Vision: den Energiebedarf in seinen Heimatlandkreisen Miesbach und Bad Tölz in Oberbayern komplett aus erneuerbaren Energien zu bestreiten. Im Jahr 2005 trommelte er deshalb 86 Stifter zusammen und gründete die Bürgerstiftung »Energiewende Oberland«. Inzwischen sind es 160 Stiftungsmitglieder die daran arbeiten, die Landkreise bis 2035 energieautark zu machen – nicht nur Privatpersonen, sondern auch Firmen, Berufsverbände, Kommunalpolitiker und Klöster. Die Aktivitäten der Bürgerstiftung reichen von Energiespar- und Bauberatung, über Werbekampagnen für Windkraft bis hin zur Umweltbildung von Schülern und Jugendlichen unter anderem mit Hilfe von Praktika in den neuen Berufsfeldern erneuerbare Energien. Zwei Solarkraftwerke konnten bereits errichtet werden, außerdem bietet die Bürgerstiftung ein eigenes Car-Sharing an. Rauh ist überzeugt, dass die lokale Energiewende gelingen kann, wenngleich in kleinen Schritten: »Allein die vielen neuen Solaranlagen bei uns haben die regenerativen Energien um wenigstens zehn Prozentpunkte vorangebracht – und zwar in unseren ersten fünf Jahren.«[128]

Ähnliche Bürgerinitiativen gibt es mittlerweile in vielen deutschen Städten und Kommunen – ein klares Signal, dass die Menschen vor Ort ihren Lebensraum nachhaltig mitgestalten wollen.

Auf dem Weg zur Bürgerkommune

Die Mitgestaltung des Lokalen durch engagierte Bürger ist keineswegs ein neumodischer Trend, sondern ein Bürgerrecht, das unmittelbar aus dem deutschen Verfassungsprinzip der Kommunalen Selbstverwaltung folgt. Ihre Wurzeln hat die moderne Kommunalverwaltung in der preußischen Städteverordnung von 1809, die den Schwerpunkt ausdrücklich auf Selbstverwaltung legte. Ihr geistiger Vater, Freiherr vom Stein, war entschiedener Gegner einer zentralen Bürokratie und setzte stattdessen auf mündige Bürger, die über ihre Angelegenheiten selbst bestimmen können. Mit dieser Abwendung vom Obrigkeitsdenken sollte auch erreicht werden, dass sich die Bürger mehr für öffentliche Angelegenheiten und das Gemeinwesen interessieren. Auf die Mitwirkung aktiver Bürger setzt auch die moderne kommunale Selbstverwaltung – ein Prinzip, um das uns viele Länder beneiden, das aber viele Jahre lang sowohl von Bürgern als auch von Politikern vernachlässigt wurde. Noch in den 1950er Jahren hat das Bundesverfassungsgericht festgestellt: »Kommunale Selbstverwaltung bedeutet ihrem Wesen und ihrer Intention nach Aktivierung der Beteiligten für ihre eigenen Angelegenheiten, die die in der örtlichen Gemeinschaft lebendigen Kräfte des Volkes zur eigenverantwortlichen Erfüllung öffentlicher Aufgaben der engeren Heimat zusammenschließt mit dem Ziel, das Wohl der Einwohner zu fördern.«[129] Die Kernaussage dieses sperrigen Satzes ist klar: Kommunen haben das Engagement ihrer Bürger zu fördern und zu gestalten. Allerdings ist dieser Fokus der kommunalen Selbstverwaltung seit den 1970er Jahren immer mehr verwässert worden. Viele Aufgaben, die vorher in den Händen der Bürgerschaft lagen, sind sukzessive in die kommunale Trägerschaft übergegangen, obwohl sie nicht zu deren Pflichtaufgaben gehören: die Einrichtung und Unterhaltung von Museen, Theatern Schwimmbädern, Büchereien oder Bürgerhäusern, um nur einige Beispiele zu nennen. Mit der öffentlichen Übernahme dieser Aufgaben konnte einerseits vielerorts wichtige kulturelle und freizeitbezogene Infrastruktur geschaffen werden, andererseits aber wurden damit die kommunalen Mitgestaltungsmöglichkeiten der Bürger schlichtweg abgewürgt. In der Vergangenheit mag dieser Verzicht auf Bürgerteilhabe am Gemeinwesen für alle Beteiligten ein angemessener und bequemer Weg gewesen sein. Die Bürger konnten ihre Verantwortung nach oben delegieren und die Hände in den Schoß legen. Und die Kommunalpolitik konnte sich von der mitunter lästigen und unbequemen Aufgabe befreien, bürgerschaftliches Engagement anzuregen und zu koordinieren.

Doch heute und erst recht in Zukunft wird dieser Weg zur Sackgasse, nicht nur aufgrund der klammen Haushaltslage der Kommunen, sondern auch, weil die komplexen demografischen, sozialen und ökologischen Probleme unserer Zeit die Mitwirkung der Bürger nahezu erzwingen. Wenn, wie in Arnsberg, viele Köpfe mitdenken, kommt es nicht nur zu bürgernahen Entscheidungen, es erhöht sich auch die Identifikation der Bevölkerung mit dem Ort, ihr Vertrauen in die Politik und ihr Verständnis für planerische Entscheidungen. Gemeinsam gefundene Lösungen sind tragfähiger als einsame Verwaltungsentscheidungen.

Formen der lokalen Mitbestimmung

Sich auf kommunaler Ebene politisch zu engagieren gehört nach klassischem Demokratieverständnis zu den zentralen Aufgaben eines »guten Bürgers«. Über das klassische Ehrenamt im Gemeinderat, den Parteien oder Verbänden hinaus gibt es eine Fülle von innovativen freiwilligen Mitwirkungs- und Beteiligungsangeboten, die zahlreiche Kommunen in den letzten Jahrzehnten institutionalisiert haben: »Runde Tische« gegen Gewalt oder gegen Drogen, Planungszellen, Stadtteilkonferenzen, Bürgerforen, Zukunftswerkstätten und Mediationsverfahren, Kinder- und Jugendparlamente, Ausländerbeiräte und Seniorenvertretungen. Die Deutsche Seniorenliga e. V. hat ein Informationsportal eingerichtet, auf dem sie die Arbeit der Seniorenvertreter vorstellt. Interessenten können dort durch Angabe der Postleitzahl die Kontaktadressen von über 1000 regionalen Seniorenvertretern recherchieren.

www.deutsche-seniorenliga.de
www.ihre-seniorenvertretung.de

Politisches Engagement ist hierzulande allerdings weit weniger verbreitet als gesellschaftliche und soziale Freiwilligenarbeit, wie die Zahlen des jüngsten Freiwilligensurveys belegen. Der Bereich Politik und politische Interessenvertretung findet sich mit 2,7 Prozent auf den hinteren Rängen des Freiwilligenengagements. Möglicherweise ist dieses geringe Interesse darauf zurückzuführen, dass das klassische politische Engagement meist mit regelmäßigen terminlichen Verpflichtungen verbunden ist. Seit drei Jahrzehnten gestiegen ist dagegen das politische Engagement in Bürgerinitiativen und sozialen Bewegungen. Die Stimmen der Bürger im kommunalen Geschehen sind lauter geworden, das zeigt auch der immense Zulauf zu Bürgerbewegungen wie die der Stuttgart 21-Gegner, auch wenn man sich wünschen würde, dass deren Partizipationsanspruch sich nicht im Protest erschöpft. Außerdem darf nicht übersehen werden, dass aktuelle Bürgermeinung demokratisch legitimierte Entscheidungs- und Genehmigungsverfahren nicht ersetzen kann.

In Nürtingen lebt Demokratie

Die Fronten schienen festgefahren zwischen den Anwohnern und den Angehörigen der benachbarten Moschee. Immer wieder hagelte es Beschwerden über Ruhestörung, der Gemeinderat versuchte, schlichtend einzugreifen, doch alle Einigungsversuche endeten mit Beschimpfungen und gegenseitigen Schuldzuweisungen. Der Konflikt, der in Nürtingen zu eskalieren drohte, ist aus vielen anderen Kommunen bekannt. Bürger, die in der Nachbarschaft von Moscheen leben, fühlen sich belästigt, besonders während des Fastenmonats, wenn die Zusammenkünfte in den Moscheen zunehmen und auch abends stattfinden. Auch die Nürtinger Anwohner beklagten sich über unzumutbaren nächtlichen Lärm, zugeparkte Straßen und mangelnde Rücksicht der Muslime. Eine heikle Situation und eine Herausforderung für das Verhandlungsgeschick von Wilfried Stelzmann und Yasar Keskin, zwei von rund hundert Bürgerpaten, die in Nürtingen aktiv werden, wann immer ein Brückenschlag zwischen der Bürgerschaft, der Verwaltung und dem Gemeinderat nötig wird. »Wir sorgen dafür, dass die Türen hinter den Konfliktparteien nicht zugeschlagen werden.« So beschreibt der Rentner Wilfried Stelzmann, der als gelernter Elektriker 16 Jahre zur See gefahren ist und später in den Nürtinger Heizkraftwerken für die Sicherheit zuständig war, seine Tätigkeit. Kurz vor dem Ruhestand ließ sich Stelzmann zum Bürgermentor weiterbilden: »Das war für mich eine passende Gelegenheit, mich auf meinen dritten Lebensabschnitt vorzubereiten. Ich wollte ja nicht den ganzen Tag zu Hause rumhocken, sondern unter die Leute kommen.« Seit 2005 ist Stelzmann als Bürgermentor aktiv und setzt sich 20 bis 60 Tage im Monat freiwillig für das gelingende Zusammenleben der Nürtinger Bürger ein.

»Bürgermentoren wollen nicht nur ein bisschen ehrenamtlich tätig sein, sie übernehmen die Bürgerrolle im besten Wortsinn«, erklärt Hannes Wezel, Leiter der Stabstelle für bürgerschaftliches Engagement in Nürtingen. Die Stadt gilt bundesweit als Vorreiter in Sachen Bürgerengagement. Fast die Hälfte aller Nürtinger ist in irgendeiner Form freiwillig engagiert. Diese außergewöhnlich hohe Mitmachbereitschaft der Bürger hat sich natürlich nicht über Nacht ergeben. Vielmehr ist sie das Ergebnis von fast 20 Jahren Engagementförderung. Angefangen hat alles mit einer zukunftsträchtigen Entscheidung des Gemeinderats. Als das Rathaus 1991 erweitert wurde, richtete man darin statt des ursprünglich geplanten Seniorentreffs einen Bürgertreff für alle ein. Dazu gehört ein von Behinderten betriebenes Tagescafé, eine Anlaufstelle für bürgerschaftliches Engagement und Gruppenräume, die kostenfrei von Freiwilligeninitiativen genutzt werden können. »Mittlerweile haben wir 1700 Belegungen im Jahr, ob jung oder alt, gesund oder krank, ökologisch Aktive oder Migrantengruppen«, erzählt Wezel. Neben den Bürgern gehen auch die Kommunalpolitiker im Bürgertreff ein und aus. Diese Kommunikation der kurzen und unbürokratischen Wege wird von beiden Seiten geschätzt.

Dabei geht die Mitwirkung der Bürger im lokalen Umfeld weit über den Bürgertreff hinaus. Bei der seit 1997 jährlich stattfindende Nürtinger Sozialkonferenz kommen Bürger, Verwaltung und Gemeinderäte zusammen, um über aktuelle stadtpolitische Themen zu diskutieren und neue Projekte auf den Weg zu bringen. Aus dieser Zusammenkunft haben sich 14 ständige Beteiligungsforen etabliert, die sich mit stadtbezogene Themen beschäftigen und entsprechende Projekte mit Hilfe von Verwaltung und Politik realisieren – von Sicherheit bis Kultur, von Sport bis Familie, von Altern bis Integration. Wezel ist überzeugt, dass dieses Zusammenwirken als Bürgerkommune die Lebensqualität vor Ort ständig verbessert: »Damit werden Betroffene zu Beteiligten gemacht, aber nicht nur auf eigene, partikuläre Interessen bezogen, sondern lösungsorientiert für die Allgemeinheit.«

Auch Wilfried Stelzmann arbeitet aktiv in einem dieser Foren mit. In »Demokratie vor Ort« setzt er sich dafür ein, dass die Bürger bei städtischen Planungsmaßnahmen ein gewichtiges Wort mitzureden haben – ob es um die Umnutzung historischer Gebäude, die Errichtung einer Biogasanlage oder die Planung von Neubaugebieten geht. »Wir arbeiten darauf hin, dass all diese Vorhaben so transparent wie möglich gemacht werden und alle Beteiligten in den Dialog miteinander treten«, sagt er. Im Nachbarschaftsstreit um die Moschee gelang ihm und Yasar Keskin nach zähen Verhandlungen schließlich der Durchbruch. Die beiden Bürgermentoren sprachen mit den Betreibern, Besuchern und Anwohnern der Moschee und fragten genau nach, worin die Probleme eigentlich bestehen. Schließlich fanden sie bei einer angrenzenden Firma Ausweichparkplätze für die Zeit des Fastenmonats, überzeugten die Vertreter der Moscheegemeinde davon, die Mitglieder regelmäßig auf rücksichtsvolles Verhalten hinzuweisen, und bewirkten auch bei den Anliegern mehr Respekt gegenüber den muslimischen Nachbarn. Stelzmann will auch weiter dazu beitragen, eine gemeinsame Sprache zu finden, wenn unterschiedliche Mentalitäten aufeinander treffen: »Es zerrt manchmal ganz schön am Nervenkostüm, aber mir macht es Spaß, eine fremde Kultur besser kennenzulernen. Und dass ich zur Versöhnung der Nachbarschaft beitragen konnte, hat mich zutiefst befriedigt.«

Die demografischen Veränderungen und das Zusammenleben verschiedenster Kulturen und Milieus, macht es mehr den je notwendig, Bürger mit all ihren Fähigkeiten und Talenten als Koproduzenten auf Augehöhe an öffentlichen Dienstleistungen und Planungen zu beteiligen. Diese Vision einer Bürgerkommune rückt aber nur dann ein Stück näher, wenn bürgerschaftliches Engagement kein Hoheitsgebiet der gebildeten Mittelschicht bleibt, sondern Einzug in alle gesellschaftlichen Milieus halten kann.

Bürgerengagement – ein Privileg der Wohlhabenden?

Alle Erhebungen zum bürgerschaftlichen Engagement stellen seit Jahren fest, dass hierzulande eine enge Verbindung zwischen dem sozialen Status und dem bürgerschaftlichen Engagement existiert. Mit der Höhe des monatlichen Netto-Einkommens steigt der Anteil der Engagierten fast linear. Die Hälfte der Deutschen mit einem Monatseinkommen über 4000 Euro sind engagiert, dagegen nur knapp ein Viertel derjenigen, die unter 1000 Euro im Monat verdienen. Auch ein höheres formales Bildungsniveau trägt wesentlich dazu bei, dass sich Bürger freiwillig engagieren. So ist fast die Hälfte der Deutschen mit Uni- oder Fachhochschulabschluss engagiert, im Gegensatz zu nur 27 Prozent der Bürger mit Volks- oder Hauptschulabschluss.[130] Auch Bürger mit Migrationshintergrund sind – noch – unterdurchschnittlich niedrig bürgerschaftlich engagiert.

Integration auf neuen Wegen

In Deutschland leben heute rund 15 Millionen Menschen ausländischer Herkunft, das ist ein Fünftel der Gesamtbevölkerung. Viele davon gehören schon zur zweiten und dritten Generation, und dennoch ist ihre soziale und ökonomische Teilhabe an der Gesellschaft noch sehr gering ausgeprägt. Menschen mit Migrationshintergrund bleiben ungleich häufiger ohne Arbeit als Einheimische, ihre Kinder haben zu wenig Zugang zu höherer Bildung, und nicht wenige verlassen die Schule ohne Berufsabschluss. Kein Wunder, dass Migration oft als Risikofaktor betrachtet wird und nur selten als Chance.

Unsere schrumpfende und alternde Gesellschaft wird es sich auf Dauer nicht leisten können, die immensen Potenziale ihrer ausländischen Bürger brach liegen zu lassen. Weder unsere Bildungsinstitutionen, noch unsere Zuwanderungspolitik tragen diesem

Umstand ausreichend Rechnung. Außerdem haben viele Jahrzehnte Integrationspolitik noch nicht bewirken können, dass Menschen mit ausländischen Wurzeln nicht als Fremde betrachtet werden, sondern als Mitbürger und Nachbarn, zu denen es vielerlei Anknüpfungspunkte gibt. Stattdessen kursieren in der Gesellschaft nach wie vor kulturelle Zerrbilder und Stereotype, die von den Medien und der Politik ständig aufs Neue hochgespielt werden. Die These von den Parallelgesellschaften etwa erweist sich bei genauerer Betrachtung als kaum haltbar. Sie unterstellt, dass Menschen ausländischer Herkunft homogene Gruppen bilden, die von der Mehrheitsgesellschaft abgeschottet leben. Mit der Lebenswelt der Migranten hat diese verkürzte Sichtweise wenig zu tun, denn sie ist nicht weniger vielfältig, als die der deutschen Bevölkerung.

Gleichzeitig ist nicht zu übersehen, dass das Zusammenleben von Menschen mit unterschiedlichem kulturellem und religiösem Hintergrund auch zu Konflikten führt. Offenbar ist der Umgang mit Vielfalt und Andersartigkeit vor der eigenen Haustür alles andere als einfach. Integration bleibt nichts anderes als eine politische Leerformel, wenn sie nicht im direkten Umfeld der Menschen praktiziert wird. Ebenso wenig funktioniert Integration, wenn darunter verstanden wird, dass eine Kultur in der anderen aufgeht. Integration beschränkt sich auch nicht auf die schlichte Toleranz gegenüber Fremden oder auf den Zugang zu Deutschkursen und Arbeitsplätzen. Vielmehr geht es bei Integration um einen Prozess des wechselseitigen aufeinander Zugehens. Dazu gehört die Entdeckung gemeinsamer Interessen und Berührungspunkte ebenso wie die Auseinandersetzung mit Unterschieden und Spannungen. Und nicht zuletzt bedeutet Integration, dass alle unabhängig von ihrer Herkunft mit ihren Erfahrungen und Kompetenzen gesellschaftliche Verantwortung übernehmen und ihr Lebensumfeld mitgestalten können. Dieses zugegeben anspruchsvolle Ziel lässt sich politisch nicht verordnen. Ein konstruktives Miteinander auf Augenhöhe ist ohne die Begegnungsbereitschaft der Menschen vor Ort nicht herzustellen. An dieser

Stelle kann das bürgerschaftliche Engagement in Städten und Kommunen tragfähige Brücken bauen.

Noch werden Menschen ausländischer Herkunft eher als Klientel für bürgerschaftliche Unterstützungsarbeit betrachtet. Und nach wie vor sind Migranten als Aktive in vielen Engagementbereichen unterrepräsentiert. Möglicherweise wirken einheimische Vereine nicht einladend genug auf sie, faktisch ist vielen von ihnen organisiertes bürgerschaftliches Engagement aus ihren Herkunftsländern unbekannt. Im türkischen Sprachraum etwa gibt es kein eigenes Wort dafür, sondern man umschreibt freiwilliges Engagement mit »etwas mit dem Herzen tun«.[131]

Allerdings mehren sich auf kommunaler Ebene inzwischen Projekte und Initiativen, die Bürger ausländischer Herkunft aktiv als Mitmacher gewinnen wollen. Dabei wird zunehmend auch eine Zielgruppe angesprochen, die bisher in Deutschland kaum wahrgenommen wurde – ältere Migranten. Entgegen der allgemeinen Annahme, dass sie im Alter wieder in ihre Heimatländer zurückkehren, bleiben viele Menschen der ersten Einwanderergeneration auch im Ruhestand bei ihren Kindern und Enkeln in Deutschland. Immer mehr Städte und Kommunen reagieren auf den wachsenden Anteil älterer Migranten, entwickeln Angebote für ihre gesellschaftliche Teilhabe oder fördern deren Eigeninitiative.

- In Niedersachsen können sich erfahrene Bürger ausländischer Herkunft ebenso wie Einheimische zu Integrationslotsen weiterbilden lassen. Sie helfen neu Zugewanderten ehrenamtlich bei der Orientierung in ihrer neuen Umgebung oder unterstützen Migranten, die schon länger in Deutschland leben, bei der sprachlichen, beruflichen oder gesellschaftlichen Integration. Mehr als 1300 Integrationslotsen wurden bereits qualifiziert, etwa die Hälfte von ihnen hat ausländische Wurzeln. Ähnliche Projekte existieren auch in anderen Bundesländern.
- Im Kölner Norden, wo es einen hohen Anteil an Russisch sprechenden älteren Menschen gibt, hat sich eine deutsch-russische

Seniorengruppe gebildet. Man trifft sich regelmäßig, tauscht an Feiertagen seine jeweiligen Sitten und Gebräuche aus, unternimmt gemeinsame Ausflüge, diskutiert über Literatur und Kunst aus beiden Ländern oder kocht miteinander. Die Initiative ging von einem lokalen ZWAR-Netzwerk aus. ZWAR steht für »Zwischen Arbeit und Ruhestand« und begleitet selbstorganisierte Netzwerke, in denen Menschen ab 50 Jahren gemeinsam älter werden.

- In Dortmund wurde das Projekt »Frühstückstreff« ins Leben gerufen, nachdem ein engagierter türkischstämmiger Bürger im Seniorenbüro des Stadtteils Eving nach Raum für eine Seniorengruppe abseits von Moscheen und Teestuben nachgefragt hatte. Heute treffen sich im Städtischen Begegnungszentrum Dortmund-Eving deutsche und türkische Senioren regelmäßig zum gemeinsamen Frühstück mit ihren jeweiligen Landesspezialitäten und zum gemeinsamen Austausch. Nach dem Frühstück werden zweisprachige Vorträge zu unterschiedlichen Themen – etwa Wohnen im Alter – angeboten, die von den Senioren vorgeschlagen werden.

- »Polyphonie – Stimmen der kulturellen Vielfalt« ist ein Projekt in Remscheid, das älteren Zuwanderern kulturelle Teilhabe ermöglichen möchte. Im Mittelpunkt des Projekts steht der Gesang, eine Ausdrucksform, die allen Kulturen vertraut ist und sie verbindet. In Workshops haben Amateursänger über 50 Jahre die Möglichkeit, ihr Gesangstalent mit Unterstützung von professionellen Musikern und Musikpädagogen weiterzuentwickeln. Höhepunkt der gemeinsamen Arbeit sind die Konzerte, bei denen die sich die Teilnehmer unter professioneller Begleitung im Theater Duisburg einem großem Publikum präsentieren.

- Die »Bunten Zellen« sind eine Altentheatergruppe deutscher und türkischer Senioren aus Berlin, die im Januar 2005 zum ersten Mal zusammenkamen. Seitdem treffen sich die Schauspieler wöchentlich zu Proben. Was verbindet die deutsche mit der türkischen Kriegs- und Nachkriegsgeneration und was trennt sie voneinander? Die Beschäftigung mit diesen Fragen bietet den »Bunten Zellen« reichlich Stoff für Inszenierungen. Mittlerweile tritt die Theatergruppe auch auf Gastspielen außerhalb Berlins auf und veranstaltet Workshops mit Kindern, Jugendlichen, Studierenden und Erwachsenen unterschiedlicher Herkunft.[132]

Wie kaum ein anderer Bereich können kulturelle Begegnungen auf Augenhöhe dazu beitragen, dass Integration keine Einbahnstraße bleibt. Im Austausch über kulturelle Themen lernen Menschen unterschiedlicher Herkunft sich besser zu verstehen, sich gegenseitig zu respektieren oder einfach gemeinsam Spaß zu haben. Das Kulturleben in Städten und Kommunen bietet ein weites Feld für bürgerschaftliches Engagement und schafft jenes soziale Kapital, das eine Gesellschaft der vielfältigen Lebensentwürfe und komplexen Beziehungen zusammenhält.

Kultur für alle

Fast 5000 Museen, 150 öffentlich geförderte Theater und Orchesterhäuser mit jährlich 100 000 Aufführungen und 7000 Konzerten zählt das Statistische Bundesamt für Deutschland. In kaum einem anderen Land ist das Netz an kulturellen Einrichtungen so dicht wie hier. Fast 8 Milliarden Euro Haushaltsgelder fließen jährlich in die Kulturförderung, und dennoch ist das kulturelle Leben in Deutschland ohne Ehrenamt nicht denkbar. Zum einen wird angesichts der klammen öffentlichen Kassen immer öfter der Rotstift bei Kultureinrichtungen angesetzt. Zum anderen ist das kulturelle Leben im lokalen Umfeld hierzulande schon immer stark geprägt von ehrenamtlich tätigen Bürgern. Ob Gesangsvereine oder Laienorchester, ob Kunstverein oder literarische Gesellschaft, ob Theatergruppe, Trachten- oder Karnevalsverein – in nahezu jedem Ort in Deutschland haben solche Zusammenschlüsse lange Tradition. Allein der deutsche Chorverein verzeichnet den Wiesbadener Statistiken zufolge deutschlandweit 1,7 Millionen Mitglieder. Offenbar ist das lokale Vereinsleben trotz aller gesellschaftlichen und sozialen Veränderungen immer noch sehr lebendig und wird von bürgerschaftlich Engagierten aller Generationen getragen. Als Antwort auf die kulturelle Vielfalt der Gesellschaft und auf veränderte Bedürfnislagen sind neue Formen der bürgerschaftlichen Kulturarbeit hinzukommen, die sich bewusst jenseits von Tradition und Mainstream verorten. Viele dieser Initiativen verknüpfen kulturelle und soziale Themen und verstehen sich als Türöffner für Menschen, die selten mit Themen der Hochkultur in Berührung kommen.

Der Soziologe und Politikwissenschaftler Reinhold Knopp nennt solche Vermittler »Keyworker«, was so viel bedeutet wie »Kontaktpersonen«. Keyworker machen Randgruppen und sozial Benachteiligte mit Kulturstätten bekannt, die ihnen bislang fremd waren. Sie organisieren gemeinsam mit den Hauptamtlichen der Kulturbetriebe Veranstaltungen oder tragen kulturelle Angebote direkt in die unterschiedlichen Lebensräume der Menschen. »Kultur auf Rädern« etwa ist eine Angebot für Senioren, die in ihrer Bewegungsfreiheit eingeschränkt sind. Bei dieser Initiative der Düsseldorfer Netzwerke bringen Freiwillige kleine Theatervorführungen oder Museumsarrangements in Seniorenreinrichtungen und Privatwohnungen. Ähnlich wie das Essen auf Rädern richtet sich dieses Angebot an alte Menschen, die trotz ihrer Immobilität nicht auf das »Nahrungsmittel« Kultur verzichten möchten. Die Freiwilligen der Düsseldorfer Netzwerke sind übrigens überwiegend Menschen, die ihr Berufsleben schon hinter sich haben.

Genau diese Altersgruppe ist nach Ansicht des Kulturexperten Knopp prädestiniert dazu, als Keyworker tätig zu werden. Die Generation der »jungen Alten« ist mit dem Kulturbetrieb vertraut und hat einen geschulten Blick für gesellschaftliche Verwerfungen. Als Nachkriegsjahrgänge haben sie vom Bildungsschub der 1970er Jahre profitiert und das muffige deutsche Bildungs- und Kulturleben in jungen Jahren ordentlich aufgemischt – beste Voraussetzung also dafür, Schlüsselfiguren in sozialen und kulturellen Veränderungsprozessen zu werden.[133]

Kulturelle Bildung ist eine wesentliche Voraussetzung dafür, die

Welt zu verstehen und einen Platz darin zu finden. Sie bestimmt vielleicht sogar noch mehr als die formelle Bildung die Wertewelt, die Ziele, das Handeln und das gesellschaftliche Verhalten des Einzelnen. Umso bedenklicher ist die Tatsache, dass das öffentlich geförderte Kulturangebot vor allem die gebildete Mittelschicht anspricht und allen anderen verschlossen bleibt. An diesem Missstand setzt die Arbeit der Keyworker an. Sie wendet sich an Kinder und Jugendliche, an Menschen in schwierigen Lebenssituationen, an Bürger ausländischer Herkunft und an Senioren, um sie auf kreative und lockere Art mit den unterschiedlichen kulturellen Angeboten ihrer Lebensumgebung vertraut zu machen. Es geht nicht darum, belehrend zu wirken, sondern die Menschen darin zu unterstützen, sich die kulturellen Räume selbst zu erschließen. In ihrer Funktion verstehen sich die Keyworker als »niederschwellige« Ergänzung der professionellen Kulturpädagogik. Die anspruchsvolle Aufgabe setzt einiges an Wissen voraus. Wie spreche ich mit Migranten über eine Skulptur im Museum? Wie erschließe ich mit einer Jugendgruppe ein Theaterstück? Wie bringe ich Kultur in eine Senioren- oder Behinderteneinrichtung?

Solche Fragen beantwortet ein Weiterbildungsangebot, das ursprünglich von den Düsseldorfer Netzwerken konzipiert wurde und mittlerweile in mehreren deutschen Städten zu finden ist. Der Kulturführerschein® ist ein Fortbildungsprojekt für freiwillig Engagierte, die lernen möchten, wie man Kulturgruppen aufbaut und interessante Angebote entwickelt. Das Programm wendet sich ausdrücklich an Menschen ab 50 Jahren. »Dass man die Älteren ernst nimmt und ihnen eine Weiterbildung anbietet, hat mir spontan gefallen«, erzählt Brigitte Stanke. Die 71-Jährige hat ihren Kulturführerschein beim evangelischen Bildungswerk in München absolviert, als eine von fast 200 Interessenten, die dort seit 2002 ausgebildet worden sind. Stanke ist gelernte Sozialarbeiterin und hat als Autodidaktin später selbst Objektkunst gemacht oder Ausstellungen organisiert. Kulturelle Themen sind ihr vertraut, seit Jahren gehört sie drei Kulturvereinen an. Doch der Kulturführerschein hat sie auf völlig neue Ideen gebracht. Heute organisiert sie an mehreren Tagen im Jahr in ihrem Haus kulturelle Überraschungsabende. Geladen werden Gäste aus ihren früheren Künstlernetzwerken, die wiederum Kontakte zu vielen anderen kunstinteressierten und talentierten Menschen haben. So wächst der Kreis der Mitmacher beständig, ältere und junge Menschen, die kreative Abende miteinander verbringen. Jeder bringt etwas zu Essen mit – und die Lust, selbst künstlerisch aktiv zu werden. Zwei Schüler, die auf Umzugkartons ein fulminantes Percussionstück vorführen, ein älteres italienisches Ehepaar mit Gesang und Gitarre, ein improvisiertes Theaterstück mit zwei Studenten, ein türkischer Schriftsteller, der sein Buch vorstellt, oder Gemäldeausstellungen im Flur und Wohnzimmer – die Abende sind tatsächlich voller Überraschungen. »Wir Älteren sind vielleicht oft kreativer als die junge Generation. Wir haben nicht mehr so viele Verpflichtungen, sind freier im Kopf und trauen uns auch Ungewöhnliches«, sagt die Intitiatorin dieser Veranstaltungen. In der Organisation steckt viel Herzblut und Zeit, aber Brigitte Stanke bekommt für ihr Engagement auch viel zurück: »Die Begeisterung der Leute beim Mitmachen, ob Jung oder Alt, das ist Belohnung genug.«

Die Kultur vom Sockel holen, sie mit anderen Menschen teilen und gemeinsam Spaß daran haben, das motiviert die Kulturführerschein-Absolventen zu kreativen und oft innovativen Projekten. Eine schon immer kunstinteressierte Münchnerin etwa suchte im Alter die Möglichkeit, ihre Kenntnisse mit sozialem Engagement zu verbinden. Nach absolviertem Kulturführerschein entwickelt sie das Projekt »Kunst-Betrachtungen« für Alleinerziehende. Sie selbst bietet den Müttern und Vätern Kunst-Betrachtungen an, während eine andere Kursabsolventin mit deren Kindern Museen oder Ausstellungen erkundet. Anschließend trifft man sich wieder, um über die Erlebnisse zu reden. Eine andere Kulturführerschein-Absolventin bringt Kultur in ihre Heimatgemeinde, ein 250-Einwohnerdorf in Franken. Heute gibt es dort eine Dorfzeitung von und für Kinder und Jugendliche, eine Seniorengruppe für Biografisches Schreiben und begleitete Fahrten in

Theater, Museen oder Ausstellungen nach Nürnberg oder München. »Ich will Kultur nicht nur konsumieren, sondern vermitteln und weitergeben, von Mensch zu Mensch, ohne ausgebildeter Experte zu sein«, sagt eine Ruheständlerin, die den Kulturführerschein gemacht hat, weil sie Kontakte über Freunde und Familie hinaus gesucht hat. Nun bietet sie einen Literaturkreis im Altenstift an und bringt Kindern ausländischer Herkunft das Lesen und die Bücher nahe.

Das Wort Kultur leitet sich vom lateinischen Verb »colere« ab und bedeutet so viel wie pflegen, beschützen, verehren, bewohnen. Kultur bezieht sich ursprünglich auf das Hegen und Pflegen der Natur, auf Ackerbau und den Anbau von Früchten. Der römische Philosoph Cicero übertrug den Begriff auf die Philosophie im Sinne der Pflege des eigenen Geistes und der Pflege des gesellschaftlichen und sozialen Zusammenlebens. Bürgerschaftliche Engagement ist ein wichtiger Garant dafür, dass kulturelles Leben nicht nur lebendig bleibt, sondern sich weiterentwickelt und als lokale Infrastruktur für alle zugänglich wird.

Informationen und Kontakt:

Kultur auf Rädern
www.mensch-kunst-leben.de
www.zentrum.evangelische-seniorenarbeit.de

Düsseldorfer Netewerke
www.netzwerke-duesseldorf.de

Evangelisches Bildungswerk München
www.ebw-muenchen.de

Kulturführrerschein-Bayern
www.kulturfuehrerschein-bayern.de

Die Macht der Vielen

Chicago in den 1960er Jahren: Die Verhältnisse im überwiegend von Afroamerikanern bewohnter Slum sind elend – miserable Wohnzustände, viele Arbeitslose, betrügerische Geschäftspraktiken, Gewalt, Diskriminierung, Hoffnungslosigkeit. Bis Saul Alinsky kommt und Tausende von Menschen dazu mobilisiert, diesen Verhältnissen aus eigener Kraft und ohne gewalttätige Aufstände ein Ende zu setzen. Der Sohn russischer Emigranten mit abgebrochenem Kriminologie-Studium hilft den sozial Ausgegrenzten, sich zu organisieren und ihre Rechte mit Nachdruck, Geschick und Selbstvertrauen durchzusetzen. Alinsky ist Begründer des »Community Organizing«, einer in den USA seit langem erprobten Form der Bürgerbeteiligung, die inzwischen ihren Weg auch nach Deutschland gefunden hat. Community Organizing zielt darauf ab, die Menschen eines Viertels in die Lage zu versetzen, Missstände mit selbst organisiertem Handeln und Verhandeln zu beheben, die Qualität der eigenen Lebensverhältnisse zu verbessern und das gesellschaftliche Zusammenleben gemeinsam mit anderen zu gestalten. Dabei setzt Community Organizing auf die Vernetzung der Menschen über kulturelle, soziale, konfessionelle und altersmäßige Grenzen hinweg. So wird gewährleistet, dass Menschen, Gruppen und Organisationen, die bislang ungehört blieben, eine kraftvolle Stimme bekommen. Eigeninitiative, Schulterschluss und Beziehungsmacht sind die tragenden Säulen von Community Organizing. Der Prozess ist parteipolitisch und konfessionell unabhängig und nimmt keine öffentliche Mittel an, sondern finanziert sich allein aus Spendengeldern. Mit Hilfe von geschulten und bezahlten Community Organizern werden die Quartierbewohner befähigt und bestärkt, für ihre eigenen Interessen bürgerschaftlich aktiv zu werden und ihre Anliegen überzeugend an die Entscheidungsträger zu tragen. Dabei geht es im Gegensatz zur Arbeit vieler Bürgerinitiativen nicht um punktuelle Verbesserungen, sondern um dauerhafte Partizipation. Community Organizing will nicht an den Symptomen optimieren, sondern die Ursachen bekämpfen. Besonders wirksam ist diese Form des bürgerschaftlichen Engagements in Städten und Gemeinden, in denen ganze Stadtteile von Stagnation, sozialem und baulichem Niedergang oder gar der vollständiger Abkopplung von der Entwicklung der restlichen Stadt bedroht werden. Die Wohnsituation in solchen Quartieren ist nicht nur durch eine schlechte Wohnungsqualität gekennzeichnet, durch Mängel der Bildungseinrichtungen und hohe Arbeitslosigkeit, sondern auch durch den Zerfall des sozialen Kapitals vor Ort – sei es in Form von Vereinsstrukturen, von den Beziehungen der zwischen den verschiedenen Bevölkerungsgruppen oder in Bezug auf ihre Möglichkeiten, sich zu organisieren und ihre Interessen zu artikulieren. Fehlendes Sozialkapital lässt sich nicht durch Außensteuerung vermehren. Es kann sich nur erneuern, wenn die Bürger selbst aktiv werden, miteinander ins Gespräch kommen und eine gemeinsame Sache voranbringen. Community Organizing unterstützt die Bürger, selbst zu Produzenten der sozialen Verhältnisse in ihrem Lebensumfeld zu werden, auch solche, die bislang kein öffentliches Engagement gewagt oder gewollt haben.

Menschen verändern ihren Kiez

Der erste Community-Organizing-Prozess in Deutschland wurde im Jahr 2002 im Berliner Stadtteil Schöneweide gestartet. Der Bezirk im Osten der Hauptstadt hatte schwer mit seinem industriellen Erbe zu kämpfen. Über 90 Hektar Industriebrachen aus DDR-Zeiten, vergiftete Böden, viele arbeitslose Bewohner, Wegzug von weiten Teilen der Bevölkerung, eine erstarkende rechtsextreme Szene und ratlose Politiker, so war die Lage, die Leo Penta vorfand. Der katholische Priester und Wissenschaftler aus den USA lebt und arbeitet seit 1996 in Berlin. Als Professor für Gemeinwesenarbeit und –ökonomie hat er an der Katholischen Fachhochschule für Sozialwesen die noch weitgehend unbekannte Studienrichtung Community Organizing installiert. In den 1970er Jahren hat er als Community Organizer im New Yorker Stadtteil Brooklyn Pionierarbeit geleistet. Mit Hilfe der engagierten Bürgerschaft gelang es, den damals am stärksten verwahrloster Bezirke von New York wieder lebenswert zu machen. Penta ist überzeugt, dass Demokratie kein Monopol des Staates oder der Parteien ist, sondern eine Angelegenheit aller Bürger, mit der man sich auch zwischen den Wahlen beschäftigen muss. In Schöneweide kann man sehen, dass die bürgerschaftliche Selbstorganisation funktioniert, auch wenn der Prozess mühsam und langwierig ist.

»Ich habe immer wieder gehört: ›Gegen die da oben seid ihr doch machtlos‹. Aber ich habe mich innerlich darauf eingestellt, dass wir in der Gemeinschaft sehr wohl die Macht zum Verändern haben«, sagt Ursula Glatzel, eine Mitstreiterin der ersten Stunde. Als die erste Bürgerplattform Deutschlands vor etwa zehn Jahren die Arbeit aufnimmt, entscheidet sich die damals 70-Jährige spontan mitzumachen: »Ich habe mein Leben lang als Fürsorgerin in der Neuropsychiatrie gearbeitet, mich also schon immer für Menschen interessiert. Und es ist wichtig, dass wir Älteren nicht nur sportliche oder kulturelle Angebote wahrnehmen, sondern Ziele haben und aktiv etwas bewirken.« Vor dem damals fünfköpfigen Team liegt ein Berg von Aufgaben. Zunächst gilt es, bekannt zu werden und genug Menschen für die gemeinsame Aufgabe zu gewinnen – in Vereinen und Verbänden, Kirchengemeinden, Nachbarschaftsgruppe, Initiativen, Firmen. Bei den gemeinsamen Treffen machen sich die engagierten Bürger miteinander vertraut und teilen sich gegenseitig mit, wo der Schuh am meisten drückt. Ursula Glatzel beeindruckt vor allem die Disziplin und Zielorientierung dieser Treffen: »Die festgelegten Uhrzeiten werden immer exakt eingehalten. Man arbeitet miteinander, ist fröhlich und einander zugetan. Aber es gibt nie Gequatsche.« Nachdem genügend Mitmacher und Sponsorengelder akquiriert sind, ermittelt eine Bürgerversammlung, welche Probleme höchste Priorität haben und erfolgversprechend gelöst werden können. Die Schöneweider entscheiden sich für die Ansiedlung zukunftsträchtiger Betriebe und die Wiederherstellung einer im Krieg zerbombten Fußgängerbrücke. Es folgen öffentliche Aktionen, vor allem aber zähe Verhandlungsrunden mit Politikern, Verwaltung und Unternehmern. »Wichtig ist das Arbeitsgespräch auf

Augenhöhe zwischen Menschen, und zwar ganz bewusst nicht in den Rollen von Antragsteller und Funktionsträger«, erklärt Glatzel. »Gar nicht so einfach, den Politikern das beizubringen.« Bei ihrer Kontakt- und Beziehungsarbeit mit den Entscheidungsträgern gehen die Community Organizer ebenso systematisch vor wie bei ihren Treffen. Zusagen seitens der Politik, der Verwaltung oder der Wirtschaft werden schriftlich festgehalten, verzögern sich die Aktivitäten, wird nachgehakt. Die Mühe lohnt sich: Zunächst bekommen die Schöneweider Bürger ihre Fußgängerbrücke über die Spree und damit einen kurzen Weg zur S-Bahn. Und dann gelingt der ganz große Coup: Die politischen Verantwortungsträger lassen sich davon überzeugen, die Fachhochschule für Technik und Wirtschaft, die auf mehrere Standorte in der Hauptstadt verteilt war, nach Schöneweide zu holen. Für den Umzug in die leerstehenden Hallen eines ehemaligen Kabelwerks bewilligte die Stadt einen dreistelligen Millionenbetrag. Heute beleben 6000 Studenten und 200 Hochschullehrer den einst verloren geglaubten Kiez. Zur Bürgerplattform »Organizing Schöneweide – Bürger verändern ihren Kiez« gehören inzwischen 23 soziale und religiöse Vereinigungen und ein Dutzend fördernde Unternehmen. Ursula Glatzel, inzwischen 80 Jahre alt, ist weiterhin dabei: »Solange ich laufen und denken kann, werde ich mitmachen. Das Engagement macht Freude und hält mich lebendig.«

Eine zweite Bürgerplattform – »Wir sind da!« –, die in Berlin ins Leben gerufen wurde, engagiert sich für die Verbesserung der Schulsituation und des Jobcenters im Problemkiez Wedding. Der Stadtteil wird vorwiegend von Migranten, Arbeitslosen und sozial Schwächeren bewohnt. Der Ausländeranteil an den Schulen ist außergewöhnlich hoch, die öffentlichen Plätze verkommen. Kaum jemand schien sich hier für die Verbesserung der Lebensumstände zu interessieren, weder die Politiker und schon gar nicht die Bürger. Doch als die Initiatoren nach fast dreijähriger Vorarbeit zur Gründungsversammlung der Bürgerplattform einladen, drängen sich mehr als Tausend Anwohner im Saal, Menschen unterschiedlicher Nationalitäten, Altersklassen und Milieus.

Einer von ihnen ist Mohammad Abdul Razzaque, Mitglied der Bilal-Moschee im Wedding und Vorsitzender der »Initiative Berliner Muslime«. Der Inder lebt seit 1974 in Berlin und verbindet mit seiner Mitarbeit in der Bürgerplattform zwei konkrete Ziele: »Erstens möchte ich, in Anlehnung an die Lehre des Islams, das direkte Umfeld der Gemeinde mitgestalten und für unsere Kinder und Kindeskinder attraktiver und lebenswert machen. Und zweitens möchte ich insbesondere den Älteren in der Moschee vermitteln, dass sie ihren Stadtteil als neue Heimat akzeptieren. Ich möchte ihnen zeigen, dass es auch ohne deutsche Staatsbürgerschaft möglich ist, am öffentlichen Leben teilzuhaben.«

Auch im Wedding trägt die Hartnäckigkeit und Professionalität der Aktivisten Früchte. Mehrere Schulen verpflichteten sich schriftlich dazu, sich intensiv um gute Abschlüsse ihrer Schüler zu kümmern, in die Verantwortung miteinbezogen sind auch die Schulstadträtin des Bezirks und der Berliner Staatssekretär für Bildung. Sie unterzeichneten eine Vereinbarung, den Schulen mehr Lehrpersonal zuzuweisen, freiwerdende Stellen zügig zu besetzen und notwendige Umbaumaßnahmen in den Schulen zu forcieren. Im Gegenzug verpflichtete sich die Bürgerplattform, für volle Elternabende zu sorgen und Spendengelder für zusätzliche Förderangebote einzuwerben.[134] Inzwischen besteht Wir sind da! aus etwa 40 deutschen, türkischen, arabischen, afrikanischen und asiatischen Gruppierungen. Sie haben ein starkes Beziehungsnetz untereinander aufgebaut und bilden damit eine bislang einmalig starke und vielfältige Front engagierter Bürger. Zur Kerngruppe gehören 120 Vertreter von religiösen Gemeinden, Müttergruppen, Kitas, Bürgervereinen und dem Selbständigenverband. Sie kümmern sich gemeinsam darum, dass Kinder bessere Bildung bekommen, der Platz vor dem Kindergarten nicht mehr von Drogensüchtigen und Alkoholikern bevölkert wird und dass Arbeitslose im Jobcenter mit mehr Freundlichkeit und Effizienz behandelt werden. »Wir haben uns entschieden, hier zu leben – also sind wir auch verpflichtet, in dieser Gesellschaft etwas Positives beizutragen«, sagt Abdul Razzaque.

Nach dem Vorbild von Schöneweide und Wedding hat sich auch in Hamburg eine Bürgerplattform gegründet. »ImPuls Mitte« im Hamburger Stadtteil Hamm/Horn beschäftigt sich unter anderem mit Sicherheitsfragen im Quartier, mit der Einrichtung von Nachbarschaftsräumen, dem behindertengerechten Zugang zur U-Bahn. Bei ImPuls Mitte arbeiten 15 Gruppen zusammen, vom Pfadfinderstamm über die Islamische Gemeinde und den Fußballverein bis hin zum Verkehrsclub und einer informellen Gruppe engagierter Bürger. »Wir sehen in unserem Engagement einen Beitrag zur Förderung der Teilhabe von Menschen an den Entscheidungen, die sie selbst betreffen«, heißt es in der Erklärung der Hamburger Bürgerplattform.

Leo Penta bezeichnet Community Organizing als eine »Schule der Demokratie«. Bürgerplattformen wie in Berlin und Hamburg setzen ein starkes Zeichen gegen die seit Jahren kursierende Politikverdrossenheit. Diese Projekte von unten sind ein sichtbarer Beweis, dass alle Menschen Verantwortung für die Gesellschaft übernehmen und sie aktiv mitgestalten können. Mit den richtigen Impulsen und Anleitungen wächst die viel beschworene Bürgergesellschaft vor Ort zu einer machtvollen Bewegung heran, die kein Politiker mehr mit Versprechen vertrösten kann. Übrigens hat Community Organizing zwei höchst prominenten Vertreter in den USA: Barack Obama hat vor seiner politischen Karriere als Community Organizer in Chicago gearbeitet, und Hillary Clinton hat ihre Doktorarbeit über diese Bewegung geschrieben.

Informationen und Kontakt:
DICO – Deutsches Institut für Community Organizing
www.dico-berlin.de

Menschen verändern ihren Kiez – Organizing Schönweide
www.organizing-berlin.de

Wir sind da!
www.wir-sind-da-berlin.de

ImPuls Mitte
www.impuls-mitte.de

Die Kirche ins Dorf zurückbringen

An Weihnachten und Ostern sind Deutschlands Kirchen bis auf den letzten Stehplatz gefüllt – ein Bild, das nicht darüber hinwegtäuschen darf, dass die Zahl der Menschen, die einer christlichen Kirche angehören, anhaltend rückläufig ist. In den vergangenen zehn Jahren ist die Zahl der Mitglieder evangelischer und katholischer Kirchen von 64,4 auf 60 Prozent gesunken. Besonders seit den Missbrauchsskandalen der jüngsten Vergangenheit steigt die vormals relativ stabile Zahl der Kirchenaustritte wieder deutlich an. Mehr als 200 000 Gläubige wendeten im vergangenen Jahr ihrer Kirche den Rücken zu.

Doch Skandale und Kirchensteuer sind nicht der entscheidende Grund für das Schrumpfen der beiden großen Kirchen. Zum einen passt die Kirchenzugehörigkeit nicht mehr so recht zum individualistischen Lebensstil der modernen Gesellschaft. Viele Menschen schaffen sich eine eigene spirituelle Welt, die sich aus verschiedenen Religionen, Weltanschauungen und Überzeugungen zusammensetzt. Auch wenn sich große Teile der Bevölkerung als religiös bezeichnen, stößt das belehrende Gotteswort von der Kanzel bei ihnen kaum noch auf Interesse. Zum anderen spiegelt der Mitliederschwund der Kirchen den demografischen Wandel wider: Weniger Kinder, mehr ältere Menschen, größere Bevölkerungsanteile mit ausländischen Wurzeln.

Wie in der gesamten Gesellschaft wird der Altersdurchschnitt auch in den Kirchengemeinden immer höher. Zwar sind ältere Menschen überdurchschnittlich oft aktive Kirchenmitglieder, doch als Rentner zahlen sie in der Regel keine Kirchensteuer mehr. Die Kirchen stehen damit vor einem kaum lösbaren Dilemma: finanzielle und personelle Einbußen auf der einen Seite, wachsende Anforderungen auf der anderen Seite, zum Beispiel bei der traditionell stark kirchlich orientierten Altenbetreuung.

Doch auch wenn in den letzten Jahren immer mehr Gemeinden zusammengelegt und immer mehr Gotteshäuser zu Jugendherbergen, Urnenbeisetzungsstätten oder gar Restaurants umgenutzt wurden – die Kirchen sind nach wie vor die größten sozialen

Netzwerke der Gesellschaft. Keine anderen Organisationen, ob Parteien, Vereine oder Verbände, versammeln so viele Menschen unter einem Dach wie die christlichen Kirchen. Sie tragen weite Teile des Sozialstaats und verfügen über eine flächendeckende Infrastruktur, um die andere Organisationen sie nur beneiden können. Damit sind nicht nur die deutschlandweit 21 000 evangelischen und 24 000 katholischen Kirchengebäude gemeint. In jedem Dorf und in jedem Stadtteil unterhalten die Kirchen Kindergärten, Schulen, Krankenhäuser, Sozialstationen oder Gemeindehäuser. Die christlichen Kirchen sind Deutschlands größtes soziales Dienstleistungsunternehmen. Und mit 1,3 Millionen Arbeitnehmern sind sie der zweitgrößte Arbeitgeber in Deutschland nach dem öffentlichen Dienst. Das evangelische diakonische Werk unterhält bundesweit 27 000 soziale Einrichtungen mit 435 000 hauptamtlichen Mitarbeitern. Die katholische Caritas ist Träger von 25 000 sozialen Einrichtungen und beschäftigt fast 500 000 Angestellte. In beiden Hilfsorganisationen arbeiten etwa 400 000 Menschen ehrenamtlich mit. Die Zahl der freiwillig Engagierten in den Kirchengemeinden lässt sich kaum ermitteln. Und auch die Anzahl der Arbeitsfelder für bürgerschaftliches Engagement im kirchlichen Bereich ist praktisch unüberschaubar. Sie reichen von kirchenspezifischen Aufgaben wie Gemeindeaufbau, Gottesdienst, Kirchenmusik, Telefonseelsorge oder Bahnhofsmission über Selbsthilfe-, Hospiz- oder Dritte-Welt-Gruppen bis hin zur Obdachlosenhilfe, zur Arbeitsloseninitiative oder der Fürsorge für Strafgefangene. Dazu kommen informelle Formen des Engagements wie Nachbarschaftshilfe, Spielkreise, Organisation von Gemeindeausflügen oder Tauschringe. Laut dem neuesten Freiwilligensurvey ist der Engagementbereich Kirche nach dem Sport der von den Befragten am häufigsten genannte. Fast 7 Prozent der Bevölkerung sind in diesem Sektor freiwillig tätig, nur 3 Prozent weniger als im Sport. Im Gegensatz zum Sportbereich, wo besonders viele jüngere Leute aktiv sind, engagieren sich im kirchlichen Bereich hauptsächlich ältere Menschen. Interessant ist auch, dass das Interesse am Engagement in der Kirchengemeinde im Gegensatz zum allgemeinen Trend der Kirchenschwächung im letzten Jahrzehnt zugenommen hat.

Zu den Motiven, ein Ehrenamt innerhalb der Kirchen zu übernehmen, gehören Glaubensvermittlung, Gemeindeaufbau und der Dienst am Nächsten ebenso wie Selbstfindung, Suche nach Lebenssinn, Kommunikation oder Kontakte und der Wunsch nach selbstbestimmtem Handeln. Aus reiner Selbstlosigkeit oder christlicher Nächstenliebe engagiert sich auch in den Kirchengemeinden kaum jemand mehr. Vielmehr entdecken immer mehr Menschen die Kirche als soziale Gemeinschaft, von der man sich getragen fühlt und von der man ebenso nehmen, wie man ihr geben kann. Wenn sich die Kirchen für dieses steigende Bedürfnis nach Gemeinschaft, Sinn und Selbstverwirklichung öffnen und angemessen darauf reagieren, haben sie eine gute Chance, ihre Rolle als soziales und spirituelles Netzwerk vor Ort auch in Zukunft nicht zu verlieren. Die meisten Bürger wissen, dass das gesellschaftliche Leben in einem Dorf oder einem Stadtteil ohne Kirche ärmer ist. Dennoch bauen derzeit viele Diözesen oder Landeskirchen ihre lokalen Strukturen zurück, legen Kirchengemeinden zusammen, schließen Kindergärten oder Sozialstationen. Damit nehmen die Kirchen ihr Produkt ausgerechnet zu einer Zeit vom Markt, wo die Nachfrage gerade wieder wächst.[135] Dem Sparzwang folgend, geben sie vielerorts ihren größten Vorteil auf: die unmittelbare Nähe zu den Bürgern, ob sie nun christlichen Glaubens sind oder auch nicht. Wie kaum eine andere Institution kann die Kirche dazu beitragen, das soziale Leben in der Kommune neu zu organisieren. Angesichts ihrer leeren Kassen ist dies aber nur möglich, wenn sie sich dabei von den Bürgern helfen lässt, ohne sie gleich religiös zu vereinnahmen. Viele Menschen sind bereit, sich zu engagieren, wenn ihnen Projekte angeboten werden, deren Nutzen sie sehen, die sie mitentwickeln und mitkontrollieren können, die erfolgversprechend sind und von denen sie selbst profitieren können. Wenn es der Kirche gelingt, die Menschen vor Ort unabhängig von ihrem Glauben mitzunehmen und sie an sozialen und karitativen Aufgaben zu beteiligen, kann sie wieder zum Mittelpunkt der lokalen sozialen Netzwerke werden. Wenn sich die Kirche in diesem Sinn an die Spitze einer bürgerschaftlichen Bewegung stellt, ist es auch nicht unwahrscheinlich, dass die Bürger wieder einen Zugang zum Glauben und zum Gottesdienst finden – nicht nur an Weihnachten.

Gemeinde im Aufbruch

Als Dechant Walter Picken 2004 seine neue Stelle im Bonner Rheinviertel antrat, erwartete ihn ein ganzes Bündel von schwierigen und heiklen Aufgaben: Vom Erzbistum Köln kam die Vorgabe, in der Gemeindearbeit künftig 90 Millionen Euro einzusparen. Zwölf Kindergartengruppen sollten um die Hälfte reduziert werden, die kirchliche Versammlungsfläche um fast 60 Prozent schrumpfen, mehrere Gemeinden zu einer einzigen zusammengelegt und die Küsterstunden fast halbiert werden. »Das kam einer Erschütterung gleich, die das Gemeindeleben zutiefst geschwächt hätte. Und weil Kirche nach meinem Dafürhalten über ein sehr hohes Maß an sozialer Verantwortung und Kompetenz verfügt, konnten wir diesem dauerhaften Rückzug nicht zustimmen«, so Picken. Statt überall den Rotstift anzusetzen, suchte der Theologe und promovierte Politikwissenschaftler nach Vernetzungsmöglichkeiten mit der Bürgerschaft, welche die Kirchengemeinde befähigen sollte, ihre vielen sozialen Initiativen trotz Sparzwangs aufrechtzuerhalten. Besonders am Herzen lag Pfarrer Picken die Rettung der Kindergartengruppen, ein Vorhaben, das 40 000 Euro kosten würde. »Kein Betrag, vor dem ich kapitulieren würde«, meint Picken und krempelt die Ärmel hoch. Er gründet die »Bürgerstiftung Rheinviertel«, sammelt innerhalb von knapp zwei Jahren 2,5 Millionen Euro ein und schiebt eine bürgerschaftliche Bewegung an, die mittlerweile mehr als 1200 freiwillig Engagierte zählt. Wie ist es dem Pfarrer gelungen, so viele Menschen zu mobilisieren? »Wenn man den Bürgern in Zeiten des permanenten Rückschnitts positive Ziele vor Augen führt und diese so weit herunter bricht, dass sie für den Einzelnen überschaubar sind, machen die Menschen mit. Wenn sie dann die ersten Erfolge sehen, entwickelt sich der sportliche Ehrgeiz, das nächste Ziel zu erreichen. Und irgendwann merken die Leute – wow, Gesellschaft lässt sich verändern!« Tatsächlich hat sich im Rheinviertel vieles verändert. Alle vier katholischen Kindergärten mit 140 Plätzen konnten nicht nur erhalten bleiben, sondern haben sich innovative Schwerpunkte gesetzt. Je nach Neigung können die Kinder der Gemeinde einen psychomotorischen, einen musischen, einen deutsch-englischen oder einen künstlerisch-kreativen Kindergarten besuchen. Auch die Jugend findet ihren Platz in einem eigenen Treffpunkt. Für ihre Betreuung leistet sich die Gemeinde einen Jugendreferenten, der von der Stiftung bezahlt wird. Im Familienzentrum Rheinviertel treffen sich Eltern und Kinder zu gemeinsamen Aktivitäten. Auch hier geben hauptamtliche Experten Rat bei Erziehungsfragen oder sozialen Notlagen. Ganz besonders stolz sind Picken und seine Mitstreiter auf die Gründung dreier Klöster im Gemeindegebiet. 2005 zogen indische Ordensschwestern in ein ehemaliges Pfarrhaus ein. Ein Jahr später gründeten weitere Missionsschwestern aus Indien ein zweites Kloster. Und seit 2007 ist auch die Schwesternkongregation eines deutschen Ordens vertreten. Alle Ordensgemeinschaften kümmern sich vor allem um die Altenpflege und die Hospizbegleitung, eine indische Nonne unterrichtet im Kindergarten Englisch. Bezahlt werden sie von der Bürgerstiftung, die mit Zeit- und Geldspenden auch bei der Renovierung der Klosterräume mitgeholfen hat. Das vielleicht ungewöhnlichste Projekt der Bürgerstiftung thront direkt am Rheinufer und ist von einem malerischen Park umgeben. Im »Mausoleum von Carstanjen« ist – deutschlandweit einmalig – ein Bürgergrab entstanden. Über viele Jahrzehnte hatte das Kulturdenkmal leer gestanden, heute kann jedermann in der Urnengrabstätte einen Platz reservieren, der etwa 1000 Euro kostet. Die Namen der Toten werden auf Steinplatten im Park vermerkt. Besonders interessant ist diese Art der Bestattung für Menschen, die keine Angehörigen haben, die sich um die Grabpflege kümmern würden. Sie finden im Bürgergrab eine würdige Ruhestätte, die vor der Anonymität des Todes bewahrt.

Und die Bürgerstiftung profitiert von den Einnahmen aus der Bestattung, die sie wiederum in ihre Jugend-, Alten- und Hospizarbeit investieren kann.

Überdies organisiert die Bürgerstiftung Rheinviertel ein anspruchsvolles Kulturprogramm mit Konzerten, Lesungen, Kunstausstellungen und Festen. Um das bürgerschaftliche Engagement der Gemeinde zu fördern und zu organisieren, beschäftigt die Stiftung eine Ehrenamtskoordinatorin. Eine ihrer wichtigsten Aufgaben ist es, Menschen, die kurz vor dem Ruhestand stehen, gezielt anzusprechen und zum Mitmachen zu motivieren. Picken ist überzeugt, dass die innovative Projektarbeit der Stiftung viele Ältere eher anspricht als herkömmliche kirchliche Seniorenarbeit: »Diese Arbeitsform kennen viele der Älteren aus ihrem beruflichen Umfeld. Diese Leute wollen weder Kaffee und Kuchen noch Vereinsmeierei. Sie möchten mit ihren beruflichen Erfahrungen und Kompetenzen ernst genommen werden und selbst kreative Problemlösungen entwickeln.« Mittlerweile ist die Altersgruppe 50plus sehr stark bei den Freiwilligen der Bürgerstiftung vertreten. Und viele von ihnen, aber auch die Kinder, Jugendlichen und Familien haben über ihr Engagement auch ihre Kirche wiederentdeckt, meint der Pfarrer: »Als ich meine Arbeit hier begann, hatten wir gerade einmal 6 Prozent Kirchenbesuch, heute sind wir bei 28 Prozent.« Dabei hielt die Bürgerstiftung von Anfang an bewusst eine gewisse Distanz zum Religiösen. Sie trägt keinen kirchlichen Namen und hat nicht nur die Gläubigen im Blick, sondern alle Bürger der Gemeinde. Innerhalb der Stiftung versteht sich die Kirche als Impulsgeber, als Motor und als Dach, unter dem sich verschiedenste Initiativen sozial vernetzen können. Vielleicht ist gerade deshalb die Identifikation mit der Kirche im Rheinviertel so stark gestiegen. Eine Glaubensgemeinde, die nicht nur für sich selbst sorgt, sondern die gesamte Bürgerschaft integriert, lebt ihren Grundgedanken der nicht ausschließenden Gemeinschaft überzeugend vor. Damit verändert sich das Bild von Kirche auch bei den Außenstehenden. Im Rheinviertel haben christliche Werte wieder deutlich an Bedeutung gewonnen. Doch lässt sich Pfarrer Pickens Revitalisierungskonzept auch auf andere Gemeinden übertragen? »Grundsätzlich ja, es geht nur darum zu überlegen, wie man die Talente vor Ort am besten zu den lokalen sozialen Problemen bringt. Im relativ wohlhabenden Rheinviertel war es weniger problematisch, Geldspenden zu akquirieren. Wir haben die bürgerliche Klientel mit anspruchsvollen Veranstaltungen und Projekten angesprochen. An anderen Orten muss die Idee einer Bürgerstiftung vielleicht anders kommuniziert werden. Aber grundsätzlich sind Bildung und Einkommen kein Maß für die soziale Einstellung.«

Informationen und Kontakt:
Bürgerstiftung Rheinviertel
Ehrenamtskoordinatorin Ariane Jourdant
Tel. 02 28–37 32 40
kontakt@buergerstiftung-rheinviertel
www.buergerstiftung-rheinviertel.de

Wer macht, hat die Macht
Nicht weit entfernt vom Bonner Rheinviertel, im Kölner Osten, hat ein Pfarrer ebenfalls eine Welle des bürgerschaftlichen Engagements ausgelöst, allerdings unter völlig anderen Voraussetzungen und Motivlagen. Franz Meurer ist katholischer Seelsorger im Arbeiterstadtteil Höhenberg-Vingst, auch bekannt unter dem Kürzel HöVi. Das Viertel ist ein sozialer Brennpunkt. Von den 23 000 Bewohnern sind 23 Prozent arbeitslos, und ein Viertel der Haushalte lebt von Sozialhilfe. Der Anteil der Einwohner mit Migrationshintergrund liegt bei 51,4 Prozent, bei Kindern unter sechs Jahren sogar bei 76 Prozent. Trotz dieser auf den ersten Blick mehr als ungünstigen Ausgangslage identifizieren sich die Menschen vor Ort mit HöVi. Die Grünstreifen am Straßenrand sind gepflegt, man grüßt sich auf der Straße, und zu Weihnachten ist das Viertel festlich beleuchtet. »Als ich vor 18 Jahren hier angefangen habe, gab es noch einen Hauch der alten Arbeiterkultur. Immerhin hatten wir hier früher 40 000 Industriearbeitsplätze.

Die sind verschwunden, aber die Arbeiterkultur im Viertel mit ihrer Bereitschaft zur gegenseitigen Hilfe haben wir wachküssen können.«

Was Meurer damit meint, erschließt sich bei einem Besuch der Kirche St. Theodor. Als das Gotteshaus 2002 neu gebaut wurde, bestand der Pfarrer darauf, es nicht nur als ein Haus für Gottesdienste zu errichten, sondern auch als ein Zentrum für gelebte Solidarität und praktischen Bürgersinn. An den sakralen Teil des Gebäudes schließt sich ein Gebäuderiegel mit Räumen für verschiedene Nutzungsmöglichkeiten an. Und im 800 Quadratmeter großen Kellergeschoß des Kirchenbaus finden Hilfsbedürftige alles, was ihnen zur Alltagsbewältigung fehlt. Jeden Dienstag organisiert ein ehrenamtliches Team die Lebensmittelausgabe, zu der sich regelmäßig gut 400 Menschen einfinden. Mittwochs öffnet hier die Kleiderkammer für Erwachsene, ebenfalls von Freiwilligen gemanagt, die oft selbst zum Nutzerkreis gehören. Für Kinder gibt es kostenloses Schulmaterial, Bücher, Fahrräder und Kommunionkleider. Auch Möbel und Kinderwagen stehen bereit. In der Werkstatt reparieren Handwerker in Ruhestand oder ohne Job Gegenstände aus Holz oder Metall. Außerdem können Jugendliche ohne Schulabschluss im Lager kostenlos ihren Gabelstapler-Führerschein machen. Für die meisten der Kursteilnehmer ist die bestandene Prüfung das erste Erfolgserlebnis seit langem. Und so manchem hat der Kurs auch schon zum Job als Lagerist verholfen.[136] Jeden Tag trifft sich eine ehrenamtliche Frauengruppe im Kirchengebäude zum gemeinsamen Frühstück, danach beraten sie bei Kaffee und Brötchen Menschen in Notlagen, versorgen sie mit dem Notwendigsten. Anschließend kochen die Frauen für das gemeinsame Essen mit den vielen freiwilligen Helfern der Gemeinde. Auch das ist kostenlos. »Alles ömesöns«, sagt Pfarrer Meurer auf Kölsch. »In unserem Viertel gilt der Grundsatz ›Alles umsonst‹ – oder besser: alles unentgeltlich. Das ist die Basis allen kirchlichen Handelns: Diakonie – Barmherzigkeit. Davon ist niemand ausgeschlossen. Jeder muss sich in ihr üben, und jeder ist irgendwann in seinem Leben ihrer bedürftig.« Mit dieser zutiefst

christlichen und zugleich pragmatischen Haltung gelingt Pfarrer
Meurer, was in weiten Teilen Deutschlands frommes Wunschden-
ken bleibt. In HöVi engagieren sich Menschen aller Religionen,
Sozialmilieus, Bildungsschichten und Altersklassen. Wer keine Arbeit hat, packt ehrenamtlich mit an. Und wer genug Geld hat,
spendet für die Bedürftigen. Alle Waren im »Basement« der Kirche sind von großen und kleinen Unternehmen gestiftet, mitunter auch von Privatpersonen. Die Marktfrau bringt regelmäßig
Eier vorbei und die Großbäckerei spendet Brot. Bei Veranstaltungen oder größeren Anschaffungen, kommen die Gelder der
HöVi-Stiftung zum Einsatz, die Pfarrer Meurer fast ausschließlich
außerhalb des Viertels einsammelt. Und wie gelingt es ihm, auch
jene sogenannten bildungsfernen Bürger für Freiwilligenarbeit
zu aktivieren, die in Expertenkreisen als kaum mobilisierbar gelten? »Diese Menschen engagieren sich gerne, wenn man sie ernst
nimmt und ihnen Respekt zollt: Macht, Zugang, Ressourcen.«
Alle, die sich in HöVi engagieren, erhalten unter Einhaltung von
festgelegten Regeln einen Schlüssel zur Kirche, sie bekommen
Geld, wenn sie ein Projekt auf die Beine stellen möchten, und sie
organisieren ihre Arbeit ausschließlich selbst.

Bei der Gewinnung der freiwilligen Mitarbeiter geht Meurer als
Vorbild voran. Er sprüht vor Ideen und packt überall mit an. In
seiner Wohnung stapeln sich Notfallpakete mit Essensrationen für
Menschen, deren Geld nicht bis zum Monatsende reicht. Bei der
Verschönerung des Stadtteils, etwa bei Pflanzaktionen auf öffentlichen Grünflächen oder der Rodung von Gestrüpp, legt er selbst
Hand mit an. Gemeinsam mit Jugendlichen repariert er den Bolz-
platz auf dem Schulhof. Meurer ist einer von vielen Taschengeld-
Paten für Kinder aus bedürftigen Familien und kümmert sich
persönlich um die Lehrstellenvermittlung für Förderschüler. Auf
seine Anregung hin gibt es neuerdings sogar ein jährlich erschei-
nendes Bewerberbuch, in denen sich die Abschlussklassenschüler
der Kölner Förderschulen vorstellen: jeder auf einer Seite, mit
professionellem Foto, ausführlichem Bewerberprofil und Berufs-
wunsch. »Die Botschaft dieser jungen Menschen lautet: Wir wol-

len arbeiten, wir wollen die Gesellschaft gemeinsam weiterbauen. Wir bieten uns an, bitte beteiligt uns! Wir können es uns nicht leisten, die Kinder und Jugendlichen auszugrenzen. In 20 Jahren wird jeder zweite Deutsche kinderlos sein. Wer soll sich dann noch um die vielen Alten kümmern?« Inklusion – also Einbeziehung, Einschluss, Dazugehörigkeit – ist auch der Oberbegriff für ein jährliches Großereignis, das seit 1994 das Gemeindeleben prägt. Damals erfanden die Bürger des Viertel in ökumenischer Zusammenarbeit die Kinderstadt »HöVi-Land«. Gedacht war das Ferienlager mitten im Stadtviertel als Alternative zur üblichen Stadtranderholung, bei der benachteiligte Kinder, die keine Urlaubsreisen machen können, immer unter sich bleiben. Inzwischen kommen jährlich über 500 Kinder aller Kulturen, Religionen und Milieus zusammen, um drei Wochen lang miteinander zu spielen, zu toben, zu feiern und zu lernen. Das Besondere daran: alles ist selbst geplant, selbst gemacht und bis auf einen kleinen Unkostenbetrag gratis. Ein Freiwilligenteam aus 150 Erwachsenen und etwa gleich vielen Jugendlichen kümmert sich um die Planung, Organisation und Durchführung der Kinderfreizeit. Unterstützt wird HöVi-Land auch von der Stadt Köln, von lokalen Unternehmen, Handwerkern und Vereinen. Viele der freiwilligen Jugendbetreuer haben als Kind selbst an der Freizeit teilgenommen und sich im jungen Erwachsenenalter als Gruppenleiter ausbilden lassen. Für Kinder, so Pfarrer Meurer, ist das HöVi-Land eine Initialzündung für die Gemeinschaftserfahrung ebenso wie für die Suche nach der eigenen Identität: »Durch die vielfältigen Aktionen entdecken die Kinder ihre Begabungen und Talente. Und die Jugendbegleiter lernen, Verantwortung zu übernehmen, stärken ihr Selbstwertgefühl und bekommen Zugang zu ihren eigenen Fähigkeiten und Grenzen. Es geht um den Erwerb von Lebenswissen und praktischer Lebensklugheit.«

Mittlerweile haben sich aus der Kinderstadt heraus viele andere Projekte organisiert, die von freiwillig engagierten Bürgern getragen werden. Es gibt Lese- und Blumenpatenschaften, kostenloses Frühstück in den Schulen und Deutschkurse für Mütter mit

Migrationshintergrund. Es gibt eine Wohnanlage für Demenzkranke und ihre Angehörigen, Kickbox-Training und Gewaltpräventionskurse für Jugendliche, kulturelle Frauenwochenenden, Vater-Kind-Wochenenden mit Teilnehmern aus unterschiedlichen Schichten und neuerdings auch eine Pfadfindergruppe. »Die gemeinsam und füreinander wahrgenommene Verantwortung prägt, gestaltet und stabilisiert das Viertel. Und genauso prägt, gestaltet und stabilisiert sie die Kirche als Teil dieses Sozialraums«, sagt Pfarrer Meurer. In seinen Gottesdiensten ist der Andrang groß, die Kirche ist jeden Sonntag bis auf den letzten der 500 Plätze besetzt. Nach dem Sonntagsgottesdienst bewirtet ein Freiwilligenteam die Gemeinde im Querschiff der Kirche mit Waffeln, Pizza und Getränken. Auch das anschließende Saubermachen übernimmt ein ehrenamtliches Team. In Köln, so Pfarrer Meurer, gibt es ein geflügeltes Wort, das seine Haltung als Seelsorger umschreibt: Nichts ist so schlecht, dass es nicht für etwas gut wäre. »Jeder ist befähigt mitzumachen – ist Teilhaber und nicht nur Teilnehmer. Jeder ist wichtig und kann für sein Umfeld einen Beitrag leisten. Wer nur die Hände in den Schoß legt, wartet umsonst auf Veränderung. Aber wer macht, hat die Macht. Und die Macht dient dazu, Anstifter des Guten zu sein.[137]

Informationen und Kontakt:
Pfarrer Franz Meurer
Tel. 02 21–87 21 76

Die bürgerschaftlichen Netzwerke im Kölner Osten und im Bonner Rheinviertel belegen beispielhaft, wie viel Tatkraft und Kompetenz in der Bürgerschaft steckt. Die beiden Projekte zeigen auch, dass die Kirche ein kraftvoller Motor der gesellschaftlichen Erneuerung sein kann. Obwohl die Kirche von vielen Menschen und in manchen Aspekten mitunter sogar zu recht als hinterwäldlerisch, zukunftsfeindlich und verkrustet eingeschätzt wird, so kann sie auf Gemeindeebene ein erstaunliches Innovationspotenzial entfalten.

Die mehr als 2000 Jahre alte Institution Kirche ist heute nicht mehr selbstverständlich, auch nicht mehr für ältere Menschen. Sie muss sich aktiv um das Vertrauen und die Aufmerksamkeit der Bürger vor Ort bemühen. Die Zukunft der Kirchen hängt maßgeblich davon ab, dass sie sich der gesellschaftlichen Probleme im direkten Lebensumfeld der Menschen annimmt, kreativ Lösungsmöglichkeiten entwickelt und dabei viele Bürger zum Mitmachen animiert. Wie kann es gelingen, mehr Menschen, insbesondere auch Ältere, für das Gemeindeleben zu interessieren? Durch klassische Altenarbeit wie Seniorenkreise oder Frauenhilfe ist die Generation 50plus kaum mehr zu erreichen. Das Zentrum für Innovative Seniorenarbeit der Evangelischen Kirche im Rheinland empfiehlt den Gemeinden, ihre Häuser als Werkstätten zu öffnen, in denen Selbstorganisation und Selbsthilfe gefördert werden. Statt von oben Aktivitäten zu verordnen, können Gemeinden ihre Räumlichkeiten für Netzwerkaktivitäten zur Verfügung stellen, bei denen sich Menschen, auch unabhängig von ihrer Konfession in der nachberuflichen Phase kennenlernen und gemeinsame Projekte entwickeln. Die evangelische Gemeinde Mühlheim-Saarn etwa lud 2005 alle 800 Ortsansässigen über 55 Jahre zu einem Treffen in ihr Gemeindezentrum ein. Dort hatten sie nicht nur Gelegenheit, sich kennenzulernen, sondern wurden auch mit den Grundlagen der sozialen Netzwerkarbeit bekannt gemacht und konnten ihre Aktivitätswünsche äußern. Gekommen waren 80 Interessierte, die meisten hatten vorher nichts mit der Gemeindearbeit zu tun gehabt. Schon eine Woche später wurde die erste Interessengruppe aktiv. Mittlerweile sind 14 solcher Gruppen entstanden, in denen insgesamt 180 Netzwerker ihr Engagement selbst organisieren. Die Tätigkeiten reichen von Ü50-Partys über generationenübergreifende Biografiearbeit oder Seniorenbegleitdiensten bis hin zur Gründung einer Projektgruppe für gemeinschaftliches Wohnen im Alter.

Informationen und Kontakt:
www.evangelische-seniorenarbeit.de
www.ev-kirche-saarn.de

Offene Türen für Bürger

Netzwerkaktivitäten auf Gemeindeebene sind nicht nur Ausdruck des bürgerschaftlichen Engagements, sondern auch eine kluge Vorsorge für das eigene Alter. In unserer individualisierten Gesellschaft leben immer mehr Menschen allein und haben wenig Kontakt zu Verwandten. Mit zunehmendem Alter können ihnen Kirchengemeinde und Bürgerschaft eine Art »Ersatzfamilie« bieten, die Sinn und Halt ebenso geben, wie Gemeinschaft und das Gefühl, gebraucht zu werden.

Im Übrigen rückt die christliche Botschaft auch das Altern in ein völlig neues Licht, meint der Anstifter der Bürgerstiftung Rheinviertel, Wolfgang Picken: »Christen sind Auferstehungsmenschen. Das ist für mich keine Perspektive für den Himmel oder den Tod, sondern betrifft jede Situation im Leben, in der es bergab geht. Wer vertraut und Hoffnung hat, der hat auch die Kraft aufzustehen. Jeder kann in jeder Lebenssituation und in jedem Alter einen Neuanfang wagen. Dieser *spirit* motiviert die Menschen, sich nicht mit Zerfallsprozessen abzufinden, sondern aktiv etwas zu ändern. Ich glaube auch daran, dass der Mensch vom Grundsatz her die Gemeinschaft braucht und will, er ist sogar darauf angewiesen. Deshalb rennt man, wenn das »Wie« stimmt, mit bürgerschaftlichen Konzepten eigentlich offene Türen ein. Darüber hinaus ist die Zeit momentan so reif für Veränderungen, dass es geradezu Spaß macht, sie anzustoßen und zu sehen, wie sich das entwickelt. Der Theologe würde sagen: Kairos. Es kommt immer auf die richtige Zeit und den richtigen Ort an. Und jetzt liegt es förmlich in der Luft. Das macht das »Weltverbessern im Kleinen« so spannend und so elektrisierend: »Einmal angefangen, springt es sofort an und wird schnell zum Selbstläufer.«

Nachwort

Es gibt, wie das Buch gezeigt hat, viele und vor allem gute Argumente für ein bürgerschaftliches Engagement nach der Phase der Erwerbstätigkeit. Jedem, der für ein Engagement offen ist, und der bereit ist, sein Handeln planmäßig und gut überlegt daran auszurichten, sollte der Weg zur persönlichen Freiwilligenarbeit durch Information und Argumente leichter gemacht werden. Deswegen hier noch einmal die Hauptargumente kurz zusammengefasst:

1. Wir brauchen euch!

Deutschland steht vor den größten gesellschaftlichen und sozialen Herausforderungen seiner Geschichte. Nach allem, was wir schon heute wissen, wird der demografische Wandel erhebliche Probleme mit sich bringen. Im Mittelpunkt steht die Frage nach der Produktion unseres Wohlstandes mit immer weniger Arbeitskräften. Die Produktivität kann nicht so schnell gesteigert werden, wie die Zahl der Arbeitskräfte schrumpft. Dieses Problem wird nicht durch Engagement allein zu lösen sein, es bedarf eines umfassenden neuen gesellschaftspolitischen Ansatzes. Dennoch könnten Ältere mit ihrem Engagement dafür sorgen, dass wir eine höhere Erwerbstätigenquote erzielen, indem zum Beispiel mehr junge Leute ihren Schulabschluss machen und ihre Ausbildung abschließen und damit bessere Chancen auf dem Arbeitsmarkt haben. Allein mit einer signifikanten Erhöhung der Erwerbstätigenquote lässt sich zumindest ökonomisch ein großer Teil des absehbaren Arbeitskräftemangels kompensieren. Offenbar aber kann das gegenwärtige Schulsystem die dafür notwendige Verbesserung nicht aus sich selbst heraus vollbringen. Es tut sich also ein weites Feld auf für Mentoring-Programme, Lesepaten, Bewerbungstrainings, Berufsberater, Ausbildungsbegleiter und dergleichen mehr.

2. Ihr braucht auch Hilfe und Unterstützung im Alter!

Der demografische Wandel und die zunehmende Alterung der Bevölkerung bringen auch immense Probleme im Bereich der Pflege mit sich. Heute wird noch die Mehrheit aller Pflegeleistungen zu Hause erbracht. In ein paar Jahren werden Familien und insbesondere Frauen, die heute diese ungeheure Dienstleistung erbringen, nicht mehr zu Verfügung stehen. Und eine überwältigende Mehrheit will nicht ins Senioren- oder Pflegeheim. Abgesehen davon können die heutigen stationären Einrichtungen das Problem ohnehin nicht lösen, weil es nicht genug davon gibt. Und schon heute fehlen auch die dafür notwendigen professionellen Kräfte. Es müssen also neue Netzwerke der gegenseitigen informellen Hilfe aufgebaut werden, die freiwillig funktionieren: Wenn jeder einen kleinen Teil in seinem Lebensumfeld und Quartier beiträgt, können viele der notwendigen Leistungen abgedeckt und damit das Zusammenleben der Generationen in der Nachbarschaft ermöglicht werden. Wer selbst einmal auf Hilfe angewiesen sein wird, sollte heute schon selbst Hilfe erbringen – auch wenn es keine Garantie der »Rückzahlung« gibt. Für die aufzubauenden Pflegenetzwerke müssen Staat und Kommunen eine Ermöglichungsstruktur schaffen. Damit das Engagement nicht zu einem Ausfallbürgen staatlicher Spar- und Konsolidierungspolitik verkommt, ist eines der wichtigsten Ziele von bürgerschaftlichem Engagement die Formulierung und Durchsetzung einer nachhaltigen Vorsorgepolitik in diesem Sinne.

3. Gestaltet die Phase des Alterns!

Keinem Menschen wird man verdenken, dass er nach einem arbeitsreichen Leben eine Pause macht, auch eine ganz lange Pause. Die meisten Deutschen, die heute mit knapp 63 Jahren anfangen, Rente zu beziehen, haben noch mindestens 20 Lebensjahre vor sich. Da irgendwann der letzte Gartenzaun gestrichen, das Unkraut gejätet, die Enkel groß geworden, die letzte Kreuzfahrt gemacht ist, entsteht Raum für Neues, zumal viele Ältere sich heutzutage relativ guter Gesundheit bis ins hohe Alter erfreuen. Wir sind überzeugt davon, dass ein bürgerschaftliches Engagement selbstverständlicher Teil der Selbstverwirklichung im Alter ist. Dass sie aus gesellschaftlicher Verantwortung heraus eine Sinnerfüllung bieten kann. Und dass das Gefühl, gebraucht zu werden, Lebensqualität schafft wie kaum etwas anderes. Neue Herausforderungen halten die Engagierten wach und beweglich, sie bewähren sich an schwierigen Aufgaben und finden darin auch eine sinnerfüllte persönliche Befriedigung. Im freiwilligen Engagement kann der Einzelne seiner gesellschaftlichen Verantwortung gerecht werden, etwas zum Gemeinwohl beizutragen und dabei auch Glück erfahren. Mit Konsum kann man dieses Gut nicht erwerben. Aber mit Energie und Zeit, von der in den vielen geschenkten Jahren noch mehr als genug übrig ist: Investiert sie in gesellschaftliche Projekte!

4. Habt Spaß – auch am Engagement!

Wir reden nicht von verbissener Sozialarbeit, die einen nur aufregt und aufreibt. Wir meinen auch nicht nervendes Gutmenschentum, das mit hoch erhobenen moralischem Zeigefinger andere Menschen notorisch belehren will. Wir sind davon überzeugt, dass etwa bei Mentoringprogrammen, aber auch bei Lesepaten und allen möglichen anderen intergenerativen Projekten der besondere Reiz darin liegt, dass die Älteren auch Spaß mit der jüngeren Generation erleben können. Sie geben mit ihrem Engagement eine Vitaminspritze und bekommen selbst eine, indem sie neue Erfahrungen mit jungen Leuten machen und gute zwischenmenschliche Beziehungen erfahren – ein Schatz, der sich erfahrungsgemäß mit zunehmendem Alter verbraucht, der aber für ein erfülltes Leben wichtig ist.

5. Seid Vorbilder!

Was heute vielen jungen Menschen fehlt, ist ein Vorbild. Ein Vorbild, an dem sie sich ausrichten können. Wenn schon viele Eltern vor lauter Konzentration auf die eigene Arbeit nicht mehr genug Zeit für ihre Kinder haben (und erst recht nicht für andere), dann ist es an der Zeit, dass die Älteren die ihnen natürlich zufallende Rolle der Vorbilder verstärkt annehmen. Vorbild zu werden ist nicht schwer: Einfach die eigenen Erfahrungen und Werte weitergeben, zuweilen auch mal eine klare Ansage machen, und im Übrigen schon durch die eigene Bereitschaft zum Engagement auf die jüngere Generation abstrahlen. Das ist eine gute Kernenergie, eine erneuerbare soziale Energie, die heute mehr gebraucht wird als jemals zuvor.

Wir laden dazu ein, macht mit!

Wir brauchen euch!

Anmerkungen

1 Rüdiger Dammann / Reimer Gronemeyer: *Ist Altern eine Krankheit?*, Frankfurt 2009, S. 186f.
2 12. Bevölkerungsvorausberechnung, Statistisches Bundesamt Deutschland, Wiesbaden 2009
3 Max-Planck-Institut für Demografische Forschung http://www.demo grafische-forschung.org/archiv/defo0401.pdf
4 Frank Schirrmacher: *Das Methusalem-Komplott*, München 2004
5 J. Oeppen / J. Vaupel: »Broken Limits of Life Expectancy«, in: *Science* 2002, Vol. 296, S. 1029–1031
6 Vgl. Leopold Rosenmayr: »Schöpferisch altern: neue Konzepte für neue Entwicklungen«, in: »Erfahrungswissen der Älteren – ein Gewinn für alle Generationen. Bericht zur 5. Fachtagung des Bundesmodellprogramms ›Erfahrungswissen für Initiativen‹«, Berlin 2006
7 OECD: »Maintaining Prosperity in an Ageing Society«, OECD Publishing 1998
8 Vgl. Uwe-Karsten Heye: *Gewonnene Jahre oder die revolutionäre Kraft der alternden Gesellschaft*, München 2008
9 Vgl. Peter Felixberger: »Ein Leben ist lang«, in: *changeX*, 1.8.2006
10 Ebd.
11 »3. Freiwilligensurvey 2009« im Auftrag des Bundesministeriums für Familie, Senioren, Frauen und Jugend, durchgeführt von TNS Infratest Sozialforschung München
12 »Engagementatlas 09«, hrsg. v. AMB Generali Holding AG, Aachen 2010, S. 14
13 Klaus Dörner: *Leben und sterben, wo ich hingehöre*, Neumünster 2007, S. 167
14 Ulla Rahn-Huber: *Die glücklichsten Alten der Welt: Entdecken Sie das Geheimnis von Okinawa für Ihr eigenes Leben*, München 2009
15 Dagmar Deckstein: »Alte können alles besser«, in: *Süddeutsche Zeitung*, 27.09.2010
16 Jürgen Deller / Leena Maxin: »Berufliche Aktivitäten von Ruheständlern«, in: *Zeitschrift für Gerontologie und Geriatrie*, 42/2009
17 Jürgen Deller / Leena Maxin: »Silver Worker«, in: *Informationsdienst Altersfragen*, Heft 02, März/April 2010
18 Lt. Statistik der deutschen Rentenversicherung
19 Survey »Weiterbeschäftigung im Rentenalter«, Bundesinstitut für Bevölkerungsforschung, Wiesbaden 2010
20 Vgl. Gerhard Schulz: *Die Erlebnisgesellschaft*, Frankfurt / M., New York 1992, S. 366
21 Vgl. Jürgen Kocka: »Chancen und Herausforderungen einer alternden Gesellschaft«, in: *Merkur – Deutsche Zeitschrift für Europäisches Denken,* Nr. 696, S. 225–227
22 Klaus Dörner, a. a. O., S. 69
23 Henning Scherf: »Wir wollen nicht bespaßt werden«, in: *Chrismon*, 1.10.2010
24 Vgl. Meinhard Miegel: *Die deformierte Gesellschaft. Wie die Deutschen ihre Wirklichkeit verdrängen*, München 2002
25 Statistisches Bundesamt: »Datenreport 2008: Private Haushalte – Einkommen, Ausgaben, Ausstattung«
26 Lt. Bundesministerium für Arbeit und Soziales: http://www.bmas.de/portal/41130/2009__12__15__rente__mit__67.html
27 Vgl. »Demografischer Wandel in Deutschland«, Heft 4, hrsg. v. Statistische Ämter des Bundes und der Länder, Stuttgart 2009
28 Axel Börsch-Supan: »Deutschland wird als Wirtschaftsmacht deutlich zurückfallen«, in: *Handelsblatt*, 18.11.2009

29 Ebd.

30 Axel Börsch-Supan: »Die Selbstbedienung der Mitte im Jetzt«, in: *Frankfurter Allgemeine Zeitung*, 6.5.2010

31 Vgl. Rolf G. Heinze: *Rückkehr des Staates?*, Wiesbaden 2009, S. 62

32 Vgl. Norbert F. Pötzl: »Handeln statt Jammern«, in: »Jung im Kopf«, *Spiegel spezial*, 8/2006

33 Vgl. Rainer Hank: »In den Teufelsmühlen«, in: *Merkur*, Nr. 736/737, 9/10 2010

34 Vgl. Oswald Nell-Breuning: *Gerechtigkeit und Freiheit. Grundzüge katholischer Soziallehre* (1985)

35 Vgl. Thomas Klie / Paul-Stefan Roß: »Wie viel Bürger darf's denn sein?«, in: *Archiv für Wissenschaft und Praxis der sozialen Arbeit*, Heft 4/2005

36 Rolf G. Heinze, a. a. O., S. 212

37 Jeremy Rifkin: »Das Informationszeitsalter rottet die Arbeit aus«, in: *Die Zeit*, 19/1997

38 Vgl. Rolf G. Heinze, a. a. O.

39 Jürgen Kocka / Ursula Staudinger (Hrsg.): *Altern in Deutschland*, Bd. 9: *Gewonnene Jahre. Empfehlungen der Akademiengruppe Altern in Deutschland*, Stuttgart 2009, S. 36

40 Vgl. Dieter Otten: *Die 50+ Studie. Wie die jungen Alten die Gesellschaft revolutionieren*, Reinbek 2008

41 Lt. Sechster Altenbericht

42 Lt. 3. Freiwilligensurvey 2009

43 Vgl. Dieter Otten / Nina Melsheimer: »Lebensentwürfe ›50plus‹«, in: *Aus Politik und Zeitgeschichte* 41/2009, S. 31–36

44 Sechster Altenbericht, S. 358

45 Ebd.

46 Vgl. Joop de Vries / Thomas Perry: »Der demografische Wandel und die Zukunft der Gesellschaft«, in: *vhw – Bundesverband für Wohnen und Stadtentwicklung*, FW 3, Berlin 2007

47 »Eine neue Kultur des Alterns. Erkenntnisse und Empfehlungen des Sechsten Altenberichts«, Bundesministerium für Familie, Senioren, Frauen und Jugend, Berlin 2010

48 Ebd., S. 227

49 Vgl. Heiko Ernst: *Weitergeben! Anstiftung zum generativen Leben*, Hamburg 2008

50 Lt. fünfter Altenbericht

51 Leopold Stieger: »Wir werden in Zukunft länger arbeiten – aber was und wie?«, in: *Die Presse*, 21.2.2011

52 Vgl. Artikel »Alt«, in: *Etymologie*, Duden 7, S. 20

53 Rüdiger Dammann / Reimer Gronemeyer, a. a. O.

54 Vgl. Andreas Kruse / Eric Schmitt: »Zur Veränderung des Altersbildes in Deutschland«, in: »Altern und Alter«, *Aus Politik und Zeitgeschehen*, 49–50/2005

55 Vgl. Elkhonon Goldberg: *Die Weisheitsformel*, Reinbeck 2007

56 Lt. 3. Freiwilligensurvey 2009

57 Eric Schmitt / Hans-Werner Wahl / Andreas Kruse: »Interdisziplinäre Längsschnittstudie des Erwachsenenalters«, Tabelle 11.2, Bonn 2008

58 Vgl. »Engagementatlas 09«

59 Chrisina Klenner / Svenja Pfahl / Hartmut Seifert: »Ehrenamt und Erwerbsarbeit – Zeitbalance oder Zeitkonkurrenz?«, Ministerium für Arbeit und Soziales, Qualifikation und Technologie des Landes NRW, Düsseldorf 2001

60 Lt. 3. Freiwilligensurvey 2009

61 Vgl. Andreas Kruse / Hans-Werner Wahl, a. a. O., S. 134f.

62 Vgl. Joachim Roose: »Bürgerschaftliches Engagement in Europa«, in: *Forschungsjournal NSB* Jg. 23, 4/2010, S. 18–30

63 Vgl. »Engagementatlas 09«

64 Lt. 3. Freiwilligensurvey 2009

65 Ebd., Tabelle 11.1 (die Befragten waren zwischen 55 und 76 Jahre alt)

66 Bericht der Enquetekommission »Zukunft des Bürgerschaftlichen Engagements«, Drucksache 14/8900, Berlin 2002, S. 38

67 Vgl. Ralf Grötker: »Zur Belohnung unbezahlt«, in: *brand eins* 09/2009
68 Thomas Klie / Philipp Stemmer / Martina Wegner: »Untersuchung zur Monetarisierung von Ehrenamt und Bürgerschaftlichem Engagement in Baden-Württemberg«, Zentrum für zivilgesellschaftliche Entwicklung, Freiburg 2009, S. 43
69 Ebd., S. 12–20
70 3. Freiwilligensurvey 2009, S. 43
71 Vgl. Thomas Klie / Phillip Stemmer: »Geld und Ehrenamt«, in: *Das Wissensmagazin*. Ministerium für Arbeit und Soziales Baden-Württemberg, Stuttgart 2010
72 Vgl. Initiative »Wir für uns«: »Eine kleine Geschichte des bürgerschaftlichen Engagements«, http://www.wir-fuer-uns.de/landesnetz werk/i10.htm
73 www.bundestag.de/presse/hib/2010_05/2010_169/06.html
74 Vgl. Thomas Olk: »Modernisierung des Engagements im Alter«, in: »Grundsatzthemen der Freiwilligenarbeit«, Bundesarbeitsgemeinschaft Seniorenbüros, Bonn 2002
75 3. Freiwilligensurvey 2009, S. 272f.
76 Lt. »Engagementatlas 2009«
77 Vgl. Enquetekommission »Zukunft des Bürgerschaftlichen Engagements«, a. a. O.
78 Vgl. Martin Kohli / Harald Künemund: *Nachberufliche Tätigkeitsfelder*, Stuttgart 2002
79 Vgl. Bernd Badura et al.: *Leben mit dem Herzinfarkt: Eine sozialepidemiologische Studie*, Berlin, Heidelberg, 1987
80 Vgl. Klaus Dörner, a. a. O.
81 Bundesministerium für Familie, Senioren, Frauen und Jugend (Hrsg.): »Wo bleibt die Zeit? Die Zeitverwendung der Bevölkerung in Deutschland 2001/02«
82 Paul Kirchhof: *Das Maß der Gerechtigkeit*, München 2009, S. 328f.
83 Susanne Adis / Joachim Reinhart / Martin Stengel: *Der Berufsaustritt: erhofft – befürchtet – folgenlos?*, München 1996
84 Robert Atchley: *The Sociology of Retirement*, New York 1976
85 Andreas Kruse, a. a. O., S. 47
86 Ebd., S. 48
87 Christof Eichert / Christian Hasiewicz: »Bildungspotenziale einer alternden Gesellschaft«, in: »Älter werden – aktiv bleiben«, Carl-Bertelsmann-Preis 2006, S. 20
88 Klaus F. Zimmermann: »Die Zukunft der Arbeit«, in: *Süddeutsche Zeitung*, 8./9.1.2011
89 Frank Trümper: »Gemeinsame Sache«, in: *Stiftung & Sponsoring* 4/2007
90 Autorengruppe Bildungsberichterstattung: »Bildung in Deutschland 2010«, Bielefeld 2010, S. 6f.
91 Barbara Hans: »Friedenstruppe für den Schulhof«, Spiegel-Online, 18.11.2010
92 Vgl. Autorengruppe Bildungsberichterstattung, a. a. O.
93 Vgl. *Alt hilft Jung im Jugendzentrum Neu-Isenburg*. Ein Film von Hans Moises, Neu-Isenburg 2008
94 Vgl. Hörfunkbeitrag »Alt hilft Jung im Jugendzentrum Neu-Isenburg. HR4, 20.4.2008
95 Vgl. Susanne Becker / Bernd Schüller: Der Mentor macht's – besser?, in: *Sozial Extra*, März 2007
96 Ebd., S. 4
97 Vgl. Jürgen Hauf: »Senioren als Mentoren für junge Berufseinsteiger«, hrsg. v. der Bundesarbeitsgemeinschaft der Senioren-Organisationen, Bonn 2001, S. 33f.
98 Hannes Koch: »Der Job auf Lebenszeit wird seltener«, in: *Der Westen*, 3.3.2011
99 Hannelore Crolly: »Die Arbeitsvermittler aus der Führungsebene«, in: *Welt aktuell*, 13.8.2010
100 Vgl. Jutta Anna Kleber / Torsten Liemandt (Hrsg.): »Jobpaten schr eiben für Jobpaten«, Diakonisches Werk Berlin-Brandenburg, Berlin 2009
101 Andreas Kruse / Hans-Werner Wahl: *Zukunft Altern: Individuelle und gesellschaftliche Weichenstellungen*, Heidelberg 2010, S. 101f.
102 Thomas Klie über Demenz, Interview mit Christine Brinck, in: *Süddeutsche Zeitung*, 28./29.1.2011
103 Charlotte Frank: »Die Pflege-Lücke«, in: *Süddeutsche Zeitung*, 7.12.2010

104 Bundesministerium für Familie, Senioren, Frauen und Jugend (BMSFSJ): »Vierter Bericht zur Lage der älteren Generation in der Bundesrepublik: Risiken, Lebensqualität und Versorgung Hochaltriger – unter besonderer Berücksichtigung demenzieller Erkrankungen«, Berlin 2002
105 Zukunftsmarkt Altenhilfe, Vincentz-Network 2010
106 Charlotte Frank: »Die Pflegelücke«, in: *Süddeutsche Zeitung*, 7.12.2010
107 W. Roth: »Die Schwankungsbreite ist groß. Erste bundesweite empirische Studie zu Qualitätsmängeln in der ambulanten Pflege«, in: *Häusliche Pflege* 2003, 5, S. 16–22
108 Andreas Kruse / Hans-Werner Wahl, a. a. O., S. 166
109 Sechster Altenbericht, a. a. O., S. 355f.
110 Vgl. »AOK-Trendbericht Pflege«, August 2009
111 Vgl. Thomas Klie: »Bürgerschaftliches Engagement und Pflege«, in: Thomas Olk / Ansgar Klein / Birger Hartnuß (Hrsg.): *Engagementpolitik*, Wiesbaden 2010
112 Vgl. »AOK-Trendbericht Pflege«
113 Horst Weipert: »Pflegebegleitung – ein bundesweites Freiwilligenprojekt«, in: *BAGSO Nachrichten* 4/2010
114 Vgl. Klaus Dörner, a. a. O.
115 Kerstin Friemel: »Geben und Nehmen«, in: *Brand eins* 4/10
116 Gmünder Ersatzkasse: »GEK-Report ambulant-ärztliche Versorgung«, Sankt Augustin 2006
117 Lt. Krankheitskostenrechnung Statistisches Bundesamt (Stand: 15.12.2008)
118 Paul Baltes / Karl-Ulrich Mayer: *Die Berliner Altersstudie*, Berlin 1996
119 Andreas Kruse. a. a. O., S. 194
120 Rolf G. Heinze: *Rückkehr des Staates*, Wiesbaden 2009 S. 92
121 Ebd., S. 92
122 Robert-Koch-Institut, »Gesundheitssurvey 2003«
123 Andreas Kruse, a.a.O., S. 317
124 Vgl. http://www.starke-weggefaehrten.de/starke-weggefaehrten/die-weggefaehrten/gisela-berlitz-resch-winden.html
125 Klaus Dörner, a. a. O., S. 213
126 Vgl. »Bürger stiften Bildung«, Bundesverband Deutscher Stiftungen, Berlin 2010
127 Jan Bielicki: »Mehr zahlen, weniger bekommen«, in: *Süddeutsche Zeitung*, 14.02.2011
128 Christian Sebald: »Einträchtig für die Energiewende«, in: *Süddeutsche Zeitung*, 8.10.2010
129 Vgl. Hans-Josef Vogel: »Engagementförderung als Pflichtaufgabe der Kommunen«, in: »Bürgerkommune. Die Zukunft der Engagementförderung im kommunalen Raum«, Bundesnetzwerk Bürgerschaftliches Engagement, Berlin 2005
130 »Engagementatlas 09«, S. 9
131 Susanne Huth: »Bürgerschaftliches Engagement von Migrantinnen und Migranten – Lernorte und Wege zu sozialer Integration«, hrsg. v. der Arbeitsgemeinschaft Betriebliche Weiterbildungsforschung e. V., Berlin 2007
132 Vgl. »Aktives Altern älterer Menschen mit Zuwanderungsgeschichte«, hrsg. v. Ministerium für Generationen, Familien, Frauen und Integration des Landes Nordrhein-Westfalen, 2010
133 Vgl. Reinhold Knopp / Karin Nell (Hrsg.): *Keywork. Neue Wege in der Kultur- und Bildungsarbeit mit Älteren*, Bielefeld 2007
134 Jan Martin Wlarda: »Sie merken sich jedes Versprechen«, in: Zeit Online, 8.7.2010
135 Vgl. Simone Stein-Lücke / Thomas Schwitalla: *Gemeinde im Aufbruch*, Bonn 2007, S. 13f.
136 Vgl. Franz Meurer / Jürgen Becker / Martin Stankowski: *Von wegen nix zu machen*, Köln 2007
137 Vgl. Franz Meurer / Peter Otten: *Wenn nicht hier, wo sonst?*, Gütersloh 2010

Über die Autoren

Loring Sittler, geboren 1951 in Michigan, studierte Anglistik, Geschichtswissenschaft und Politik in Freiburg und Gießen. Er war Geschäftsführer des Fortbildungswerks für Studenten und Schüler e.V., Bonn, Verwaltungsleiter beim Bundesverband privater Altenheime sowie Projektleiter bei der Prisma Privatfinanz AG, Eschborn. Zudem war er als Vertriebsleiter Kapitalanlagen bei ZSH GmbH Finanzdienstleistungen, Heidelberg, und als Standortleiter von fischerAppelt Kommunikation, Berlin, tätig. Seit 2008 ist er Leiter des Generali Zukunftsfonds Deutschland. Für seine zahlreichen Bemühungen im Bereich der überparteilichen politischen Bildung wurde ihm 2005 das Bundesverdienstkreuz verliehen.

Roland Krüger, geboren 1973 in Berlin, studierte Psychologie und Betriebswirtschaftslehre mit Schwerpunkt Arbeits-, Betriebs- und Organisationspsychologie in Heidelberg. Von 2000 bis 2001 war er IT-Consultant bei der rarecompany AG. Zwischen 2001 und 2007 folgten verschiedene Stationen in der HR-Abteilung der SEB AG, Frankfurt, u.a. HR-Projektmanager, Leiter Personalentwicklung und HR-Service Management & Controlling. Seit 2008 ist er Leiter des Generali Zukunftsfonds Deutschland und als solcher verantwortlich für das gesellschaftliche Engagement des Konzerns und für das Corporate Volunteering im Unternehmen.

Der Generali Zukunftsfonds:
Ziel des 2008 neu aufgestellten Generali Zukunftsfonds (GZF) ist es, das bürgerschaftliche Engagement insbesondere der Älteren nachhaltig zu fördern und die dafür notwendigen Rahmenbedingungen zu gestalten und zu verbessern.